Great Lives 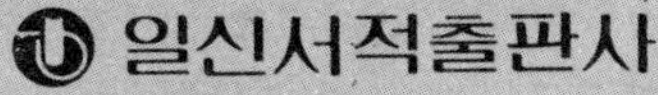

위대한 생애 ③

카네기 처세술

박영민 / 옮김

일신서적출판사

머 리 말

　이 책이 사이몬·슈스타 사(社)에서 최초로 출판된 때의 부수는 불과 5천 권이었습니다. 저자도 출판사도 그 이상 팔린다고는 생각지 않았습니다. 그러나 판매가 시작되자마자 센세이션을 일으키고, 증판(增版)에 증판을 거듭해서 순식간에 세계적인 베스트셀러가 되었습니다. 인정의 이상야릇한 기틀을 뚫은 이 책은, 읽는 사람의 마음을 뒤흔들어 파문을 일으킴으로써 반 세기가 지난 지금도 전 세계에 걸쳐 독자의 수가 날로 불어가고 있으니까요.

　데일 카네기는 생존 중 자기의 저서에 언제나 쉬지 않고 개정(改訂)을 거듭하고 있었습니다. 1955년에 사망했지만, 만일 아직도 생존해 있다면, 반드시 시세(時勢)의 변천에 따른 새로운 사례를 취하면서 손수 개정을 계속했을 것이 틀림없을 것입니다.

　예를들면, 이 책에 등장하고 있는 당시의 인사들도 오늘날의 독자에게는 인연이 멀어진 경우도 있고, 따라서 인용된 예들도 현대의 사회 습관으로 보면 아무래도 낡은 감이 더러는 눈에 띕니다. 이와 같은 부분에는 최근의 카네기 협회의 세계적인 활동 중에서 모은 실제의 예로 바꾸어, 가능한 한 현대의 독자에게도 친근감 있는 책이 되도록 최선을 다하였습니다. 그럼으로써 카네기는 옛날처럼 변함없이 독특한, 명랑하고 상쾌한 말씨로 오늘의 새로운 독자들과 대화를 갖게 된 것입니다.

　오늘날까지 몇 만이라는 사람들이 이 책을 읽고, 거기에 수록된 원칙을 이용하여 인생을 풍요하게끔 노력을 해 왔습니다. 그리고 앞으로도 그 수는 계속 불어나리라 믿습니다. 이미 정평(定評)을 받은 이 책에 한층 더 빛을 내어, 그와 같은 사람들을 위하여 밑거름이 되고자 여기 이 개정판(改訂版)을 드립니다.

도로시 카네기

차 례

제 1 부

사람을 움직이는 3원칙

1 비판도, 비난도 않는다. 불평도 않는다
2 솔직하고 성실한 평가를 해준다
3 강한 욕구를 일으키도록 한다

제 1 장
도둑에게도 5분의 여유를 준다

1931년 5월 7일 뉴욕 시에서는 전에 들어본 적이 없는 대(大) 체포극이 벌어졌다. 흉악한 살인범인, 권총의 명수이지만 술과 담배는 입에 대지도 않는 '쌍권총의 클로레'가 수주일간에 걸친 수색 결과 마침내 추격당해 웨스트앤드 큰 길가의 걸프랜드가 사는 아파트로 도망쳐 들어갔던 것이다.

범인이 잠복하고 있는 그 아파트의 맨 위층을 150명의 경찰관들이 포위하고 지붕에 구멍을 뚫고 최루가스를 집어 넣어 클로레의 축출을 시도했다. 어느샌가 주위의 빌딩 옥상에는 기관총이 비치돼 있었고, 그래서 뉴욕의 고급 주택가에서는 느닷없는 총성이 한 시간 남짓 소란을 피워댔던 것이다. 클로레도 두꺼운 소파 뒤에서 경찰관을 향해 마구 발포했음은 물론이다.

이 난전(亂戰)을 구경하기 위해 모여든 군중도 대충 1만 명이 넘었다. 실로 뉴욕에서는 전에 없던 대 활극이었다. 클로레가 체포되었을 때 경시총감 마르루네의 발표에 의하면, 이 '쌍권총잡이'는 뉴욕 범죄사에서도 보기드문 흉악범으로, '바늘 끝만큼의 이유'만으로도 사람을 죽였다고 한다.

그러면 이 쌍권총의 클로레는 자기 자신을 어떻게 생각하고 있었을까? 실은 여기에 대한 답을 알 만한 흔적이 남아 있었다.

그것은 그가 총격전 중에 '관계자 여러분에게'라고 이름 붙인 편지 한 통을 쓴 것이다. 그런데 편지를 쓰는 동안에도 피를 흘렸는지, 붉게 물들여진 편지의 한 구절에 다음과 같이 씌어 있었다.

　나의 마음——그것은 피로에 지쳐 있지만 착한 마음이다. 누구 한 사람이라도 다치지 않게 하려는 마음이다.

　이 사건이 일어나기 얼마 전 클로레는 동 아일랜드의 시골길에 차를 세워놓고 걸프랜드와 야릇한 행위에 몰두하고 있을 때, 돌연히 한 경찰관이 차에 다가와 "면허증 좀 보여주시오." 하고 말을 걸었다. 순간 권총을 뽑은 클로레는 경찰관에게 마구 총을 쏘아댔다. 이윽고 경찰관이 그 자리에 쓰러지자, 클로레는 잽싸게 차에서 뛰어내려 상대방의 권총을 빼앗고는 그 총으로 다시 한 방을 더 쏘아 확실하게 죽였던 것이다. 그런데 이 살인귀가 '누구 한 사람이라도 다치지 않게 하려는 마음의 소유자'라고 자칭하고 있는 것이다. 클로레가 씽씽 형무소의 전기 의자(사형 집행에 쓰이는 전기가 통하는 의자)에 앉을 때 "이렇게 되는 것도 자업 자득이다. 많은 사람을 죽였으니……."라고 말했을까? 역시 그렇지 않다.

　"다만 나 자신을 지켰을 뿐인데 이렇게 되다니."——이것이 클로레의 최후의 말이었다. 이 말의 요점은 흉악무도한 클로레조차도 자신이 '나쁘다'고는 전혀 생각하지 않았다는 데 있다. 이와 같은 생각을 하는 범죄자는 결코 흔하지 않다.

　하지만 "나는 한창 일할 나이의 태반을 많은 사람을 위해 노력했으나, 내가 얻은 것은 차가운 세상의 비난과 전과자라는 낙인뿐이다."라고 한탄한 것은 그 옛날 전 미국을 공포의 도가니로 몰아넣은 암흑가의 왕자 알·카포네였다. 카포네와 같은 극악인도 자신을 악인이라고 생각지 않았다. 오히려 자기는 '자선가'라고 진지하게 생각하고 있었다. 세상이 그의 선행을 오해하고 있다는 것이다.

뉴욕의 제1급의 악인 더치 슐츠도 그렇다. 갱들끼리의 싸움으로 죽기 전의 일이지만, 어느 신문의 기자 회견 자리에서 슐츠는 자신을 '사회의 은인'이라고 했고, 또 실제로도 그렇게 믿고 있었다. 그런데 이 문제에 대해서 나는 씽씽 형무소 소장으로부터 흥미 있는 얘기를 들었다. '모름지기 수형자(受刑者)가 자기 자신을 악인이라고 생각하는 경우는 거의 없다.'는 것이다. 자신은 일반 선량한 시민과 조금도 다름없다고 여기며, 어디까지나 자신의 행위를 옳다고 믿는다는 얘기였다.

왜 금고털이를 하지 않으면 안 되었나, 또는 권총을 쏘지 않으면 안 되었나, 하는 이유를 그들은 참으로 교묘하게 설명한다. 범죄자는 자기의 나쁜 짓에 그럴싸한 이유를 붙여서 정당화시키고, 형무소에 들어와 있는 것은 참으로 부당하다고 여기고 있는 것이다. 위에서 말한 악인들조차도 자기는 정당하다고 믿고 있다면 그들에 비해 악인이 아닌 우리들은 자신을 어떻게 생각하고 있을까.

"30년 전에 나는 사람을 야단친다는 것은 아주 바보스런 짓이라고 생각했다. 자신의 일조차 자기 생각대로 되지 않는다. 하느님이 만인에게 평등한 지능을 주지 않았다는 것을 불평할 여유는 없다."

이것은 미국의 위대한 실업가 존 워너 메커의 말이다. 워너 메커는 젊어서 이 깨우침에 통달하고 있었지만, 나는 유감스럽게도 40이 가까워서야 겨우 '인간은 자신이 아무리 잘못해도 결코 자기가 잘못했다고는 생각하지 않는다'는 것을 알게 되었다. 남의 결점을 찾는 것은 아무 소용이 없다. 상대는 이내 방어 태세를 갖추어 어떻게든 자신을 합리화하려 할 것이다. 거기에 자존심을 상하게 한 상대는 결국 반항심을 갖게 되어 매우 위험하다.

세계적으로 유명한 심리학자 B·F·스키너는 동물의 훈련에서 착한 짓을 했을 때 상을 주고, 잘못했을 때 벌을 주어 비교한 결과, 전자의 경우가 훨씬 더 사물을 깨닫고 훈련 효과가 좋은 것을 실증(實證)하였다. 그리고 그 다음의 연구에서 같은 경우가 인간에게도 적용된다는 것이 명확해졌다. 즉, 비판만으로는 영속적 효과를 기대할 수 없고, 오히려 상대의 분노를 사는 것이 고작인 것이다.

또한 위대한 심리학자 핸스 세리에는 말한다. "우리들은 타인으로부터의 칭찬을 강력하게 희망하고 있다. 그리고 같은 비율로 타인으로부터의 비난을 두려워한다."고.

비판이 불러일으키는 노여움은 종업원 또는 가족, 친구의 의욕을 약하게 할 뿐 비판의 대상이 된 상태는 조금도 개선되지 않는다.

오클라호마 주 에닐 시의 조지 존스턴은 어느 공장의 안전 관리 책임자로, 현장 작업원에게 헬멧 착용의 규칙을 철저하게 실행토록 했다. 헬멧을 쓰지 않은 작업원을 보는 즉시 규칙 위반을 엄하게 꾸짖으면 상대는 불만스러운 듯 헬멧을 쓰지만, 그 순간이 지나면 눈을 피해 벗어버린다. 그래서 존스턴은 다른 방법을 생각했다.

"헬멧이란 별로 쓸 기분이 나는 것은 아니지. 더욱이 사이즈가 맞지 않으면 더욱 그렇고. 어때, 자네 것은 사이즈가 맞는가?" 이렇게 말하고는 다소 기분이 나빠도 그것으로 큰 위험을 방지할 수 있으니 헬멧은 반드시 쓰자고 덧붙였다. 그러자 상대는 화를 내거나 원망하지도 않았고 규칙은 잘 지켜지게 되었다.

사람을 비난하는 것의 무익함은 역사에도 많은 예가 있다. 데오도르 루즈벨트 대통령과 그 후계자 데프트 대통령과의 유명한 불화도 그 한 예이다. 이 사건 때문에 둘이 이끄는 공화당이 분열해 민주당의 우드로우 윌슨이 백악관의 주인이 되고, 제1차 세계 대전에도 미국이 참전하게 되어 역사의 흐름이 변해버린 결과가

14

되었지만…….

1908년 루즈벨트 대통령은 대통령 자리를 같은 공화당의 데프트에게 물려주고, 아프리카로 사자 사냥길에 나섰다. 그리고 얼마간 있다가 돌아와보니, 데프트의 하는 일들이 마음에 들지 않았다. 너무나 보수적 경향이 짙었기 때문이다. 그래서 루즈벨트는 차기 대통령의 지명을 확보하기 위해 진보당을 조직했다. 그 결과 공화당은 괴멸의 위기에 처해, 다음 선거에서 데프트를 대통령 후보로 세운 공화당은 다만 버어몬트와 유타의 두 주에서만 지지를 얻었을 뿐 전례없는 완패였다.

루즈벨트는 데프트를 책망했다. 그러나 책망당한 데프트는 과연 자기가 나빴다고 생각했을까? 물론 그렇게 생각지는 않았다. "아무리 생각해봐도 나로서는 그렇게 하는 것 이외에는 방법이 없었다."고 데프트는 분한 듯 눈물을 글썽이면서 말했다. 이 두 사람 중에 누가 나쁠까? 솔직히 말해서 나는 모르겠고, 또 알려고 할 필요도 없다. 다만 내가 말하고 싶은 것은, 루즈벨트가 아무리 심하게 데프트를 책망해도 그것이 데프트로 하여금 잘못이었다는 것을 깨우쳐주지는 못했다는 사실이다. 결과는 그저 어떻게든 자기 입장을 정당화시키려고 '아무리 생각해도 그렇게 하지 않고는 방법이 없었다.'고 힘주어 되풀이했을 따름이었다.

다음 또 한 가지의 예로, 티이포트 돔 유전 의옥(油田疑獄) 사건을 들어보자. 이것은 미국에서도 전례없던 큰 의옥 사건으로 국민의 분격이 수년간에 걸쳐 가라앉을 줄 몰랐었다.

알버트 폴이란 자가 이 사건의 중심 인물로, 하딩 대통령(미국의 29대) 때 내무장관의 요직을 차지한 사람이다. 그가 당시 정부 소유의 티이포트 돔과 엘크 힐의 유전(油田)은 해군용으로 보존해 두도록 돼 있었다. 그런데 폴은 입찰도 하지 않고 친구인 에드워드 드헤니와 계약을 맺고, 이것을 대여해 주고는 큰 이득을 보게 해주었다. 여기에 대해 드헤니는 대부금(貸付金)이라고 하여 10만 달러를 폴에게 융통했다. 결국 내무장관은 해병대를 동원하여 유전 부근의 딴 업자를 추방하려 하였다. 엘크 힐의 석유 매장량이 근처 유전의 영향을 받아서 감소할 것을 두려워했던 것이다. 그러나 억울하게 총칼에 축출된 자들이 크게 불만을 품고 법정에 제소한 것이다. 이렇게 해서 1억 불의 오직(汚職) 사건이 백일하에 드러나게 된 것이다. 이 사건은 너무나 추악하여 마침내 하딩 대통령의 정치 생명을 끊고, 전 국민의 분격을 사서 공화당을 위기에 몰아넣음으로써 알버트 폴에게 투옥의 결과를 안겨준 셈이었다.

폴은 현직 관리로서는 전례가 없는 중벌에 처해졌다. 그러면 폴은 그 죄를 뉘우치고 후회했을까? 답은 '아니다'였다.

그 후 몇 년이 지나, 하버드 후버 대통령이 어느 강연에서 하딩 대통령의 죽음은 친구에게 배신당한 정신적 고뇌라고 말한 적이 있다. 마침 이것을 듣고 있던 폴 부인이 별안간 의자에서 벌떡 일어서더니 울면서 버럭 소리를 질렀다.

"뭐라고요? 하딩이 폴에게 배신당하다니요. 천만의 말씀! 제 남편은 사람을 배반한 적은 한 번도 없어요. 이 건물에 가득 황금이 쌓여도 남편을 나쁜 짓에 끌어들일 수는 없어요. 제 남편이야말로 배신당한 것입니다. 그래서 죽은 수난자예요!"

이와 같이, 나쁜 인간일수록 자기가 한 짓은 고사하고 남의 말을 많이 하고자 한다. 그것이 인간의 천성이다.

그러나 이것은 악인만의 말은 아니다. 우리들도 마찬가지이다. 그러니 만일에 타인을 비난하고 싶으면 알 카포네나 클로레, 또는 폴의 말을 생각하기 바란다.

사람을 비난한다는 것은 하늘에 침 뱉기와 같이, 반드시 자기에게 되돌아오는 것이다. 남의 과오를 꾸짖고 남을 짓누르면 결국 상대는 자기를 원망하여, 데프트와 같이 "그렇게밖에는 할 방법이 없었다."고 말하는 것이 고작이다.

1865년 4월 15일 아침 나절, 포드 극장에서 부스의 흉탄에 쓰러진 에이브라함 링컨은 극장 맞은편의 싸구려 여관의 침대에 누워 죽음을 기다리고 있었다. 침대가 너무 작아서 링컨의 장신(長身)은 비스듬히 뉘어져 있었다. 방의 벽에는 로자 본눌의 유명한 〈마시(馬市)〉의 싸구려 그림의 복사판이 걸려 있을 뿐, 침침한 가스등의 누런 불꽃만이 흔들리고 있었다.

이 비통한 광경을 지켜보고 있던 스탠턴 육군 장관은 "여기 누워 계시는 사람만큼 완전히 인간의 마음을 지배할 수 있는 사람은 이 세상에 아무도 없을 것이다."고 말했었다. 그만큼 교묘히 사람의 마음을 사로잡을 수 있는 링컨의 비결은 무엇이었을까?

나는 링컨의 생애를 10년간 연구하고, 3년간 더 걸려서 《알려지지 않은 링컨》이란 책을 썼다. 이 책에서 나는 링컨의 인품과 가정 생활에 대해서도 구석구석 연구했으므로, 그 내용에 있어서 다른 어떤 책도 추종을 불허한다고 자부하고 있다. 그리고 '링컨의 사람 다루는 방법'에 대해서는 특히 골똘히 연구를 했다. 그 중 링컨이 사람을 비난하는 것에 흥미를 가진 적이 있느냐 하면, 물론 많이 있는 편이다.

그가 젊었을 때 인디애나 주의 피죤그리크발레란 시골에 살고 있을 때 사람의 결점을 찾고 상대를 비웃는 시 또는 편지를 써서, 그것을 일부러 사람들 눈에 잘 보이도록 길에 떨어뜨리곤 했다. 그래서 그 편지 한 통으로 평생 그에게 반감을 가진 자도 나타난 것이다. 그 후, 스프링필드(일리노이 주 수도)에서 변호사를 개업하고도 그는 반대자를 힐난하는 편지를 신문지상에 공개하더니, 드디어 정도가 지나쳐서 나중에는 호된 변을 당하게 되었다.

1842년 가을, 링컨은 제임스 실즈라는 뻐기기 좋아하고 싸움을 잘하는 아일랜드 태생의 정치가를 공격했다. 〈스프링필드 저널〉지(紙)에 익명의 풍자적 글을 보냈던 것이다. 신문에 이것이 게재되자 사회는 떠들썩했다. 특히 감정가요, 자존심이 강한 실즈는 몹시 화가 났다. 투서(投書)의 장본인이 누구인지 안 그는 말을 타고 링컨에게 달려와 결투를 신청했다. 링컨은 결투에는 반대였지만, 결국 거절할 수 없어 신청을 받아들였다. 무기의 선택은 링컨에게 일임되었다. 링컨은 팔이 길므로 기병(騎兵)들이 쓰는 날이 넓은 칼을 선택하고는 육군 사관 학교 출신의 친구에게 칼의 사용법을 배웠다. 약속일이 되어 미시시피 강둑의 모래밭에 마주 섰으나, 결투가 막 시작될 찰나 쌍방의 입회인이 중재하여 이 결투는 뒤로 미루어졌다.

이 사건으로 내로라 하던 링컨도 간담이 서늘해졌다. 결국 그 덕택으로 그는 사람을 다루는 데 더없는 교훈을 얻은 것이다. 그는 그 후, 두 번 다시 사람을 업신여기는 편지를 쓰지 않았을 뿐 아니라, 사람을 멸시하지도 않았으며, 어떤 경우에서도 사람을 비난하는 따위의 짓은 하지 않게 되었다.

그런데 그로부터 한참 뒤에, 남북 전쟁에서 포드맥 강 지구의 전투가 시원치 않아 링컨은 사령관을 교체하지 않으면 안 되었다.

맥클레런, 퍼프, 빈사이드, 후커, 미드 등 다섯 장군을 차례로 교체해봤으나 모두 신통치 않았다. 링컨은 비관했다. 국민의 대다수가 이 무능한 장군들을 통렬히 비난했지만, 링컨은 "악의를 버리고 사랑으로 대하라."고 자신에게 타이르며 마음의 평정을 잃지 않았다. "사람을 재판하지 말라. 사람에게 재판당하기 싫다."——이것이 그의 좌우명이었다. 링컨은 부인이나 측근자가 남부 사람들의 욕을 하면 대답하기를, "너무 나쁘게 말하지 말아요. 우리들도 입장이 바뀌어지면 남부 사람들처럼 되니까."했다.

그러나 당연하게 비난해도 좋은 인간이 이 세상에 있다고 하면 그 사람은 바로 링컨일 것이다. 한 가지만 예를 들어보자.

1863년 7월 1일에서 3일간에 걸쳐 게티스버그(펜실베이니아 주의 남부 도시)에서 남북 양군의 격전이 벌어졌다. 4일째 밤에 리 장군

지휘하의 남군이 때마침 내리는 호우 속을 틈타서 후퇴를 개시했다. 리 장군이 패군을 거느리고 포트맥 강까지 퇴각해보니 강은 밤새 내린 호우로 범람하여 쉽게 건널 수 없을 뿐 아니라, 그 배후에는 기세가 오른 북군이 기다리고 있었다.

남군은 궁지에 빠졌다. 링컨은 남군을 괴멸시켜 전쟁을 즉각 종결지을 수 있는 좋은 기회라고 기대에 부풀어 작전 회의도 필요 없이 미드 장군에게 때를 놓치지 말고 추격하라고 명령했다.

이 명령은 먼저 전보로 미드 장군에게 전달되고, 이어서 특사가 파견되어 지체없이 공격을 개시하도록 하달되었다. 그러나 미드 장군은 링컨의 명령과는 정반대의 일을 저지르고 말았다. 작전회의를 열어 함부로 시간을 허비하고 여러 가지의 구실을 만들어 공격을 거부했다. 그러자 그 동안 강물은 줄어 리 장군은 남군을 이끌고 강 건너로 무사히 퇴각해버리고 말았다.

"대체 이게 어떻게 된 거냐."며 잔뜩 화가 난 링컨은 마침내 아들 로버트를 잡고 외쳤다.

"빌어먹을! 도대체 뭣들 했나! 적은 자루 속에 든 쥐나 다름없잖았나. 조금만 손을 쓰면 됐을 것을. 내가 무엇이라고 해도 우리 군대는 손가락도 까딱하지 않았으니……그땐 어떤 장군도 리 장군 군대를 물리칠 수 있었을 것이다. 나라도 할 수 있었을 정도였다."

크게 낙심한 링컨은 미드 장군에게 한 통의 편지를 썼다. (그러나 이 무렵의 링컨은 말투가 매우 부드러워져 있었다.) 하지만 1863년에 쓴 이 편지는 링컨이 얼마나 화가 나서 쓴 것인가를 상상할 수 있을 것이다.

미드 장군, 나는 적장 리의 탈출로 야기된 불행한 사태의 중대성을 귀하가 올바르게 인식하고 있다고는 생각되지 않습니다. 적은 우리 수중에 있었습니다. 추격만 했다면 틀림없이 우리 군이 거둔 전과와 더불어 전쟁의 종결을 가져왔을 것입니다. 그러나 이 좋은 기회를 놓친 현재로선 전쟁 종결의 가능성은 전혀 헤아릴 수 없게 되었습니다. 귀하께서는 지난 월요일에 리를 공격하는 것이 가장 안전하였을 것입니다. 그것을 하지 못하였으니 리가 강 건너로 퇴각한 지금에 와서 그를 공격한다는 것은 절대 불가능할 것입니다. 그날 병력의 3분의 2만을 움직일 수 있을 뿐입니다. 이제 귀하의 활약에 기대한다는 것은 무리라고 생각됩니다. 사실 나는 기대하지 않습니다. 귀하는 천재일우(千載一遇＝좀처럼 만나기 어려운 기회)의 좋은 시간을 놓친 것입니다. 그 때문에 나 또한 말할 수 없는 고통을 겪고 있습니다.

　미드 장군이 이 편지를 읽고 어떻게 생각했을까? 실은 미드는 이 편지를 읽지 않았다. 링컨이 편지를 발송하지 않았던 것이다. 이 편지는 링컨의 사후 그의 서류 속에서 발견된 것이다.

　이것은 나의 추측이지만, 링컨이 아마도 이 편지를 쓰고 난 후 한참 동안 창문 밖을 내다봤을 것이고, 다음과 같이 혼잣말을 했을 것이다.——'가만있자, 너무 서두르지 않는 것이 좋을지 모르겠군. 조용한 백악관에 앉아서 미드 장군에게 공격 명령을 내리는 것은 대단히 쉬운 일이겠으나, 만일에 내가 게티스버그 전선에 있어서 1주일간 미드 장군이 본 유혈의 참상을 눈으로 보고 또 그 위에 부상자의 비명, 단말마의 신음 소리에 귀가 덮여 있었다면……아마 나도 공격을 속행할 마음이 내키지 않았을 것이다. 만일 내가 미드처럼 태어날 때부터 소심한 사람이었더라면 아마 나도 그와 같은 행동을 했을 것이다. 그러나 미드는 어떻게 할까? 자기 자신을 정당화해서 오히려 나를 원망할 것이다. 그리하여 나에 대한 반감으로 사령관으로서도 쓸모가 없게 되어 결국은 군을 떠나야만 될 것이다.'—— 그래서 링컨은 이 편지를 발송하지 않았을 것이다.

링컨은 과거의 경험으로 미루어 혹독한 비난이나 힐책은 대개의 경우 아무 쓸모가 없다는 것을 알고 있었다. 데오도르 루즈벨트는 대통령 임기 중 난국에 부딪치면 언제나 거실의 벽에 걸려 있는 링컨의 초상화를 쳐다보며 '링컨이라면 이 문제를 어떻게 처리할까?' 하고 생각하는 습관이 있었다고 한다. 우리들도 남을 헐뜯고 싶을 때는 루즈벨트 대통령을 본받아 '링컨이라면 이런 경우 어떻게 할 것인가?' 하고 생각해볼 만하다.

마크 트웨인은 때로 화를 내어 아주 격렬한 편지를 쓸 때가 있었다. 예를 들면 다음과 같은 내용의 것들이다.

나에게는 사망 증명서가 꼭 필요하다. 그것을 필요로 하는 심부름이면 언제든지 기꺼이 맡겠다.

또 어떤 때는 출판사의 편집장에게 다음과 같은 내용의 편지를 써 보냈다.

나의 원고에 손을 대서 철자 또는 구두점을 변경시키는 따위의 대단한 흉내를 내는 교정(校正) 사원에게 전해주오. 앞으로는 원고대로 충실하게 교정하고 자기 생각은 자기의 썩은 뇌 속에 집어 넣어 악취가 풍기지 않도록 봉해두라.

이와 같은 신랄한 편지를 쓰는 것으로 마크 트웨인은 기분이 가뿐해진다. 덕택에 화도 가라앉고, 따라서 그 편지로 아무런 해로운 일도 발생하지 않았다. 그럴 수밖에 —— 사실은 그의 부인이 그 편지들을 몰래 빼돌려 발송하지 않았으니까.

남의 결점을 고쳐주려는 마음은 확실히 훌륭하고 칭찬할 만하다. 그러나 어찌해서 먼저 자기 결점을 고치려고 하지 않는 것일까? 어설프게 남을 충고하기보다는 자기 자신을 고치는 것이 훨씬 덕이고, 위험도 적다. 이기주의적 입장에서 생각한다면 마땅히 그렇게 되는 것일 것이다. 자기 집 현관이 더럽혀져 있는데 옆집 지붕 위의 눈을 탓하지 말라고 가르친 것은 동양의 현인 공자(孔子)이다.

내가 젊었을 때의 이야기지만, 당시 나는 어떻게 해서든지 타인에게 내 존재를 인정시키려고 여간 조급해하지 않았었다. 그래서 그 당시 미국 문단(文壇)의 인기있는 작가 리처드 하딩 데이비스에게 바보스런 편지를 낸 적이 있다. 어떤 잡지에 작가론을 쓰게 되어 있었기에, 그 일의 처리 방법을 직접 문의한 것이었다. 그 무렵 몇 주 전에 어떤 사람으로부터 편지를 받았는데, 그 끝머리에 다음과 같은 글귀가 적혀 있었다.

'문책재 기자(文責在記者)'

나는 이 문구가 매우 마음에 들었다. 그 뜻인즉 '이 글로 인하여 일어나는 모든 책임은 기자에게 있다.'는 것이다.

편지의 주인은 무척이나 위대하고 바쁜 요인일 것이라고 생각했다. 나는 별로 바쁘지도 않았으면서도 어떻게든 데이비스에게 강한 인상을 주기 위하여 그 문구를 편지의 끝에 인용하고 말았다.

데이비스는 답장 대신 나의 편지를 되돌려 부쳐왔다. 그런데 그 편지의 여백난에 '무례한 짓 작작하라.'라고 씌어 있었다.

확실히 내가 나빴다. 그와 같이 당해도 어쩔 수 없었다. 그러나 나도 인간이기에 역시 분개했다. 분해도 너무나 분했던 것이다.

그 10년 후에, 리처드 하딩 데이비스의 죽음을 신문에서 보고 알았을 때 떠오른 것은 부끄럽게도 그때의 굴욕이었다. 죽을 때까지 남에게 원한을 쌓고 싶은 사람은 한껏 사람을 신랄하게 비판하고만 있으면 되는 것이다. 그 비판이 맞아떨어지면 떨어질수록 효과는 적절하게 나타난다.

무릇 사람을 다룰 때는 상대를 논리적 동물이라고 생각해서는 안 된다. 상대는 감정의 동물이고 편견에 차 있고, 자존심과 허영

문학에 빛을 내게 한 토마스 하아디가 소설을 쓰지 않게 된 것은 마음에도 없는 비평 때문이며, 영국의 천재 시인 토마스 차튼을 자살케 한 것 역시 비평 때문이다.

젊은 시절에 사람 사귀기가 서투르기로 유명한 벤자민 프랭클린은 끝내 비상한 외교적 기술을 익힘으로써 사람 다루기가 훌륭해져 마침내 주불대사(駐佛大使)에 임명되었다. 그의 성공 비결인즉 '결코 남을 욕하지 않고, 장점을 칭찬하는 것'이었다고 말한다.

남을 비판하고 비난하며, 잔소리를 하는 것은 어떤 바보라도 할 수 있다. 또 그와 같은 바보들은 그것을 하고파 한다. 이해와 관용은 뛰어난 인품과 극기심을 갖춘 사람만이 갖는 덕이다.

영국의 사상가 칼 라일에 의하면 "위대한 사람은 소인배를 다루는 방법에서 그 위대함을 과시한다."고 말한다.

유명한 테스트 파일럿으로서 항공 쇼의 꽃인 보브 후버는 언젠가 산티에고의 항공 쇼를 마치고 로스앤젤레스의 자택으로 비행 중 300피트 상공에서 양쪽 엔진이 갑자기 꺼졌다. 그러나 훌륭한 조종으로 그대로 착륙시켜 부상자는 없었으나, 기체는 몹시 손상되었다. 비상 착륙 후 후버가 먼저 한 일은 연료 점검이었다. 생각대로 제2차 세계 대전 때의 프로펠러 비행기에 가솔린이 아닌 제트기에 쓰이는 연료가 쌓여져 있었다.

후버는 곧 정비를 담당한 직원을 불렀다. 젊은 정비사는 자기의 과오를 깨닫고는 자책지심에 빠져, 볼 위로 눈물이 흥건히 흘러내리고 있었다. 비싼 값의 비행기가 망가졌음은 물론, 세 사람의 목숨마저 잃어버릴 뻔했으니 그 충격은 당연하였으리라.

후버의 노여움은 상상하고도 남음이 있다. 이와 같은 언어 도

단의 과오를 범한 남자에게 명성 높은 베테랑의 파일럿이 통렬하게 힐책했어도 이상할 것은 없다. 그러나 후버는 야단치지 않았다. 비판도 하지 않았다. 오히려 그 정비사의 어깨에 손을 얹어 말하기를 "자네는 두 번 다시 이와 같은 짓은 되풀이하지 않을 걸세. 나는 확신하네. 그 증거로 내일 나의 F51기의 정비를 자네에게 부탁하네."했다.

여러분들의 아이들에게 잔소리가 하고 싶으면 —— 당신은 내가 '잔소리를 하지 말라.'고 말하리라 생각할 것이다. 그러나 나는 그렇지 않다. 먼저 미국 저널리즘의 고전의 하나라고 불리우는 〈아버지는 잊는다〉라는 글을 읽으라고 권하리라. 이 문장은 최초 〈피플즈 홈 저널〉 지의 논설로 발표되었으나, 그 후, 〈리더스 다이제스트〉 지가 요약해서 게재했다. 이 〈아버지는 잊는다〉는 어떤 순간에 성실한 감정에 감동하여 씌어진 것이지만, 읽는 사람의 마음을 깊이 움직이는 명작으로서 지금은 불후(不朽=썩어 없어지지 않음)의 문장으로 여러 경우에 인용되어져 사회에 큰 반응을 불러일으키고 있다.

아버지는 잊는다

리빙스턴 라넬

아가, 들어다오. 너는 작은 손을 볼에 얹고, 땀이 배인 이마에 금발의 잔털을 붙여 편안히 잠들어 있구나. 아버지는 혼자서 몰래 너의 방에 왔단다. 조금 전까지 아버지는 서재에서 신문을 읽고 있었으나 갑자기 가슴이 답답해지는 회한(悔恨)의 정에 빠지고 말았다. 죄의식에 사로잡혀서 네 곁에 왔단다. 아버지는 생각해 봤다.

지금까지 아버지는 너에게 매우 참기 힘들게 대해왔다. 네가 학교 갈 준비를 할 때 "수건으로 얼굴을 겨우 훔치고 말았구나." 하고 야단을 쳤고, 또 너의 물건을 책상 위에 집어던졌다고 들볶았다.

오늘 아침에도 식사를 하는데 잔소리를 했다. 음식을 떨어뜨린다, 씹지 않고 먹는다, 상에다 팔꿈치를 짚는다, 빵에 버터를 너무 많이 바른다……고 말야. 그 후 너는 놀러 나가고, 아버지는 정류장에 가기 위해 같이 집을 나섰다. 헤어질 때 너는 돌아보고 손을 흔들면서 "아버지, 다녀오세요."라고 했지. 나는 얼굴을 찡그리며 "가슴을 펴라."고 했다.

이 같은 일이 저녁 무렵에도 되풀이되었다. 내가 돌아와보니 너는 땅에다 무릎을 꿇고 흑구슬치기를 하고 있었지. 긴 양말 밑부분의 무릎 쪽에 여러 개의 구멍이 뚫려 있더구나. 아버지는 네가 집에 안 들어간다고 네 친구들 앞에서 창피를 주었다. "양말은 비싼 거야. 넌 네가 돈을 벌어서 산 거라면 좀더 아꼈겠지!" 하고――이것이 아버지라는 내 입에서 나온 말이니 나로서도 한심하기 그지없다.

밤이 되어 내가 서재에서 신문을 읽고 있을 때 너는 슬픈 눈으로 조심조심 방으로 들어왔지. 귀찮다는 듯 내가 눈을 뜨니 너는 입구 쪽에서 그만 주저하더구나. "무슨 일이냐."고 내가 말하자, 너는 아무 말 없이 내 곁으로 달려와선 양팔을 나의 목에 감고서 뽀뽀를 했지. 그때 너의 그 작은 두 팔에는 하느님이 심어주신 애정이 담겨 있었다――아무리 무시를 당해도 결코 마르지 않는 애정. 그리고 너는 발소리를 내면서 2층 방으로 갔었지.

그러나 아가야, 그 직후 아버지는 돌연 말할 수 없는 불안감에 사로잡혀 손에 쥐고 있던 신문을 나도 모르게 떨어뜨렸단다. 아버지는 습관에 젖어 있었던 거야. 야단만 치는 습관――아직 어린 아이에 불과한 너에게 아버지는 무슨 짓을 하고 있는 것일까! 결코 너를 사랑하지 않는 것은 아니다. 아버지가 아직 철없는 너에게 무리한 것을 기대하고 있었던 거야. 너를 어른과 동격(同格)인 것처럼.

너에게는 선량하고, 훌륭하며, 진실함이 가득 차 있다. 너의 그 착한 마음씨는 마치 저 산너머에서 밝아오는 여명 같다. 네가 이 아버지에게 뛰어들어 잘 자라는 뽀뽀를 했을 때 아버지는 그것을 확실하게 알 수 있었단다. 다른 것은 문제가 되지 않는다. 다만 아버지는 너에게 사과하고 싶어 이렇게 무릎을 꿇고 있는 것이란다. 아버지로서 늘 이것이 너에 대한 최소한의 보답이니까.

지금은 이런 말을 해도 너는 모를 것이다. 그러나 내일부터는 꼭 좋은 아버지가 되어 보일 것이다. 너의 다정한 벗이 되어 함께 즐기고, 함께 슬퍼할 것이다. 잔소리를 하고 싶어지면 혀를 깨물 것이다. 그래서 너는 아직 어린 아이라는 것을 항상 잊지 않도록 할 것이다.

아버지는 그 동안 너를 성숙한 인간으로 보고 있었던 것 같다. 이렇게 천진하게 잠자는 네 얼굴을 보고 있자니, 아버지는 너무나 주문이 많았단다. 역시 너는 아직 어린 아가다. 어제도 어머니 품에 안겨서 마냥 즐거워 했었지.

사람은 상대를 비판하기보다 먼저 상대편을 이해하도록 노력해야 할 것이다. 어째서 상대가 그와 같은 짓을 하게 되었는지를 잘 생각해보아야 할 것이다. 그 점이 훨씬 덕이고, 또한 흥미도 있는 일이다. 그러면 동정·관용·호의도 저절로 생기는 법이다. 모든 것을 알면 모든 것을 용서하게 된다.

영국의 위대한 문학자 닥터 존슨의 말에 의하면 "하느님께서도 사람을 재판할 때는 그 사람이 죽음에 이르기까지 기다리신다."고 했다.

하물며 우리들이 그때까지 기다리지 못할 이유는 없지 않을까.

사람을 움직이는 원칙 ①
비판도, 비난도 않는다. 불평도 않는다.

제2장
중요감을 갖게 한다

사람을 움직이는 비결은 이 세상에 단 한 가지뿐이다. 이 사실을 아는 사람은 매우 드물다. 그렇듯 사람을 움직이는 비결은 틀림없이 하나뿐이다. 즉, 자기 스스로 움직이고 싶은 기분을 내게 하는 것——이것이 그 비결이다.

거듭 말하지만, 이 외에는 비결이 없다.

물론 상대방의 가슴에 권총을 들이대고서 손목 시계를 벗게 하는 기분을 내게는 할 수 있다. 종업원을 해고시킨다고 위협하여 협력시킬 수도 있다——최소한 감시의 눈을 뜨고 있을 때만은. 회초리나 위협어린 말로 아이들을 마음대로 움직일 수도 있다. 그러나 이런 졸렬한 방법은 언제나 좋지 않은 반발이 뒤따르게 마련이다.

사람을 움직이는 데는 상대가 바라고 있는 것을 주는 것이 곧 유일의 방법이다.

그렇다면 사람은 무엇을 바라는가?

20세기의 위대한 심리학자 지그문트 프로이트에 의하면, 사람의 모든 행동은 두 개의 동기에서 나타난다——성(性)에 대한 충동과 출세하고 싶은 소망이 그것이다.

미국의 유명한 철학자요, 교육가이기도 한 존 듀이 교수도 같은 말을 조금 다르게 표현하고 있다. 즉, 인간이 가진 가장 강한

충동은 '중요시되는 인물이 되고자 하는 욕구'라고. '중요시되는
인물이 되고자 하는 욕구'란 참으로 의미심장한 말이다. 여기에
대해서 상세하게 생각해보고자 한다.
　사람은 무엇을 바라는 것일까?──예를 들어, 바라는 것이 별
로 없는 사람이라도 어떻게 해서든지 수중에 넣지 않으면 못 참는
정도의 바라는 것이 몇 개는 있을 것이다. 보통 사람이면 다음에
열거하는 것들을 바랄 것이다.

　① 건강과 장수(長壽)
　② 먹을 것
　③ 잠자는 것
　④ 돈, 그리고 돈으로 살 수 있는 것
　⑤ 내세(來世＝죽은 후의 세상)의 생명
　⑥ 성욕의 만족
　⑦ 자손의 번영
　⑧ 자기의 중요시되는 감정

　이와 같은 욕구는 대략 만족할 수 있겠지만, 한 가지 예외가 있
다. 그 욕구는 먹는 것과 자는 것의 욕구와 마찬가지로 대단히 뿌
리 깊고 만족될 수가 없는 것이다. 즉, 여덟 번째의 '자기의 중요
시되는 감정'이 그것으로, 프로이트가 말하는 '출세하고 싶은 소
망'이며, 듀이의 '중요시되는 인물이 되고 싶은 욕구'인 것이다.
　링컨의 편지 첫머리에 '인간은 누구나 아첨을 좋아한다.'라고
쓴 구절이 있다. 훌륭한 심리학자 윌리엄 제임스는 "인간이 갖고
있는 성정(性情) 중 가장 강한 것은 남에게 인정받는 것을 갈망하
는 기분이다."라고 말했다. 여기에서 여러분은 제임스가 '희망'
이라든가, '요망'이라든가, '대망'이라는 소극적인 말을 쓰지 않
고 굳이 '갈망(渴望)'이라고 말한 것에 주목해주기 바란다.

이것이야말로 인간의 마음을 항상 흔들어대는 활활 타버릴 듯한 갈망이다. 남의 이와 같은 마음의 갈망을 정당하게 만족시켜 주는 사람은 극히 드물지만, 그것을 할 수 있는 사람이라야 남의 마음을 자기 수중에 넣을 수가 있는 것이다. 장의사라 할지라도 그와 같은 사람이 죽으면 진심으로 슬퍼할 것이다.

자기의 중요시되는 감정에 대한 욕구는 사람을 동물과 구별하고 있는 주된 인간의 특성이다. 거기에 대해서 재미있는 이야기가 있다. 내가 미주리 주의 시골에 살고 있을 어린 시절의 일인데 아버지는 두룩 저어지 종(種)의 굉장한 돼지와 흰머리의 순혈종의 소를 사육하고 있었는데, 그것들을 중서부 각 지방의 공진회에 출품하여 1등상을 몇 번이나 차지했다.

그런데 아버지는 그와 같은 많은 명예의 푸른 리본들을 한 장의 흰 모슬린 천에다 핀으로 꽂아 모아두었다가, 손님이 오면 언제나 그 긴 모슬린 천을 들고 나왔다. 천의 한쪽 끝을 아버지가 잡고 또 한쪽 끝을 내가 잡아 푸른 리본을 손님에게 자랑하는 것이다.

돼지는 자기가 탄 상에는 전연 무관심이지만, 아버지는 대단한 관심을 보였다. 즉, 이상은 아버지에게 자기의 중요한 감정을 안겨준 것이다.

만약 우리의 조상이 이와 같이 타버릴 것만 같은 자기의 중요성에 대한 욕구를 갖고 있지 않았다면 인류의 문명도 발생하지 않았을 것이다.

교육도 받지 못한 가난한 식료품 점원을 분발시켜, 전에 그가 50센트를 주고 구해둔 몇 권의 법률 서적을 화물 보따리 밑에서 꺼내 공부시킨 것은 자기의 중요시한 감정에 대한 욕구였다. 이 점원이 바로 여러분도 잘 아는 링컨이다.

영국의 소설가 디킨즈에게 위대한 소설을 쓰게 한 것도, 18세기의 영국의 이름난 건축가 써 크리스토퍼 렌에게 불후(不朽)의 걸작을 낳게 한 것도, 또 록펠러에게 평생을 쓰고도 남을 부(富)를 쌓게 한 것도 모두가 자기의 중요한 감정에 대한 욕구인 것이다. 부자가 필요 이상의 큰 저택을 짓는 것도 역시 같은 욕구 때문이다.

최신 유행의 스타일로 몸치장을 하고, 신형의 자가용 차를 굴리며 자식 자랑 하는 것도 다 이 욕구가 있기 때문이다. 그리고 많은 소년들이 악의 구렁텅이로 빠져들어가는 것도 이 욕구 때문이다.

뉴욕의 경시 총감인 마르구네는 이렇게 말하고 있다. "요즘의 청소년 범죄자는 마치 자아(自我)의 덩어리 같다. 체포된 후, 그들의 최초의 요구는 자기를 영웅 취급해서 글을 쓴 신문을 보여 달라는 것이었다. 자기 사진이 스포츠의 유명 선수, 영화나 텔레비전의 배우나 텔런트, 유명한 정치가의 사진들과 같이 실려 있는 것을 보고 있으면 전기 의자에 앉혀지는 걱정쯤은 멀리 날아가 버린다."라고.

자기의 중요시되는 감정을 만족시키는 방법은 사람마다 다를 것이며, 그 방법을 물어보면 그 인물이 어떤 인간인가를 알 수 있다. 자기가 중요시되는 감정을 만족시키는 방법에 따라 그 인간의 성격이 결정되는 것이다. 이것은 대단히 뜻있는 일로써, 예를 들면 존·D·록펠러에 있어서 자기가 중요시되는 감정을 만족시키는 방법은 보지 못하고 알지도 못하는 중국의 빈민을 위해 북경에 근대적 병원을 짓는 자금을 기부하는 일이었다.

그러나 데린저란 사람은 자기가 중요시되는 감정을 만족시키기 위해 도둑질, 은행털이, 나중에는 살인범까지 되었다. 그리고는 경찰에 쫓겨 미네소타의 농가에 뛰어들었을 때도 그는 "나는 데린저다!"라고 말했다.

자기가 바로 '흉악범'이라는 것을 과시한 것이다.

"나는 데린저다! 그러나 너희들을 해롭게 할 생각은 없다!"

라고.

데린저와 록펠러의 중요한 차이는 다만 자기가 중요시되는 감정을 만족시키기 위해 취한 방법의 차이다. 유명한 사람이 자기가 중요시되는 감정을 만족시키기 위해 고심한 흥미 있는 예는 역사상 여러 곳에서 볼 수 있다.

조지 워싱턴도 '합중국 대통령 각하'란 칭호가 탐이 난 것이다. 러시아의 가자린 여왕은 자기에게 오는 서신의 상단에 '폐하'라고 씌어져 있지 않는 것은 거들떠보지도 않았으며, 링컨 부인은 대통령 관저에서 그랜드 장군의 부인에게,

"도대체 당신은 어째서 그다지도 뻔뻔스러운가요 ! 내가 앉으라는 말도 하기 전에 앉아버리다니 !"라고 매서운 표정으로 외쳤다.

1928년 버어드 소장의 남극 탐험에 미국의 백만 장자들은 자금을 원조했으나, 그것은 남극의 산맥에다 원조자들의 이름을 붙인다는 조건이었다. 또 프랑스의 유명한 작가 빅톨 위고는 파리를 자기 이름과 비슷한 이름으로 변경시킨다는 대단한 욕망을 품고 있었다. 그리고 저 위대한 셰익스피어조차도 자기 이름에 빛을 내기 위해 많은 돈으로 귀족 칭호를 얻은 것이다.

남의 동정과 주목으로 자기가 중요시되는 감정을 만족시키기 위하여 꾀병을 앓는 사람도 가끔 있다. 예를 들면, 마킨리 대통령 부인이 그렇다.

그녀는 자기가 중요시되는 감정을 만족시키기 위해 남편인 마킨리 대통령에게 중대한 국사를 소홀하게 다루도록 하고, 자기 침실에 있게 하고는 자기가 잠들 때까지 몇 시간이고 애무를 하게 한 것이다. 또 부인은 이빨 치료를 받는 동안 언제나 남편을 자기한테서 떠나지 못하게 해서 다른 사람의 관심을 끌려는 자기 욕구를 만족시키고 있었으나, 한 번은 대통령이 다른 약속이 있어서 어떻게든 부인을 치과 의사에게 남겨놓고 떠나야만 할 지경에 이

르렀다. 이때, 대소동이 일어난 것은 물론이었다.

나는 어느 젊고 활발한 여성이 자기가 중요시되는 감정을 만족시키기 위해 병자가 된 이야기를 들었다. 이 여성은 어느 날 무엇인가 정체를 알 수 없는 벽에 부딪친 것 같은 기분이 되었다. 아마 그 벽은 그녀의 연령이었을 것이다. 혼기(婚期)는 이미 지났고 앞날에는 희망도 없는 고독한 세월이 그녀를 기다릴 뿐이다.

드디어 그녀는 자리에 눕고 만다. 그로부터 10년간 그녀의 늙은 어머니가 식사 때마다 3층의 침실로 음식을 나르며 간호를 계속했다. 그런데 어느 날 간호에 지친·노모는 졸도하여 그대로 죽고 말았다. 병자는 비탄에 빠져 수주일이 지나고서야 자리에서 일어나 몸을 단정하게 가누고는 전과 같이 원기를 회복하였다.

전문가의 말에 의하면 현실 세계에서 자기가 중요시되는 감정을 만족시키지 못하면 광기(狂氣)의 세계에서 그 만족을 얻으려고 해서 결국 정신 이상을 가져오는 사람도 있다는 것이다. 미국의 병원에는 정신병 환자가 다른 병의 환자 모두를 합친 수보다 더 많이 수용되어 있다.

정신 이상의 원인은 무엇인가?

이와 같은 막연한 질문에는 누구나 대답하기가 곤란하리라고 생각되나, 어느 종류의 병——예를 들어 매독 같은 병에 걸리면 뇌 세포가 파괴되어 발광한다는 것을 알고 있는 것이다. 사실 정신 병자의 거의 절반은 뇌 조직 장애, 알콜, 독소, 외상(外傷) 등의 신체적 원인에 의한 것이나, 나머지 다른 절반은 뇌 세포에는 아무런 조직적 결함을 인정할 수가 없다는 것이다. 사체를 해부해서 뇌 조직을 최신의 현미경으로 조사해봐도 보통 사람과 조금도 다름없다는 것이다.

그렇다면 뇌 조직에 이상이 없는 자가 어찌하여 광인이 되는 것일까?

나는 이것을 어느 유명한 정신 병원 원장에게 물어본 적이 있다. 이 원장은 정신병의 최고 권위자로 인정받고 있는 사람이지만 "솔직하게 말해서, 그런 사람들이 어째서 정신에 이상을 일으키는지 나도 모른다."고 대답해주었다. 그리고는 "정확한 것은 아무도 모른다. 그러나 현실의 세계에서는 만족하지 못한 자신의 중요시되는 감정을 얻으려고 광인이 되는 많은 사람이 있다는 것은 확실하다."고 덧붙였다. 게다가 이 원장은 그에 대해서 다음과 같은 말을 더 들려주었다.

——"지금 우리 병원에는 결혼에 실패한 한 여성 환자가 있는데, 그녀는 사랑, 만족한 성, 어린 아이, 사회적 지위 등을 기대하고 결혼 생활을 한 것이다. 그러나 현실은 그녀의 희망을 무참하게 짓밟고 말았다. 남편은 그녀를 사랑하지 않았으며, 식사도 함께 하지 않고, 2층의 자기 방에 나르도록 한다. 자식도 낳지 못하고, 지위도 신통치 않다. 그녀는 마침내 정신에 이상이 왔다. 그래서 광기의 세계에서 남편과 이혼하고 옛 성 (舊姓＝결혼하기 전의 성. 우리 나라와는 달리 여자가 결혼하면 남편의 성을 따름)을 부르게 되었다. 지금은 영국의 귀족과 결혼했다고 믿고 있으며, 스미드 후작이라고 부르지 않으면 안 된다. 자식에 대해서는 매일 밤 분만한다고 믿고 있다. 내가 진찰할 때마다 그녀는 어젯밤 어린 아이를 분만했노라고 말한다."

그녀의 꿈을 실은 배는 모조리 현실이라는 암초에 걸려 산산조각나 버렸으나, 그녀의 광기어린 빛나는 공상 세계에서는 그녀의 꿈을 실은 배가 순풍에 돛을 달고 닿는 항구마다 안착하고 있는 것이다.

이것은 비극일까? "나는 모르겠다."며 그 의사는 말을 이었다.

"만약 내가 간단히 그녀의 정신병을 치료할 수 있다 하더라도 나는 그렇게 하고 싶지 않아요. 지금의 상태가 그녀에게는 훨씬 행복할 것입니다."라고.

자기가 중요시되는 감정을 갈망한 나머지 광기의 세계에 빠지면서까지 그것을 만족시키려는 사람도 이 세상에는 이렇듯 적지 않다. 그렇다면 우리가 정상적인 세계에서 이 욕망을 만족시켜 준다면 어떤 기적이라도 일어날 수가 있지 않을까?

주급(週給) 50불이 상당한 급료라고 인정되던 시대에 연봉 1백만 불 이상의 급료를 받는 극소수 실업가 중의 한 사람인 찰스 쉬웝이 있다. 쉬웝은 1921년에 U·S·철강 회사가 설립되었을 때 앤드류 카네기가 사장으로 받아들인 인물이다. 쉬웝은 38세의 젊은 사람이었다.

하지만 앤드류 카네기가 쉬웝에게 무엇 때문에 연봉 1백만 불, 하루 3천 불 이상의 급료를 지불했을까? 쉬웝이 천재라서 그랬을까? 천만의 말씀이다. 쉬웝의 말에 의하면, 그가 고용한 많은 부하들이 쇠붙이에 대해서는 자기보다 훨씬 많이 알고 있다고 한다.

쉬웝이 이와 같은 급료를 받게 된 중요한 이유는 그가 사람을 다루는 데 명인(名人)이기 때문이라고 했다. 어떻게 다루느냐고 물었더니 다음과 같은 비결을 가르쳐주었다. 참으로 금언(金言)이었다. 동판에 새겨서 각 가정이나 학교, 상점, 사무실 등의 벽에 걸어 둘 만하다. 그리고 아이들에게도 라틴 어의 동사 변화, 브라질의 연간 강우량 등을 암기하는 틈바구니에 이 말들을 끼워넣을 만도 하다. 뿐만 아니라 이 말들을 활용하면 우리들의 인생도 크게 달라질 것이다.

——"나에게는 사람들의 열성을 불러일으키는 능력이 있다. 이것이야말로 무엇과도 바꿀 수 없는 보물이다. 남의 장점을 키우려면 칭찬과 격려가 가장 좋은 방법이다. 상사에게 꾸중을 듣는다는 것은 향상심을 해치는 것이다. 나는 결코 사람을 비난하지 않는다. 사람을 움직이려면 격려가 필요하다고 믿고 있다. 그러

므로 남을 칭찬하는 것은 좋아하지만, 헐뜯는 것은 질색이다. 마음에 드는 일이 있으면 진심으로 찬성하고 아낌없이 칭찬을 한다.”

이것이 쉬웝의 사람 다루는 방법이다. 그러면 일반인은 어떨까? 그와 꼭 반대다. 마음에 들지 않으면 사정없이 몰아붙이고, 마음에 들면 아무 말이 없다.

“나는 지금까지 세계 각국의 많은 훌륭한 분들과 교제를 했으나, 아무리 지위가 높은 사람이라도 잔소리를 들으면서 일하기보다는 칭찬을 받으며 일할 때가 일에 대해 열성도 나고 결과도 좋아진다. 그 예외는 아직 단 한 번도 일어난 일이 없다.”고 쉬웝은 단언한다.

실은 이것이 앤드류 카네기의 대성공의 열쇠라고 쉬웝은 말하고 있다. 카네기 자신 또한 타인을 공사(公私)간에 언제나 칭찬을 베풀었던 것이다.

카네기는 다른 사람의 일을 자기 묘의 비석에까지 새겨서 칭찬하려고 했다. 자기 스스로 쓴 묘비명(墓碑銘)은 다음과 같다.

‘나보다 현명한 인물을 주위에 모이도록 하는 법을 터득한 자 여기 잠들다.’

진심으로 감사를 표하는 것이 록펠러의 사람 다루는 비결이었다. 다음과 같은 말이 있다. 애드워드 헤포드라고 하는 그의 공동 출자자가 있었으나, 어느 때 이 사람은 남미에서 바보스러운 매점 행위의 실패로 회사에 1백만 불의 손해를 끼쳤다. 다른 사람 같으면 아마 잔소리깨나 했을 것이다. 그러나 록펠러는 헤포드가 최선을 다한 것을 알고 있었다. 그리고 사건은 이미 끝이 난 것이다. 그래서 그는 도리어 상대를 칭찬하는 재료를 찾았다. 즉, 헤포드가 투자액의 60%를 회수할 수 있었다는 것을 칭찬한 것이다.

"훌륭해. 그 정도를 회수할 수 있었다는 것은 큰 공로야."

지그프엘드라면 브로드웨이를 누빈 대 흥행사이지만, 어떤 여자라도 멋진 미인으로 만들어내는 교묘한 수단 덕분으로 명성을 얻은 것이다. 누구의 눈에도 들지 않는 보잘것없는 소녀를 발견하여 잘 가꾸어 부대에 세우면 이상하리만큼 매혹적인 교태가 나는 모습으로 탈바꿈하는 것이다. 칭찬하고 신뢰하는 것의 힘을 아는 그는 친절함과 보살핌으로 여자들에게 '자기는 미인이다'라는 자신감을 갖게 했다. 그는 입으로만이 아니라, 실제로 합창 여단원의 급료를 주당 30불에서 175불까지 인상해준 것이다. 그리고 기사적 예의도 갖추고 있었다. 공연 첫날 밤 출연하는 스타들에게 축전을 치고, 합창 여단원 전원에게 호화 찬란한 꽃다발을 듬뿍 안겨준 것이다.

어느 때 나는 호기심으로 단식을 해보고 싶어 6일간 아무것도 먹지 않고 지낸 일이 있었다. 그리 힘든 일은 아니었다. 6일째의 마지막 날보다 2일째의 밤이 더욱 고통스러웠다. 그러나 만일 가족이나 사용인들에게 6일간이나 먹을 것을 주지 않았다면 우리는 일종의 죄악감을 느낄 것이다. 이와 같이 먹는 것과 같은 정도로 누구나 갈망하는 마음에서 우러나오는 칭찬은 6일은 고사하고 6주간이나, 때에 따라서는 6년간이나 주지 않고 버려두고 있는 것이다. 〈빈의 재회〉라는 유명한 극의 주연을 맡은 명배우 알프렛랜드도 "나에게 가장 필요한 영양물은 자기 평가를 높여주는 말이다."라고 한다.

우리들은 어린 아이나 친구 또는 사용인의 육체에는 영양을 주지만, 그네들의 자기 평가에는 영양을 주지 않는다. 쇠고기나 감자를 주어 체력을 높여주지만, 부드러운 칭찬의 말을 주는 것은 잊고 있다. 부드러운 칭찬의 말들은 새벽별이 연주하는 음악같이 언제까지나 기억에 남아 마음의 양식이 되는 것이다.

폴 헤베이는 라디오 리포터로 알려져 있으나, 〈후일 이야기〉란 제목의 프로 중에서 진심에서 우러나는 칭찬으로 한 사람의 인생이 큰 변화를 가져오는 이야기를 하고 있었다. 몇 년 전 디트로이트의 어느 학교 여선생이 수업 중에 달아난 실험용 쥐를 스티비 모리스란 소년에게 부탁해서 찾아냈다. 이 선생이 스티비에게 그것을 부탁한 것은 그는 눈은 나쁘지만, 대신 날 때부터 타고 난 아주 예민한 귀를 갖고 있다는 것을 알았기 때문이다. 스티비 말에 의하면, 그때 —— 자기가 갖고 있는 능력을 선생님이 인정해 준 때 —— 새로운 인생이 시작되었다. 그 이후, 그는 하늘로부터 받은 굉장한 청력(聽力)을 충분히 활용하여, 드디어 '스티비 원더'란 이름으로 1970년대의 유수한 팝 싱어 송 라이터가 된 것이다.

"뭐라고? 부질없는 아부 따.윈 낡은 수법이다! 그런 수법은 벌써 실험이 끝난 것이다. 지성이 있는 사람에게는 아무 효과가 없다."

독자들 중에는 여기까지 읽고, 이와 같이 생각하는 분도 있을 것이다.

물론 아부란 분별 있는 사람에게는 통하지 않는다. 아부라는 것은 천박하고 이기적이며, 성의라고는 조금도 없다. 그것이 안 통하는 것이 당연하며, 통해서도 안 된다. 아사(餓死) 직전의 인간이 풀뿌리나 곤충을 닥치는 대로 먹듯이, 무엇이든 마구 삼켜 버리는, 칭찬에 굶주린 사람들이 이 세상에 있는 것이 사실이다. 물론이다.

영국의 빅토리아 여왕마저도 아부를 좋아하는 경향이 있었다. 당시의 재상 디스레리도 여왕에 대해서는 아부를 많이 했다고 자기 스스로 말했다. 그의 말을 빌리면 '윤두로 때리듯이' 아부의 말을 했다. 그는 대영 제국의 역대의 재상 중에서 드물게 보는 세련된 사교의 천재다. 디스레리가 사용한 유효한 방법도 우리들이 사용하면 반드시 유효하다고는 말할 수 없다. 결국 아부란 이익보다는 오히려 손해를 끼치는 것이다. 아부란 가짜이다. 가짜 돈(위조 지폐)과 같이 통용시키며, 언젠가는 큰코 다치게 마련이다. 아부와 감탄은 어떻게 다른가? 답은 간단하다. 후자는 진실이 있고, 전자는 진실이 없다. 후자는 마음속에서 우러나지만, 전자는 입에서 나오는 것이다. 후자는 몰아적이고, 전자는 이기적이다. 후자는 누구에게도 환영받지만, 전자는 누구도 싫어하게 된다. 나는 최근 멕시코 시의 차팔디펙 궁전을 방문했는데 거기에는 오프레곤 장군의 흉상이 있었다. 그런데 흉상 하부에 다음과 같은 장군의 신조가 새겨져 있었다.

'적을 두려워 말고, 감언 이설하는 벗을 두려워하라.'

　달콤한 말을 속삭인다고 —— 천만에. 나는 달콤한 말을 속삭이는 것을 장려하지는 않는다. 내가 장려하는 것은 '새로운 생활법'이다. 되풀이하지만, 나는 '새로운 생활법'을 장려하는 것이다.
　영국의 왕 조지 5세는 버킹검 궁전 내의 서재에 6조문의 금언을 걸어두고 있었다. 그 중 하나가 "값싼 칭찬은 하지도 말며, 또한 받지도 말도록 하라."라는 것이다. 아부란 결국 '값싼 칭찬'이다. 또 아부의 정의에 대하여 다음과 같이 말한 책을 읽은 적도 있다.
　"상대의 자기 평가에 꼭 맞는 말을 해주는 것."—— 이것은 마음에 새겨두어도 좋은 말이다.
　미국의 사상가 에머슨은 "인간은 어떤 말을 사용해도 본심을 속이지는 못한다."고 훈계하고 있다.
　만일 아부하는 말을 사용하여 만사 형통한다면 누구든지 같은 아부하는 말을 사용하므로, 세상에는 사람을 다루는 데 명인들만 있게 될 것이다.

인간은 어떤 문제가 일어나 거기에 마음을 집중시키고 있는 이 외는 자기 자신의 일만을 생각하며 살아간다. 여기서 잠깐 자기 자신의 일만 생각지 말고, 다른 사람의 장점을 생각하면 어떨까? 남의 장점을 알게 되면 훤히 들여다보이는 값싼 아부의 말 같은 것은 사용하지 않아도 될 것이다.

남의 진가를 인정하려고 노력하는 것은 일상 생활에서는 매우 중요한 마음가짐이지만, 자칫 소홀하기 쉽다. 아이가 학교에서 좋은 성적을 받고 돌아와도 칭찬해주는 것을 게을리 하고, 처음으로 케익이 잘 구어졌다든가, 새들이 알 낳는 통을 만들 수 있게 되어도 칭찬의 말을 잘 해주지도 않는다. 아이들에게는 부모가 보여주는 관심이나 칭찬의 말처럼 기쁜 것은 없다.

다음부터는 클럽의 식당 요리가 마음에 들면 자기도 그것을 만들어 셸프에게 찬사를 전해주고, 정중한 태도로 대해주는 매점 아가씨에게는 그 응대에 감사하다는 뜻을 전해주도록 노력하기 바란다. 많은 사람을 상대로 말을 하는 목사 또는 강연자는 자기의 말에 아무런 반응이 없을 때는 참기 어려운 실망을 맛본다. 이것은 이 사람들 뿐 아니라 회사, 점포, 공장 등에서 일하는 사람들, 그리고 우리의 가족과 친구에게도 마찬가지로 인간은 예외없이 타인으로부터 평가받기를 강렬하게 원하고 있다. 이 사실을 결코 잊어서는 안 된다.

깊은 생각 끝에 우러나는 감사의 말을 하면서 매일매일을 보낸다——이것이 친구를 만들고 사람을 다루는 묘책이다.

코네티컷 주의 뉴 페이필드의 파멜라다남이란 여성은 노무 관리를 담당하고 있었는데, 종업원 중에 근무 태도가 어설픈 남자가 있었다. 다른 종업원이 고의로 복도를 어지럽혀서 청소하는 방법이 나쁘다고 빈정대는 바람에 생산성마저 저하되었다.

파멜라는 이 남자에게 일을 하려는 의욕을 불러일으키기 위해 최대한의 힘을 기울였으나, 이 남자도 간혹 올바른 일을 하는 것을 알게 되었다. 그리하여 이런 경우 다른 사람들 앞에서 칭찬을 해주었다. 그랬더니 그의 일하는 것이 점점 좋아져서 지금은 나무랄 데 없는 일솜씨로 누구에게서나 인정받게 되었다. 비판이나 비웃음이 아무 쓸모 없는 대신, 솔직한 평가가 좋은 결과를 낳게 한 좋은 예이다. 사람의 기분을 상하게 해서 그 사람을 변하게 한다는 것은 절대로 있을 수 없으며, 또한 무익하다. 여기에 대해서는 옛 격언이 있으며, 나는 그것을 오려내어 매일 보는 거울에다 붙여놓고 있다.

이 길은 한 번밖에 통하지 않는 길. 그러니 도움이 되는 일이나 남을 위하는 일이라면 지금 곧 시작하자. 다음으로 미루거나 잊어버리지 않게, 이 길은 두 번은 통하지 않는 길이기에.

에머슨은 또 이렇게 했다.

"어떤 인간이라도 어떤 점에 있어서는 나보다는 나은 때가 있다──내가 배울 만한 것을 갖고 있다는 점에서."

에머슨 같은 사람도 이런 말을 했거늘, 하물며 우리들 보통 사람에 있어서야 말해서 무엇하리. 자기의 장점과 욕구를 잊고 다른 사람의 장점을 생각하자. 그러면 아부 같은 건 전연 무용지물이 될 것이다. 거짓이 없는 진심에서 우러나는 칭찬을 해주자. 쉬웁과 같이 마음속으로부터 칭찬하고 아낌없는 찬사를 보내자. 그러면 상대는 그것을 마음속 깊이 간직하여 평생 잊지 않을 것이다──주는 본인은 잊을 수 있어도 받는 상대는 언제든 잊지 않고 소중히 여길 것이다.

사람을 움직이는 원칙 ②
솔직하고 성실한 평가를 해준다.

제3장
남의 입장이 되어 처신한다

매년 여름이 되면 나는 메인 주에 낚시를 간다. 나는 딸기 밀크를 가장 좋아하지만, 물고기는 무슨 까닭인지 지렁이를 좋아한다. 그래서 낚시를 하는 경우, 내가 좋아하는 것은 생각지 않고 물고기가 좋아하는 것을 생각하게 된다. 결국 딸기 밀크를 미끼로 사용하지 않고, 지렁이를 낚시 바늘에 꿰어서 물고기가 먹도록 한다.

사람을 낚을 때에도 이와 같은 낚시꾼의 상식을 이용하면 된다.

영국 수상 로이드 조지가 그 방법을 이용했다. 제1차 세계 대전 중 그와 함께 활약한 연합국의 지도자 윌슨, 올랜드, 그레망스 등이 벌써 세상 사람들로부터 잊혀지고 있는 데 비해 유독 그만은 여전히 그 지위를 유지하고 있다. 그 비결을 물었더니, 대답인즉 낚시에는 물고기가 좋아하는 미끼가 가장 좋다는 것이었다.

자기가 좋아하는 것을 문제삼을 필요가 있을까? 그런 것을 문제삼는다는 것은 어리석은 짓이다. 물론 우리들은 자기가 좋아하는 것에 흥미를 갖는다. 평생 그럴 것이다. 그러나 자기 이외에는 아무도 그런 것에 흥미를 갖지 않을 것이다. 누구든 자기 자신의 일로 꽉 차 있으니까.

그러니 사람을 움직이는 유일한 방법은 그 사람이 좋아하는 것을 문제로 하여, 그것을 쉽게 손아귀에 넣는 방법을 일깨워주는 것이다.

이것을 모르고서 사람을 움직인다는 것은 믿을 수 없는 일이다. 예를 들어, 자기 자식에게 담배를 피우지 못하게 하려면 설교를 해서는 안 된다. 자기의 희망을 말해도 안 된다. 담배를 피우는 자는 야구 선수가 되고 싶어도 될 수 없으며, 100미터 경기에서 승리하고 싶어도 승리할 수 없다는 것을 설명해준다. 이 방법을 터득하고 있으면 아이들이나 송아지, 또는 침팬지라도 마음대로 움직이게 할 수 있다.

다음과 같은 이야기가 있다. 에머슨이 아들과 같이 송아지를 외양간에 가두려고 하다가 이 부자(父子)는 세상에서 일반적으로 흔히 일어나는 잘못을 범했다. 자기들의 원하는 것만을 생각한 것이다. 아들이 송아지를 앞에서 끌고 에머슨이 뒤에서 민다. 송아지 또한 에머슨 부자와 똑같이 자기가 의도하는 짓을 했다. 그러니까 자기의 희망하는 것만을 생각한 것이다. 네 발을 딛고 움직이지 않으려 한다. 그것을 보다 못한 아일랜드 태생의 가정부가 응원차 가담한다. 그녀는 논문이나 문장은 못 쓰지만, 이런 경우에는 에머슨보다 상식이 풍부하다. 즉, 송아지가 무엇을 바라고 있나 하는 것을 생각한 것이다. 그녀는 자기의 손가락을 송아지의 입에다 물려 그것을 빨리면서 부드럽게 송아지를 외양간에 몰아넣은 것이다.

인간의 행위는 무엇을 바라는가로서 발생한다. 적십자에 100달러를 기부하는 행위는 어떤가? 이것도 결코 이 법칙에서 벗어난 것은 아니다. 사람을 구하고 싶었을 것이다. 신처럼 아름다운 몰아적(沒我的) 행위를 하고 싶었기 때문이다——"가난한 형제를 돕는 것은 결국 모두에게 사랑을 베푸는 것이다."

아름다운 행동으로 말미암아 생기는 기쁨보다 100달러의 돈 쪽이 낫다고 생각하는 사람은 기부 같은 것을 하지 않을 것이다. 물론 거절하기 거북하고, 또는 일상 생활에 폐를 끼친 사람으로부터의 부탁을 이유로 기부를 하는 경우도 있을 것이다. 그러나 기부를 한 이상 무엇인가를 바라고 있었다는 것은 확실하다.

미국의 심리학자 오버스트리드 교수의 명저《인간의 행위를 지배하는 힘》에 다음과 같은 말이 있다.

"사람의 행동은 마음속의 욕구에서 나타난다. 그러나 사람을 움직이는 최선의 방법은 먼저 상대방의 마음속에 강한 욕구를 일으키게 하는 것이다. 장사에 있어서도, 가정에서나 학교에서도, 또는 정치에 있어서도 사람을 움직이려면 이것을 잘 기억해둘 필요가 있다. 이것을 행할 수 있는 사람은 만인의 지지를 얻는 데 성공할 것이며, 행할 수 없는 사람은 단 한 사람의 지지자를 얻는 데도 실패할 것이다."

철강왕 앤드류 카네기도 원래는 스코틀랜드 태생의 가난한 사람에 불과했다. 처음에 그는 한 시간에 2센트의 급료밖에 받지 못했으나, 후에는 각 방면에 기부한 금액만도 3억 6천 5백만 달러에 이르렀다. 그는 젊었을 때부터 사람을 움직이려면 상대의 바라는 것을 생각해서 말하는 외에는 방법이 없다는 것을 깨달았다. 학교는 4년밖에 다니지 못했지만, 사람을 다루는 법을 이미 터득하고 있었던 것이다.

또 이와 같은 말도 있다. 카네기의 여동생은 엘 대학에 다니는 두 아들 때문에 병이 날 만큼 걱정을 하고 있었다. 두 아들은 자기 생각만 하여 집에 편지 한 장도 하지 않았다. 그들의 어머니가 아무리 열심히 편지를 해도 답장을 하지 않았다.

그러자 카네기가 조카들에게 편지를 쓰고서 답장이 오느냐 않느냐를 놓고 100달러씩 내기를 하자고 했더니 응하는 자가 있어, 그는 조카들에게 편지를 띄웠다. 내용은 부질없는 이야기들이었는데, 다만 편지의 말미에 형제에게 각각 5달러씩 송금한다고 써놓고는 돈은 부치지 않았다.

마침내 조카들로부터 지체없이 감사의 답장이 왔다.

'앤드류 백부님, 편지 감사합니다…….'

——그 다음 계속된 구절은 여러분의 상상에 맡긴다.

사람을 설득하는 또 한 가지의 예가 있다.

클리브랜드의 스탠노박 씨가 강연회에서 보고한 바에 의하면, 어느 날 저녁 무렵 집에 돌아와보니 막내아들 팀이 거실의 상 위에 드러누워 소리내어 울고 있었다. 팀은 유치원에 가기 싫다고 떼를 쓰고 있었다. 평소의 스탠 같으면 팀을 어린이 방에 가두고 "유치원에 가야 해! 알았어?" 하고 큰소리로 혼을 내주었을 것이다. 그리고 팀은 꼼짝없이 유치원에 가게 되고.

그러나 그런 방법으로 팀을 유치원에 보낼 수는 있으나, 그 애로 하여금 유치원에 가는 것을 좋아하게 하기는 힘들 것이다. 그래서 스탠은 의자에 앉아 다음과 같이 생각했다.

"만일 내가 팀이라면 유치원에 가는 제일의 즐거움은 무엇일까?"

스탠은 부인과 둘이서 유치원에서 하는 재미나는 일, 손가락에 물감을 묻혀 그림을 그리는 핑거 페인팅, 노래, 그리고 새로운 친구 등 여러 가지를 생각해서 리스트를 작성했다. 그리고는 작전을 개시했다.

——먼저 아내와 나, 그리고 장남 보브까지 동원해서 즐겁게 부엌 테이블 위에서 핑거 페인팅을 시작했다. 팀이 부엌을 살짝 들여다보면서 자기도 같이 넣어달라고 말했다. "팀은 안 돼! 유치원에서 핑거 페인팅하는 방법을 배우고 나야만 할 수 있어." 하고 거절했다. 그 후 나는 흥분을 이기지 못하는 듯이 전과 같은 리스트의 항목을 들어 유치원의 즐거움을 알기 쉽게 말해주었다.

다음날 아침 자기가 제일 먼저 일어났다고 생각하며 2층의 침실에서 거실을 내려다보니 팀이 의자에서 자고 있었다. "여기서 무엇을 하는 거냐?"라고 물었더니 "유치원에 지각하면 안 되겠기에 여기서 기다리고 있어요."라고 말했다. 아마도 팀을 제외한 온 가족이 열중하여 즐거워한 때문에 설교나 거짓부렁 같은 것으로는 도저히 바랄 수 없는 '유치원에 가고 싶다'는 생각을 일으킬 수 있게 된 것이다.

이렇게 사람을 설득해서 무엇인가 시키고자 하여 말하기 전에 먼저 자기 자신에게 물어보자.

"어떻게 하면 그렇게 하고자 하는 마음을 상대방에게 불러일으키게 할 수 있을 것인가?" 하고.

이것을 행하면 자기 마음대로 말하는 소용없는 말을 상대방에게 듣게 하지 않아도 된다.

나는 어떤 강습회를 열기 위하여, 뉴욕의 어느 호텔의 큰 홀을 매 시즌마다 20일 동안을 빌린 일이 있다. 그런데 어느 시즌 초, 사용료를 종전의 3배 가까운 액수로 인상한다는 통지를 갑자기 받았다. 그때는 이미 청강권이 인쇄가 되어 예매중이라고 공포한 후였다.

나는 당연히 그와 같은 인상을 승복할 생각이 없었다. 그러나 나의 이 기분을 호텔측에 전달해본들 소용이 없었다. 호텔측은 오로지 호텔 자체의 일만을 생각하고 있었다. 그래서 이틀 후 지배인을 만나러 갔다.

"그 통지서를 받고서는 놀랐어요. 그러나 당신을 책망할 의사는 없소. 나도 당신의 입장이라면 아마 그와 같은 편지를 썼을 것이오. 호텔 지배인으로서는 될 수 있는 대로 호텔의 수입을 올리게 하는 것이 의무겠지요. 그것을 할 수 없는 지배인 같으면 당연히 해고될 테니까요. 그러나 이번 호텔 사용료의 인상이 호텔에 어떤 이익과 불이익을 가져오는가를 표로 만들어보는 것이 어떻 겠어요?"

말을 마치자 나는 종이를 집어들고 중앙에 선을 그어 '이익'과 '불이익'의 란을 만들었다.

이윽고 나는 이익란에 '큰 홀이 빈다'라고 쓰고는 말을 계속해 나갔다.

"빈 큰 홀을 댄스 파티나 기타 집회용으로 자유로이 세(貰)를 줄 수 있다는 것은 확실히 이익입니다. 그것은 확실히 큰 이익입 니다. 강습회용으로 빌려주기보다는 더 높은 사용료를 받을 수 있을 테니까요. 20일간이나 큰 홀을 밤마다 사용 못하고서야 호텔 로서는 큰 손실이지요.

그러면 이번에는 불이익에 대해서 생각해봅시다. 첫째 나로부 터 들어오는 이익이 줄어드는 것은 말할 것도 없고, 아니 한 푼도 들어오지 않을 것입니다──나는 당신이 말하는 만큼의 사용료 를 지불할 수 없으니 강습회는 어디 딴 장소에서 하게 되겠지요.

거기에다 또 한 가지 호텔에 불이익이 되는 것이 있습니다. 이 강습회에는 지식인과 문화인이 많이 모여듭니다. 이것은 호텔에 대해서 굉장한 선전이 될 것입니다. 사실 신문광고에 5천 달러의 비용을 써도 이 강습회에 모여드는 사람의 수보다 많은 사람이 이 호텔을 보러오지는 않을 테니까요. 이 점은 호텔측에 대단한 불 이익이 아닐까요?"

이상 두 가지의 불이익을 해당란에 써넣고, 그 종이를 지배인 에게 건네주었다.

"여기 적은 이익과 불이익을 보시고 잘 생각하셔서 최종적으로 답을 들려주세요."

그 다음날 나는 사용료를 당초의 3배가 아닌, 5할만 더 받겠다 는 통지를 받았다.

이 문제에 있어서 나는 나의 요구를 한 마디도 말하지 않았다는 점에 주목해주기를 바란다. 시종 상대방의 요구에 대해 토론하고, 어떻게 하면 그 요구가 만족되겠는가에 대해서 말했을 뿐이었다.

가령 내가 인간의 자연적 감정대로 지배인 방으로 뛰어들어가서 다음과 같이 소리를 질렀다고 치자——"자네, 지금에 와서 3배로 인상한다니 괘씸하군. 이미 입장권은 인쇄되었고, 발표도 했다는 것은 자네도 알고 있었을 텐데. 3배라면 너무 심하지 않나? 난 그렇게 지불할 수 없어!"

이랬다면 어떻게 되었을까? 서로가 흥분하여 격렬하게 논쟁을 하고, 그 결과는 뻔한 것이다. 설사 내가 상대를 설득시켜 그 부당함이 깨우쳐졌다고 해도 상대는 물러서지 않을 것이다. 자존심이 그것을 용납하지 않았을 것이다.

자동차 왕 헨리 포드가 인간 관계의 낌새에 대하여 아주 적절한 말을 하고 있다——"성공하는 데 비결이 있다면, 그것은 남의 입장을 이해하여 자기 입장과 동시에 남의 입장으로서도 사물을 볼 수 있는 능력이다."

실로 음미해볼 만한 말이다. 몇 번이고 되풀이해서 명심해주기 바란다. 대단히 간단하고 알기 쉬운 도리이지만, 많은 사람들은 대개의 경우 이것을 깨닫지 못한다.

그 예는 얼마든지 있다. 아침마다 배달되는 우편물이 그렇다. 대개의 편지는 그 상식의 원칙을 무시하고 있다. 한 예로써, 전국에 지사를 갖고 있는 어느 광고 회사의 방송 부장이 각 지방의 방송 국장 앞으로 보낸 편지를 들어 보자. (괄호 안은 나의 비평이다.)

삼가 아룁니다. (拜啓=편지의 맨 첫머리에 쓰는 인사말)

저희 회사는 라디오 광고의 대리업으로 항상 일류가 되고자 염원하고 있습니다.

(자네 회사의 염원 같은 것 알 게 뭐냐. 우리도 골치 아픈 문제를 산더

미처럼 안고 있다네. 집은 저당잡혀 기한이 다 되어가고, 값진 정원수는 해충의 피해로 고사목이 되고 있으며, 주가(株價)는 폭락, 오늘 아침은 통근 열차도 놓치고 어젯밤에는 존스 집 댄스 파티에도 초대받지 못했네. 의사는 고혈압이니 신경염이라 하고, 거기에다 초조한 마음으로 사무실에 도착하니 이 편지다. 뉴욕 부근의 풋내기의 자기 멋대로의 불평을 들어서야 견딜 수 없네. 이 편지가 상대에게 어떤 인상을 준다는 것을 모른다면 광고업 같은 것은 집어치우고 염송의 세제(洗劑)라도 만드는 것이 어떨까.)

우리 나라의 방송 사업 발족 이래 저희 회사의 업적은 매우 현저하며, 항상 업계의 수위를 차지해왔습니다.

(과연 너희 회사는 규모가 크고 업계 제1이라고 말하는데 그게 어쨌다는 거냐. 예를 들어 너희 회사가 제너럴 모터즈와 제너럴 일렉트릭의 2대 회사를 합친 것보다 몇 배가 크다손치더라도 그것은 아무래도 좋은 것이다. 이쪽은 너희 회사의 크기보다는 자기 회사의 크기가 관심거리이다. 하다못해 어리석은 작은 새의 절반 정도의 신경이라도 갖고 있다면 그 정도의 것은 알 만할 것이다. 너희 회사의 자랑거리를 듣고 있으니 이쪽이 비방당하는 기분이다.)

저희 회사는 항상 각 방송국의 최근의 상황에 통하고 있음을 염원하고 있습니다.

(또 너희 염원? 바보같으니라구. 누가 너희 염원 따위에 관심을 갖겠나. 이쪽 염원은 어떻게 한단 말인가. 거기에 대해서는 한 마디의 언급도 없지 않은가.)

따라서 귀 지국의 주간 보고를 얻고자 대리업자로서 필요한 사항은 크나 적으나 빠짐없이 통지해주세요.

(뻔뻔스러운 것도 분수가 있지. 자기 마음대로 열을 올려 선전하고서 고압적으로 보고를 하라고?)

귀 지국의 최근의 상황에 대하여 급히 회답을 해주시면 서로가 형편이 좋으리라 생각합니다. 감히 말씀 올렸습니다. (敬具=편지

의 맨끝에 쓰는 인사말)

(바보, 이런 조잡한 등사(謄寫). 편지를 보내놓고 급히 회답을 달라니 어이가 없구나. 아마 이 등사 편지를 가을의 낙엽과 같이 전국에 뿌리고 있을 것이다. '급히'란 또 무엇이냐. 이쪽도 너만큼은 바쁘단다. 도대체 너는 무슨 권리가 있어 건방지게 명령을 하느냐——'서로가 형편이 좋다'고?——편지의 끝부분에서 겨우 이쪽의 입장을 알아차린 것 같으나, 이쪽이 어떻게 해서 형편이 좋은지 모르겠군.)

〈브랭크 빌 저널〉 지의 사본 한 부를 동봉합니다. 귀 지국의 방송에 이용해주시면 대단히 감사하겠습니다.

(추신에서 겨우 '서로가 좋은 형편'이란 뜻을 알 수 있었다. 그러나 어째서 첫머리에 그것을 안 썼는가? 처음에 썼다손치더라도 별로 달라진 것은 없었으리라. 대체로 이 바보 같은 편지를 예사로 보내오는 광고업자의 머리는 어떻게 잘못된 것이 아닌가. 너에게 필요한 것은 이쪽에 상황 보고가 아니고, 바보에게 부치는 약일 것이다.)

광고업을 본직으로 하고 남에게 물건을 사려 하는 마음을 내키게 하는 전문가들조차도 이와 같은 편지를 쓰고 있으니, 다른 직업의 사람들이 쓰는 편지는 짐작해서 알 만한 일이다.

여기 또 한 통의 편지가 있다. 운송 회사의 수송 계장으로부터 나의 강습회의 수강자인 에드워드 버밀런 씨에게 온 것이다.

삼가 아룁니다.

이쪽의 현재 상황에 대하여 말씀드리면 취급되는 화물의 대부분이 저녁 무렵 한꺼번에 쇄도합니다. 때문에 자칫 발송 업무에 지장을 초래하기 쉽습니다. 결과는 이쪽 인원의 시간 외 노동, 적재와 수송이 지연됩니다. 지난 11월 10일 귀사로부터 510상자가 되는 대량의 화물이 도착했지만, 이미 오후 4시 20분이었습니다.

저희 회사로서는 이와 같은 사태로 발생하는 좋지 못한 형편을 피하기 위하여 귀사의 협력을 바라는 바입니다. 앞서 말한 대량의 화물의 도착 시간을 앞당겨주든가, 또는 오전 중에 그 일부가 도착되도록 힘써주세요.

이상과 같이 배려를 해주시면 귀사의 트럭이 기다리는 시간도 단축되며, 화물도 당일 발송됩니다. 감히 말씀드렸습니다.

이 편지에 대한 버밀런 씨의 감상은 이렇다——"이 편지는 의도하는 것과는 반대의 효과를 내고 있다. 첫머리부터 자기 형편만 적고 있는데, 이쪽은 그런 것에는 흥미가 없다. 다음 협력을 구하고 있으나, 그로 인하여 발생하는 이쪽의 불편은 전연 무시하고 있다. 겨우 마지막 구절에서 협력해주시면 귀하께서도 이러이러한 이익이 있다고 말하고 있다. 아주 중요한 일이 마지막 구절에 적혀 있어서 협력은커녕 적개심을 일게 한다."

어디 한 번 이 편지를 고쳐 써보도록 해보자. 자기 형편에만 신경을 쓰지 말고 헨리 포드가 말하듯 '남의 입장을 이해하고 자기 입장과 동시에 남의 입장에서도 사물을 보아야만'될 것이다.

다음과 같이 고쳐쓰면 최선이라고는 할 수 없지만, 첫번째 편지보다는 나을 것이다.

삼가 아룁니다.

저희 회사는 14년간 귀 회사의 사랑과 후원을 받아옴에 깊이 감사를 드리며, 아울러 한층 더 신속하고도 능률적인 서비스 정신으로 보답하고자 합니다. 그러나 지난 11월 10일과 같이, 오후 늦게 한꺼번에 대량의 화물을 보내주시면 본의 아니게 기대에 어긋나는 경우가 생깁니다. 이것은 다른 하주(荷主)로부터도 오후 늦게 역시 많은 화물이 도착되기 때문입니다. 그러니 자연 혼란이 생겨 귀 회사의 트럭을 오랜 시간 기다리게 할 뿐 아니라, 때로는 적출(積出)할 때 늦어지는 경우가 없지 않습니다.

이래서야 어찌 유감이 아니겠습니까. 이와 같은 사태를 피하기 위해서는 귀사에 큰 지장이 없는 한 오전 중에 화물을 도착시켜 주시는 것도 한 가지 방법이라고 생각됩니다. 그럴 때는 귀 회사의 트럭은 기다릴 필요가 없고, 화물은 즉시 적출도 가능해지며, 또한 저희 종업원들도 퇴근하여 귀 회사 제품의 맛있는 마카로니의 저녁밥에 입맛을 다실 것입니다.

말할 것도 없이 귀 회사의 화물 같으면 언제 도착한다 하더라도 가능한 한 신속하게 처리하도록 있는 힘을 다하겠사오니 이 점은 부디 안심하시기 바랍니다.

대단히 바쁘실 줄 아오니 답장의 배려는 하시지 말도록 부탁드립니다. 감히 아룁고, 이만 줄입니다.

바바라 앤더슨 부인은 뉴욕의 어느 은행에 근무하고 있었으나, 아들의 건강 때문에 애리조나 주의 피닉스 시로 옮기고자 그곳에 있는 12개의 은행측에 다음과 같은 편지를 보냈다.

삼가 아룁니다.

은행원으로서 나의 10년의 경험은 눈부신 발전을 거듭하고 있는 귀 은행의 관심을 끈다고 믿고 이 편지를 드리는 바입니다.

저는 현재 뉴욕의 뱅크즈 트러스트 컴퍼니의 지점장으로 근무하고 있습니다. 오늘날까지 저희 은행 업무에 대하여 각종 분야에 경험을 쌓고, 예금·신용 대부·돈·경영 관리 등 모든 면에 통달하게 되었습니다.

5월에는 피닉스 시로 이사할 예정입니다만, 그때는 꼭 귀 은행의 발전에 미력이나마 바치고자 합니다. 따라서 4월 3일부터 매주 피닉스 시를 방문하기로 되어 있습니다. 귀 은행의 발전과 목적에 비추어 제가 어떤 기여를 할 수 있을까를 직접 말씀드릴 수 있는 기회를 주신다면 대단히 감사하겠습니다. 감히 아룁고, 이만 줄입니다.

　이상의 앤더슨 부인의 편지에 대한 반응은——12개 은행 중 11개 은행이 면접하기를 요구해 그녀는 그 중에서 한 은행을 선택한 것이다. 그렇게 된 이유——그것은 그녀가 자기 희망을 말하지 않고 상대 은행에 어떤 역할을 할 수 있을까를, 초점을 자기에게 맞추지 않고 상대측 은행에 맞추었기 때문이다.

　오늘도 또한 수천 명의 세일즈맨들이 충분한 수입도 얻지 못하여 실망하고 피로에 지쳐 거리를 헤매고 있다. 어째서일까——그대들은 항상 자기의 욕구만을 생각하기 때문이다. 우리들은 별로 무엇을 사고 싶어하지 않는다. 이것을 그대들은 모르고 있기 때문이다. 우리가 필요한 것이 있으면 자기 스스로 가서 사는 것이다. 우리는 자기의 문제를 해결하는 데는 항상 관심을 갖고 있다. 그러니 그 문제를 해결하는 데 세일즈맨들이 팔고자 하는 것이 필요하다고 증명만 되면 이쪽에서 먼저 사는 것이다. 억지로 팔려고 할 필요는 없다. 손님은 사고 싶어서 사는 것은 즐거워하지만, 억지로 사라고 하면 싫어한다.

　그럼에도 세일즈맨의 대다수는 손님 입장을 생각해서 팔려고 하지 않는다. 좋은 예가 있다. 나는 뉴욕 교외의 퍼레스트 힐즈에 살고 있지만, 어느 날 정거장으로 급히 가는 도중 롱 아일랜드에서 다년간 부동산 중개업을 하는 남자를 만났다. 그 남자는 퍼레스트 힐즈에 대해 잘 알고 있었으므로, 내가 살고 있는 집은 건축 재료에 무엇 무엇을 사용했는가를 물어봤다. 그는 모른다고 대답하고 정원협회에 전화 문의를 해보라고 했다. 그 정도의 일이라면 나도 벌써 알고 있었다. 그러나 다음 날 그로부터 한 통의 편지가 왔다. 어제 문의한 것을 알았느냐고——전화를 걸면 1분도 걸리지 않는 문제다. 편지를 뜯어보니 어제와 같이 전화로 문의해보라고 되풀이하고는, 끝머리에 보험에 가입해주면 고맙겠다는 부탁이다.

이 남자는 나에게 도움이 되는 것 따위에는 관심이 없다. 자기 자신에 도움이 되는 일에만 관심을 갖고 있는 것이다.

이 책을 읽고 항상 '상대방의 입장에서 처신하고, 상대방의 입장에서 일을 생각한다'는 단 한 가지 일만이라도 할 수 있었다면 성공의 첫발은 이미 내딛고 있는 것이다.

남의 입장에서 처신하고, 상대의 마음속에 욕구를 불러일으키게 하는 것은 이쪽의 이익이 되지만, 상대방에게 손해되는 일을 시키자는 것은 결코 아니다. 당사자 쌍방이 이익을 얻지 않으면 안 된다. 앞에서 예로 든 버밀런 씨 앞으로 온 편지도, 편지를 쓰는 쪽과 받는 쪽 쌍방이 그 편지의 제안을 실행함으로써 이익을 얻는 것이다. 또 앤더슨 부인의 경우도 은행은 유능한 행원을 얻을 수 있었고, 부인은 희망대로 직장을 얻을 수 있었다.

실례를 또 하나 들자. 쉘 석유 회사의 세일즈맨 로드 아일랜드의 마이크 휫덴이 소개해준 이야기다. 그는 자기 담당 지역에서 제일가는 실적을 올리려고 목표를 세우고 있었다. 그런데 어느 주유소의 영업 실적이 부진하자 그 때문에 자기의 세일즈 신장에도 고민이 생겼다. 그 주유소는 노인이 경영하고 있어서인지 해볼 의욕이 전혀 없었다. 자주 청소도 하지 않고, 기름의 매상고는 날이 갈수록 떨어지고 있었다.

마이크가 입이 닳도록 좀더 깨끗이 하라고 권해봐도 전연 반응이 없었다. 생각다 못해 마이크는 이 경영자를 모시고 새로 문을 연 쉘 회사의 주유소로 함께 견학을 갔다.

새로 연 주유소를 본 경영자는 대단히 감탄한 모양인지 마이크가 얼마 후 방문해보니 주유소는 몰라볼 만큼 깨끗해졌을 뿐 아니라, 매상도 크게 신장하고 있었다. 덕택으로 마이크는 담당 지역에서 제1의 실적이 될 수 있었다. 그렇게 설교를 하고 의논을 해도 효과는 전혀 없었던 것이 최신식의 주유소를 견학시킴으로써 강한 의욕을 일으키게 한 결과, 마이크가 목적을 달성했음은 물론 둘 다 이익을 얻을 수가 있었다.

대학에서 어려운 라틴어나 또는 미적분(微積分)을 배운 사람들도 자기 자신의 마음의 움직임에 대해서는 아무것도 모르고 있는 경우가 많다.

전에 나는 에어컨의 대 메이커인 캐리어 사에서 '화술'에 대한 강의를 한 적이 있었다. 수강자의 대부분은 대학 졸업의 신입 사원뿐이었다. 그런데 수강자의 한 사람이 친구들을 권유하여 농구를 시키고자 하고 있었다. 그는 여러 사람을 향하여 다음과 같이 말했다.

"농구를 하자꾸나. 나는 농구가 좋아서 몇 차례 체육관에 가보았지만, 언제나 인원이 모자라서 시합을 할 수 없었어. 요전에도 두세 명밖에 없어서 공을 던지기만 하다가, 공에 맞아 심한 변을 당했어. 여러분, 내일 저녁에는 꼭 와주기 바란다. 나는 농구가 하고 싶어서 견딜 수가 없단 말이야."

그는 상대들이 농구를 하고 싶어 하도록 하는 데 대해서는 아무 말도 없었다. 아무도 가지 않는 체육관이라면 다른 누구도 별로 가고 싶지는 않을 것이다. 그가 아무리 농구를 하고 싶어도 그런 것은 알게 뭐냐 말이다. 거기에다 일부러 찾아가서 공에 맞아 심한 변을 당한다는 건 딱 질색일 것이다.

좀더 달리 좋게 말할 수도 있었을 것이다. 농구를 하면 어떤 이득이 있다는 것을 어째서 말하지 않았을까? 힘이 솟는다든가, 식욕이 왕성해진다든가, 머리가 명쾌해진다든가, 재미가 있다든가 라는 등 이로운 점은 얼마든지 있을 것이다.

여기에서 오버스트리드 교수의 말을 되풀이해둘 필요가 있다. ――'첫째, 상대의 마음속에 강한 욕구를 일으키게 할 것. 이것을 할 수 있는 사람은 만인의 지지를 얻는 데 성공할 것이며, 하지 못하는 사람은 한 사람의 지지자를 얻는 데도 실패할 것이다.'

나의 강습회에 참가한 어느 청강생은 말하기를, 그는 언제나 자기의 어린 자식 일을 걱정하고 있었다. 그 아이는 심한 편식을 하여 굉장히 야위고 있었다. 모든 부모들과 다름없이 그는 아내와 더불어 잔소리만 한 것이다.

—— 어머니는, 아이에게 이것을 꼭 먹여야 된다.

—— 아버지는 또, 몸이 튼튼한 훌륭한 사람이 되어야 한다.

이렇게 말해서 그 아이가 아버지, 어머니의 희망을 받아들인다면 그것이야말로 불가사의한 것이다.

30세의 아버지 생각을 세 살 먹은 아이에게 납득시키려 하는 것이 무리라는 것쯤은 누구나 알고 있다. 그럼에도 이 아버지는 그 무리를 통할 수 있게 하고 있다. 어리석은 이야기지만, 그 어리석음을 겨우 깨닫고 다음과 같이 생각해봤다.

'도대체 저 아이는 무엇을 가장 바라고 있을까? 어떻게 하면 그 아이의 바람〔願〕과 나의 바람을 일치시킬 수 있을까?'

생각해보니 아주 쉬운 일이었다. 아이는 세발자전거를 갖고 있고, 그것을 타고 집 앞쪽의 보도에서 노는 것을 대단히 즐거워 한다. 그러나 두세 집 옆에 아주 짓궂은 개구쟁이가 있어 그놈이 세발자전거를 빼앗아 타고 자기 것인 양 돌아다니는 것이다.

빼앗기면 아이는 '앙——!'하고 울며 어머니에게 뛰어온다. 어머니는 재빨리 뛰어나가 세발자전거를 되찾아준다. 이런 일이 거의 매일같이 되풀이되고 있다.

이 아이가 바라는 것은 도대체 무엇일까? 셜록 홈스를 들먹이지 않아도, 생각해보면 금방 알 수 있다. 그의 자존심, 분함—— 이와 같은 내심의 강렬한 감정이 그로 하여금 언젠가 그 개구쟁이 놈을 혼이 나도록 곯려주리라고 결심하고 있는 것이다.

—— 어머니가 말하는 것은 무엇이든지 먹기만 하면 곧 너는 그 아이보다 힘이 세어진다고.

아버지의 위와 같은 말에 편식 문제는 당장 해결되었다.

아이는 그 개구쟁이를 곯려주기 위하여 무엇이든지 먹게 된 것이다.

편식 문제가 해결되니 아버지는 다음 문제에 부딪친다. 이 아이는 난처하게도 밤에 오줌을 싸는 버릇이 있었다.

이 아이는 언제나 할머니와 같이 자는데, 아침이 되면 할머니가 "조니, 또 쌌군!" 하면서 야단을 친다. 그러나 아이는 그것을 완강하게 부정하고, 오히려 할머니의 짓이라고 억지부린다.

그때마다 조용히 달래면서 어머니의 희망을 말해주지만, 전연 효과가 없다. 그래서 양친은 오줌을 싸지 않게 하는 방법을 생각해봤다.

아이는 무엇을 바라고 있나? 첫째, 할머니가 입고 있는 것 같은 잠옷이 아닌 아버지와 같은 잠옷을 입고자 한다. 할머니는 손자의 오줌싸는 것에 질려 있었으므로, 그 버릇이 고쳐진다면 새 잠옷을 사줘도 좋다고 한다. 다음으로 그가 원하는 것은 자기의 전용 침대다. 이것에 대해서는 할머니도 이의가 없다.

그래서 어머니는 조니를 데리고 어느 백화점에 갔다.

"얘가 무엇을 사고 싶다나봐요."

여점원에게 눈짓을 하면서 어머니가 그렇게 말을 건네니, 여점원도 알아차리고 공손하게 인사를 한다.

"어서 오세요. 어떤 것이 필요한가요, 도련님?"

여점원의 응대에 자존심이 살아난 조니는 매우 기분이 좋아서 대답한다.

"내가 쓸 침대가 필요한걸요."

어머니에게서 눈짓을 당한 여점원의 권유에 따라 결국 조니는 어머니가 사주고 싶어하는 침대를 샀다. 다음 날 침대가 집에 배달됐다. 저녁 무렵 아버지가 돌아오자, 조니는 힘차게 현관으로 뛰어나갔다.

"아빠. 빨리 이층에 올라가서, 내가 골라 산 침대를 봐주세요,

네, 아빠!"

아버지는 그 침대를 보면서 아낌없이 칭찬을 해주었다.

"이 침대는 적시지 않겠지?"

아버지가 그렇게 말하자, 조니는 결코 적시지 않겠다고 약속을 했다. 아니나다를까 그 후 그 아이의 오줌싸는 버릇은 고쳐졌다. 자존심이 약속을 지키게 한 것이다. 자기 침대요, 더욱이 자신이 직접 골라서 산 침대다. 어른과 같은 잠옷도 입었다. 어른과 같이 행동하고 싶었던 것이다. 그리하여 그와 같이 행동한 것이다.

더치먼이란 전화 기사로, 나의 강습회에 참가한 사람도 세 살 난 딸이 아침밥을 먹지 않아서 애를 태우고 있었다. 아무리 달래봐도 도무지 효과가 없다. 그래서 도대체 어떻게 하면 딸이 아침밥을 먹고 싶어할까 하고 생각했다.

이 아이는 어머니 흉내내기를 좋아했다. 어머니의 흉내를 내면 어른이 된 것 같은 기분이 되기 때문이다. 그래서 어느 날 아침 이 아이에게 아침밥을 짓도록 준비를 시켜봤다. 그녀가 요리를 만드는 흉내를 내고 있는 도중에 적당한 틈을 타서 아버지가 부엌을 들여다보니, 그녀는 기쁜 듯이 큰소리로 말한다.

"아빠, 봐주세요. 제가 지금 아침밥을 짓고 있는걸요."

그날 아침 그녀는 두 접시의 오트밀을 먹어 치웠다. 아침밥을 짓는 데 흥미를 가진 까닭이다. 그녀의 자존심이 충족된 것이다. 아침밥을 짓는 것으로 자기 주장의 방법을 발견한 것이다.

"자기 주장은 인간의 가장 중요한 욕구의 하나다."

이것은 윌리엄 윈터의 말이지만, 우리들은 이 심리를 일에 응용할 수 있을 것이다.

무엇인가 굉장한 아이디어가 떠올랐을 때, 그 아이디어를 상대에게도 생각이 떠오르도록 해서, 그것을 자유로이 요리시켜보는 것이 어떨는지.

——'우선 상대의 마음속에 강한 욕구를 일으키게 할 것. 이것

을 할 수 있는 사람은 만인의 지지를 얻어 성공할 것이고, 그렇게
못하는 사람은 한 사람의 지지자도 얻지 못하고 실패할 것이다.'

사람을 움직이는 원칙 ③
강한 욕구를 일으키도록 한다.

제 2 부

남에게 호감을 사는 6원칙

1 성실하게 관심을 기울인다
2 웃는 얼굴로 대한다
3 이름이란 본인에게 가장 즐겁고, 가장 중요한 영향을 갖게
하는 것임을 잊지 않는다
4 듣는 쪽의 입장이 된다
5 상대의 관심을 간파하여 그것을 화제로 삼는다
6 중요한 느낌을 주도록 한다 —— 성의를 다하여

제1장
성실하게 관심을 기울인다

친구를 얻는 법을 배우는 데는 구태여 이 책을 읽을 것까지는 없고, 그 방면에서 가장 뛰어난 달인(達人)이 하는 것을 배우면 될 것이다. 그 달인이란—— 우리들은 매일 길거리에서 만난다. 이쪽이 다가가면 꼬리를 흔든다. 서서 어루만져주면 열중해서 호의를 베푼다. 무엇인가 속셈이 있어서 이와 같은 애정을 표현하는 것은 아니다. 집이나 땅을 팔려고 한다든가, 결혼을 해주시지요, 하는 따위의 속마음은 더더욱 없다.

아무 노력도 하지 않고 살아갈 수 있는 동물은 개뿐이다. 닭은 알을 낳고, 소는 우유를 내고, 카나리아는 노래를 해야만 되지만, 개는 단지 애정을 사람에게 바침으로써 살아갈 수 있는 것이다.

내가 5세 때, 아버지가 누런 강아지를 50센트를 주고 사오셨다. 그 개의 존재는 당시의 나에게는 무엇과도 바꿀 수 없는 기쁨이요, 광명이었다. 매일 오후 4시 반 경이면 강아지는 으레 앞뜰에 앉아 어여쁜 눈으로 집 쪽을 바라보고 있다가 내 말소리가 들린다든가, 밥그릇을 들고 있는 내 모습을 정원수 사이로 발견이라도 하면 마치 총알처럼 날쌔게 뛰어와서는 좋아서 못견딜 듯이 끙얼거리며 뛰어다닌다.

그로부터 5년 동안 강아지 티피는 나의 둘도 없는 친구였다. 그런데 어느 날 저녁 10피트의 거리도 안 되는 내 눈 앞에서 티피는 죽었다. 벼락에 맞은 것이다. 티피의 죽음은 평생 잊지 못할 슬픔을 나의 어린 마음에 심어놓았다.

티피는 심리학의 책을 읽은 적도 없고, 또 읽을 필요도 없었다. 상대의 관심을 끌려고 하기보다는 상대에게 순수한 관심을 주었다.

그러나 이 세상에는 남의 관심을 끌기 위하여 방향이 다른 노력을 계속하다가 끝내 그 잘못을 깨닫지 못한 사람이 많이 있다. 이래서야 아무리 노력을 해도 보람이 없다. 사람은 남의 일에 대해서는 관심을 갖지 않는다. 오직 자기 일에만 관심을 갖는다──밤낮으로.

뉴욕의 전화 회사에서는 어떤 말이 가장 많이 사용되고 있는가? 통화의 상세한 연구를 한 일이 있다. 생각대로 가장 많이 쓰이는 말은 '나'라는 말이었다. 500의 통화 중 3,900회나 쓰이고 있었다.

여러 사람과 같이 자기가 찍혀 있는 사진을 볼 때 우리들은 먼저 누구의 얼굴을 찾을까? 자기가 다른 사람에게 관심을 갖고 있다고 생각하는 사람은 다음 물음에 대답해주기 바란다──또 다음 물음에도.

"당신이 상대에게 관심을 갖지 않고 있다고 할 때 상대는 당신에게 관심을 가져야 할 만한 도리가 있을까?"

단지 사람을 감복시켜서 관심을 갖도록 하는 것만으로는 결코 참된 친구를 많이 사귀지 못한다. 참된 친구는 그와 같은 방법으로는 구하지 못한다.

나폴레옹이 그것을 해 낸 것이다. 자기 아내인 조세핀과 헤어질 때 그는 다음과 같이 말했다.

"조세핀, 나는 세계에서 제일 가는 행운아요. 그러나 내가 진실로 신뢰할 수 있는 것은 당신 한 사람뿐이오."

하지만 조세핀마저도 남편이 신뢰할 수 있는 부인이었나 하는 것은 대단히 의문이라고 역사가들은 말한다.

빈의 유명한 심리학자 알프레트 아들러는 그의 저서에서 다음과 같이 말했다.

"남의 일에 관심을 갖지 않는 사람은 고난의 인생길을 걷지 않을 수 없고, 남에게도 커다란 폐를 끼치게 된다. 사람의 모든 시패는 그와 같은 사람들 사이에서 생긴다."

심리학에 관한 책은 많이 있지만, 어느 것을 읽어봐도 이와 같이 의미심장한 말은 좀처럼 대하기 힘들 것이다. 이 아들러의 말은 몇 번이고 되풀이해서 음미할 만한 가치가 있다.

나는 뉴욕 대학에서 단편 소설을 쓰는 방법의 강의를 받은 적이 있다. 그때의 강사는 〈고리야즈〉 지의 편집장이었다. 그는 매일 책상 위에 쌓인 많은 원고 중 어느 것을 읽어도 두세 절만 읽고 나면 그 작가가 사람을 좋아하고 있는지 혹은, 그렇지 않은지를 즉시 알 수 있다고 말한다.

"작가가 사람을 좋아하지 않으면 세상 사람들도 역시 그 작가의 작품을 좋아하지 않는다."

이것이 그의 말이다.

이 편집장은 소설을 쓰는 방법의 강의 도중 두 번이나 강의를 중단하고, 다음과 같이 말하곤 했다.

"설교 같아서 죄송하지만, 나는 목사와 같은 말을 하고 싶다. 만일 여러분이 소설가로서 성공하고 싶으면 남에게 관심을 가질 필요가 있다는 것을 명심해주기 바란다."

소설을 쓸 때에 그것이 필요하다면 오히려 면접해서 사람을 다룰 때는 3배나 더 필요하다고 생각하면 틀림없을 것이다.

하워드 서스턴은 유명한 마술사인데 나는, 그가 얼마 전 브로드웨이에 왔던 어느 날 밤 그를 대기실로 방문한 일이 있다. 그는 마술의 왕자로 40년간 세계의 곳곳을 돌며 흥행을 하고, 구경꾼들에게 환각을 일으키게 하고, 불가사의하게 하고 숨을 죽이게 하는 마술계의 장로였다. 6천만 명 이상의 손님이 그에게 입장료를 내고, 그는 2백만 달러가 넘는 수입을 올렸다.

나는 서스턴 씨에게 성공의 비결을 물어봤다. 학교 교육이 그의 성공에는 하등의 관계도 없는 것은 명백했다. 소년 시절 집을 뛰쳐나와 떠돌이가 되어, 화차에 무임승차를 하고, 마른 풀더미에서 잠을 자고, 남의 집 대문 앞에서 먹을 것을 구걸했다. 글을 읽는 법은 철도 연변의 광고를 화차 속에서 보고 익혔다.

그는 특히 뛰어난 지식을 가졌느냐 하면 그렇지도 않다. 마술에 대한 서적은 산더미처럼 출판되어 있고, 그 정도의 마술을 아는 사람도 많다는 것이다. 그러나 그는 다른 사람이 흉내낼 수 없는 것을 두 가지 갖고 있다.

첫째는 관객을 이끄는 인품이다. 그는 예능인으로서 제1인자이며, 인정의 야릇한 낌새를 터득하고 있다. 몸짓, 화술, 얼굴 표정 등 적고 세밀한 점에 이르기까지 사전에 충분히 연습을 쌓아서 타이밍에 1초도 어김이 없다.

다음으로 서스턴은 사람에 대해서 진실한 관심을 가지고 있다. 그의 말로, 대개의 마술사는 관객 앞에 서면 마음속으로 다음과 같이 생각한다는 것이다.

'아하! 얼빠진 것들이 많이 몰렸군. 이런 무리들을 속이는 것쯤이야 문제없지.'

그러나 서스턴은 전혀 다르다. 무대에 설 때는 언제나 다음과 같은 생각을 한다고 말한다.

'나의 무대를 구경하러 오신 손님들이 있다는 것은 참으로 고마운 일이다. 덕택에 나는 매일매일을 편안하게 살아간다. 나의 최고의 연기를 보여드리자.'

서스턴은 무대에 설 때 반드시 마음속으로 '나는 관객을 사랑하고 있다'고 몇 번이고 되풀이한다는 것이다. 이 말을 어리석다고 여기든지, 우스꽝스럽다고 여기든지하는 것은 독자들 자유이

64

다. 나는 다만 세계 제일의 마술사가 쓰고 있는 비법을 사실대로 공개했을 뿐이다.

펜실베니아 주의 노스 워렌의 조지 딕은 새로운 고속도로가 생기므로 인해 30년간 경영해온 주유소가 철거되었는데, 그것을 계기로 인퇴(引退=직무를 그만두고 물러나는 일)를 했다. 그러나 매일같이 우두커니 지내는 것이 심심해서 오래 된 바이올린을 꺼내 소일 삼아 켜기 시작했다. 그러는 사이에 인근 지방을 돌아다니며 연주도 듣고, 바이올린의 명수들과 어울리기도 했다. 조지는 그 명수들의 경력, 취미 등에 성실한 관심을 기울이면서 여러 가지를 물어봤다. 그 결과 동호인(同好人)들이 많이 생겨 콩쿠르에도 출연했다. 드디어 동부 지방에서는 '킨즈군의 바이올린 켜는 조지 할아버지'라고 불리워져, 컨트리 뮤직의 유명 인사가 되었다.

현재 72세인 그는 여생의 일각 일각을 십이분 즐기고 있는 것이다. 조지는 남에게 항상 깊은 관심을 기울이는 사람으로서, 대부분의 경우 '나의 인생은 끝이 났다.'라고 단념할 시기에 전연 다른 인생을 꽃피운 것이다.

데오도르 루즈벨트의 절대적인 인기의 비밀도 역시 '남에게 기울이는 그의 깊은 관심'에 있었다.

그 밑에서 일하던 흑인 하인 제임스 에므스가 《하인의 눈으로 본 데오도르 루즈벨트》라는 책을 쓴 것인데, 그 책에 다음과 같은 한 구절이 있다.

어느 날, 나의 아내가 메추리란 어떤 새냐고 대통령에게 물었다. 아내는 메추리를 본 적이 없었던 것이다. 대통령은 '메추리는 이런 새다'라고 상세하게 알기 쉬운 말로 가르쳐주었다. 그 후 얼마가 지나서 우리 집에 전화가 걸려왔다. (에므스 부부는 웨스트 베이에 있는 루즈벨트 저택 안에 있는 작은 집에 살고 있었다.) 아내가 전화를 받으니 상대방은 대통령 본인이었다. "지금 막 그쪽 창 밖에 메추리가 한 마리 날아왔으니, 창문으로 보면 보일 것이다."라고

일부러 전화로 알려준 것이다. 이 작은 사건이 대통령의 인품을
잘 나타내고 있다. 대통령이 우리들 집 근처를 지날 때는 우리들
의 모습이 보이거나 보이지 않거나 반드시 "야, 애니! 야, 제임
스!"라고 친밀감이 담긴 말을 하고 지나간다.

고용인들은 이런 주인이면 좋아하지 않을 리가 없을 것이다.
고용인이 아니더라도 누구든 좋아할 것이다.
어느 날 데프트 대통령 내외분의 부재중에 백악관을 방문한 루
즈벨트는 자기의 재임 때부터 근무하고 있는 하인들의 이름을 전
부 외우고 있었으며, 부엌에 있는 하녀들까지 친근하게 이름을
부르면서 인사를 했다. 이것은 그가 손아랫사람에 대해 마음속으
로부터 호의를 갖고 있었다는 증거가 될 것이다.
조리실에서 하녀 애리스를 만났을 때 루즈벨트는 물었다.
"여전히 강냉이 가루의 빵을 굽고 있는가?"
"예, 우리들 하인들이 먹기 위해 가끔 굽고 있습니다. 2층에 계
시는 분들은 아무도 먹지 않습니다."
애리스가 그렇게 대답하니, 루즈벨트는 큰소리로 말했다.
"맛을 모르는군. 대통령을 만나면 내 그렇게 말해두지."
애리스가 접시에 담아서 내어 온 강냉이 가루 빵을 한 토막 집
더니, 그것을 맛있게 먹으면서 집무실로 향했다. 그 도중 정원사
나 그외 잡일을 하는 사람들을 만나면 전과 조금도 변함없이 친밀
하게 한 사람 한 사람의 이름을 부르면서 말을 건넨다. 하인들은
오늘까지 그때의 일을 생각하며 화젯거리로 삼고 있다. 특히 아
이크 후버란 사나이는 감격의 눈물을 머금으면서 다음과 같이 말
했다.
"근래 2년 동안 이렇게 즐거운 날은 없었습니다. 이 즐거움은
도저히 돈으로 바꿀 수 없는 것이라고 모두들 말하고 있습니다."
이와 같이 그다지 중요하지 않는 사람에게 관심을 표시한 덕으

로 귀중한 손님을 잃지 않게 된 세일즈맨의 이야기를 소개하자. 뉴저지 주의 에드워드 사이크스의 말이다.

"좀 오래전이지만, 존슨·존슨 사의 세일즈맨으로 메사추세츠 주를 담당하고 있었다. 힝검이란 시의 간이 백화점과 거래가 있어서, 그 점포에 갈 때마다 다방 카운터의 점원들과 어울려서 잠시 세상사를 이야기하다가 점포 주인과 상담을 한다. 어느 날 점포 주인은 '당신네 회사는, 보잘것없는 간이 백화점 따위는 좀처럼 관심이 없는 것 같군. 큰 식료품점이나 디스카운트 스토어 상대의 장사에만 역점을 두는 것 같아. 그와 같은 회사의 물건은 사절하겠으니 돌아가시오.'라고 말했다. 하소연 할 데도 없고 해서 힘없이 물러나와 몇 시간 거리를 돌아다니다가, 기분을 새로이 하고 한 번 더 그 간이 백화점 주인에게 우리 회사의 진의(眞意)를 여쭈리라고 결심했다. 두 번째 그 점포에 들어가자, 언제나처럼 점원들에게 말을 걸며 점포 주인에게로 갔다. 뜻밖에도 주인은 웃는 얼굴로 나를 맞이해주더니, 평소의 배(倍) 이상이나 주문을 해주는 것이었다. '조금 전에 왔다간 지 얼마 되지도 않았는데, 어떻게 된 겁니까?'라고 물으니, 점포 주인은 젊은 점원을 가리키며 '저 사람의 말을 듣고 기분이 달라진 거야. 세일즈맨은 여러 사람이 오지만, 점원들에게 인사를 하는 것은 당신뿐이며, 당신 이외에 이 점포의 주문을 받을 자격이 있는 세일즈맨은 없다는 거야.'하는 게 아닌가. 이렇게 해서 점포 주인은 그 후에도 계속 주문을 해주게 되었다. 그로부터 나는 남의 일에 깊은 관심을 기울인다는 것은 세일즈맨 —— 아니, 세일즈맨뿐만 아니라 누구든지 —— 이 꼭 가져야만 할 중요한 마음가짐이라고 생각하게 되었던 것이다."

나의 경험에 의하면, 이쪽이 진심으로 관심을 표시하면 아무리 나쁜 사람이라도 주목을 해주고, 시간도 할애해주며, 또 협력도 해준다. 예를 들어보자.

좀 오래된 이야기만, 내가 브룩클린 예술·과학 학원에서 소설 작법의 강의를 계획한 일이 있다. 우리들은 당시의 유명한 작가 캐서린 노리스와 퍼니 허스트, 아이더 터벨, 알버트 터빈, 루퍼트 휴즈 등으로부터 유익한 경험담을 듣고자 했다. 그래서 우리들은 그대들의 말을 들어 성공의 비결을 알고자 한다는 뜻의 편지를 이 작가들에게 띄운 것이다.

각각의 편지에는 약 150명의 수강자가 서명했다. 이 작가들이 바빠서 강연 준비를 할 시간적 여유가 없다는 것을 잘 알고 있었으므로, 편지에는 사전에 이쪽의 질문을 표를 만들어 동봉해 두었다. 이 방법이 상대방의 마음에 든 것 같았다. 작가들은 우리들을 위하여 일부러 멀리 브룩클린까지 와준 것이다.

같은 방법으로 나는 데오도르 루즈벨트 내각의 재무장관 레스리 쇼, 데프트 내각의 법무장관 조지 워커샴, 프랭클린 루즈벨트 등 많은 명사들에게도 교섭하여 화술 강좌, 수강생들을 위한 강연을 해주었다.

사람은 누구나 자기를 칭찬해주는 사람을 좋아한다. 예를 들면 독일 황제의 경우, 제1차 대전이 패했을 때 아마 그는 세계에서 제일 미움을 받고 있었을 것이다. 신변의 위험을 느껴 화란으로 망명할 무렵에는 자기 나라의 국민들까지도 그를 적대시하였다. 몇백만의 사람이 그를 미워하고 갈기갈기 찢어서 불에 던져도 시원치 않다고 생각하고 있었다. 이 분격의 소용돌이 속에서도 한 소년이 진정과 찬미에 넘치는 편지로 카이젤 황제에게 편지를 보냈다.

"누가 어떻게 생각해도 저는 폐하를 언제까지나 저의 황제로서 존경하며 사랑하고 있습니다."

이 글을 읽고 카이젤은 깊은 감동을 받아 꼭 한 번 만나고 싶다고 답장을 했다. 소년은 어머니에 의해 인도되어 왔다. 그리고 카이젤은 그의 어머니와 결혼을 했다. 이 소년은 이 책을 읽을 필요가 없다. 태어날 때부터 '사람을 움직이는 법'을 터득하고 있었던 것이다.

친구를 얻으려면 먼저 그 사람을 위하여 봉사를 해야 한다——남을 위해 자기의 시간과 힘을 바쳐, 생각이 깊고 자기 희생적인 노력을 해야 한다. 윈저 공이 황태자일 때 남미 여행의 계획을 세웠다. 외국에 가면 그 나라의 말을 쓰고 싶어 공은 출발 몇 달전부터 스페인 말을 공부했다. 남미에서 공의 인기는 대단했다.

여러 해 전부터 나는 친구들에게 생일날을 물어보는 데 관심을 기울이고 있다. 원래 나는 점성술 같은 것은 믿지 않는 사람이지만, 사람의 생년월일과 성격·기질 등에 무엇인가 관계가 있다고 보느냐 없다고 보느냐를 상대에게 먼저 물어보고 있다. 그후 상대의 생년월일을 묻는다. 가령 11월 24일이라고 상대가 답을 하면, 나는 마음속으로 11월 24일, 11월 24일이라고 몇 번이나 되풀이하면서 틈을 보아 상대의 이름과 생일을 메모지에 적고는 집에 와서 그것을 장부에다 기입한다. 매년 정월에는 새로운 탁상 캘린더에 이러한 생일들을 미리 적어둔다. 이렇게 해두면 잊어버릴 염려가 없다. 각자의 생일날에는 나로부터의 축전 또는 축하 편지가 상대방에게 도착하고 있다. 이것은 대단히 효과적이며, 그 사람의 생일을 기억하고 있었다는 것은 세상에서 나 혼자 뿐인 경우도 왕왕 있었다.

친구를 얻으려면 남에게 열과 성의가 있는 태도로 맞이해야 된다. 전화가 걸려왔을 때도 이 같은 마음가짐이 필요하다. 전화가 걸려온 것이 대단히 반갑다는 기분을 충분히 나타내어 "여보세요."라고 부드럽게 대답을 한다.

깊은 관심을 나타내는 것으로 개인적으로 친구를 구할 수 있을 뿐만 아니라, 상대방이 특히 자기가 근무하는 회사의 고객이면 회사에 대해서도 충심이 된다는 기분을 기를 수도 있는 것이다.

뉴욕에 있는 북미 내셔널 은행의 팜플렛에는 마데린 로즈틸이라는 한 여성 예금자가 보낸 편지가 게재되어 있다.

'행원 여러분에게 감사를 드리며, 한 말씀 올리겠습니다. 여러분은 대단히 정중하고 예의바르고 친절하여, 오랜 시간 차례를 기다린 후에도 애교 있는 응대를 받으면 금새 기분이 온화해집니다. 작년 어머님이 5개월간 입원을 했었는데, 그간 출납계의 메어리 페토르세로 씨의 창구에 가면 반드시 어머니의 일을 걱정해주시고, 또한 병세도 물어보셨습니다.'

로즈틸 부인이 다른 은행에 예금하려는 염려는 아마도 없을 것이다.

다음, 뉴욕의 어느 큰 은행에 근무하고 있는 찰스 월터즈의 예를 소개하자. 그는 모 회사에 관한 기밀 조사를 명령받았다. 월터즈는 그 회사의 정보에 상세한 사람을 한 사람 알고 있었다. 어느 큰 공업 회사의 사장이다. 월터즈가 그 회사를 방문하여 사장실에 안내되었을 때, 마침 젊은 여비서가 방에 와서 사장에게 말한다.

"공교롭게도 오늘은 드릴 우표가 없습니다."

"열두 살 난 아들놈이 우표 수집을 하고 있기에……."

사장은 월터즈에게 그렇게 설명한다. 월터즈는 찾아 온 용건을 말하고 사장에게 질문을 했으나, 사장은 대답을 분명히 하지 않아 도무지 요령을 얻을 수 없었다. 이 화제에 관여하기를 꺼리는 것 같아 그로부터 정보를 얻는다는 것은 불가능하다고 생각되었다. 면담은 단시간에 끝나고 아무런 소득도 없었다.

"솔직히 말해서 나도 그때 어떻게 해야 좋을지 몰랐다."

월터즈는 그 당시의 일을 이렇게 털어놓으며 말하기를,

"그러는 동안 나는 그의 여비서가 사장에게 한 말을 생각했다. 우표, 열두 살 난 아들…… 동시에 나는 우리 은행의 외국부(外國部)의 생각이 머리에 떠올랐다. 외국부에서는 세계 각국에서 오는 편지의 우표를 수집하고 있었다. 다음날 오후 나는 그 사장을 방문하고, 아들을 위해서 우표를 갖고 왔노라고 말했다. 물론 대환영을 받았다. 그가 국회의원으로 입후보하고 있었다 해도 그와 같이 친밀하게는 맞아주지 않았을 것이다. 기쁜 얼굴 표정을 지은 사장은 소중하게 우표를 손에 들고 '이것은 아마 조지의 마음에 꼭 들 것이다.'라든가, '이것은 대단한 가치가 있는 것이다.'라고 말하며 열중하고 있었다. 사장과 나는 그 후 30분 정도 우표 이야기를 하며 그의 아들의 사진을 보다가, 사장은 내가 아무말도 않는데도 내가 알고자 하는 정보에 대하여 말을 꺼냈다. 한 시간 이상이나 걸려서 자기가 알고 있는 전부를 가르쳐줄 뿐 아니라, 또한 부하들을 불러 상세하게 묻기도 하고, 전화로 물어봐주기도 했다. 나는 충분히 목적을 달성한 것이다. 소위 '특종'을 입수한 것이었다."고 털어놓았다.

또 한 가지 예를 들어보자.

필라델피아에 사는 C·M·나프르란 남자가 어느 큰 연쇄점에 수년간 석탄을 팔려고 매우 열성적으로 활동하고 있었다. 그 연쇄점에서는 연료를 시외의 업자로부터 매입하여, 그것을 실은 트럭이 언제나 나프르의 점포 앞을 보란 듯이 다니고 있었다. 어느 날 밤 나프르는 나의 강습회에 출석하여 연쇄점에 대한 평소의 울분을 털어놓으면서, 연쇄점은 '시민의 적'이라고 악담을 했다.

그렇다고 해서 그가 석탄을 팔려는 생각을 단념하고 있지는 않았다.

나는 무언가 다른 대책을 생각해보는 것이 어떠냐고 그에게 제안했다. 그 전말을 간단히 설명하면 이렇다. 즉, 강습회의 토론의 의제로 '연쇄점의 보급은 국가에 대해 해로운 것일까?'라는 문제를 택한 것이다.

나프르는 내가 권해서 부정적 입장을 취하게 되었다. 즉, 연쇄점을 변호하는 일을 맡은 것이다. 그는 평소 적대시해온 연쇄점 중역에게 재빨리 달려갔다.

"오늘은 석탄을 파려고 온 것이 아닙니다. 다른 부탁이 있어 왔습니다."

그는 토론회의 일을 설명했다.

"사실은 연쇄점에 대해서 여러 가지를 배우고자 합니다만, 당신 이외에는 적당한 사람이 없다고 여겨져 부탁하러 왔습니다. 토론회에서는 꼭 이기고 싶습니다. 도와주십시오."

그 다음은 나프르의 말을 빌려서 적어보자.

나는 이 중역에게 꼭 1분간만 시간을 달라고 약속했다. 그 조건으로 면회를 허락받았다. 중역은 나에게 의자를 권하고는 말을 시작, 1시간 47분 동안 계속했다. 그는 연쇄점에 관한 책을 저작한 또 한 사람의 중역까지 불러주었다. 전 미국 연쇄점협회에 조회하여 이 문제에 관한 토론 기록의 사본도 입수해주었다. 그는 연쇄점이 인류에 대해서 참다운 봉사를 하고 있다고 굳게 믿고 있으며, 자기 일에 대하여 큰 긍지를 갖고 있었다. 대화를 나누는 도중 그의 눈은 맑게 빛나고 있었다. 솔직히 말해, 나는 지금까지 꿈에서도 생각지 못한 일에 대해서 눈이 트인 것이다. 그는 나의 생각을 일변(一變)시킨 것이다.

용건이 끝나고 돌아올 때 그는 내 어깨에 손을 얹어 출입문까지 전송해주면서, 토론회에서 승리하기를 빌겠다며 또 그 결과를 알리러 꼭 와달라고 했다.

"봄이 되면 또 오세요——석탄을 주문하고자 하니까요."

이것이 헤어질 무렵의 그의 말이었다.

나는 기적을 눈 앞에서 본 것 같은 기분이었다. 나는 아무말도 않았는데, 자기가 먼저 석탄을 사주겠다는 것이다.

내 점포에 있는 석탄에 관심을 갖게 하는 방법만으로서는 10년이 걸려도 하지 못할 일을 그가 관심을 갖고 있는 문제에 내가 성실한 관심을 기울인 것으로, 불과 2시간 만에 해치울 수 있게 된 것이다.

나프르는 별반 새로운 진리를 발견한 것은 아니다. 기원전 100년 전에 로마의 시인 파프리어스 실러스가 다음과 같이 말한 적이 있다.

"우리들은 자기에게 관심을 가져주는 사람들에게 관심을 갖는다."

남에게 나타내는 관심은 인간 관계의 다른 원칙과 같이 반드시 진심에서 우러나오는 것이라야 한다. 관심을 표시하는 사람의 이익뿐 아니라, 상대에게도 이익이 있지 않으면 안 된다. 다시 말해서 자기의 일방 통행이 아니고 쌍방의 이익이 되지 않으면 안 되는 것이다.

뉴욕 주의 머틴 킨즈버그는 입원하고 있을 때, 한 간호사의 특별한 마음씀에 감명을 받아, 그것이 얼마나 그 후의 자기 인생에 깊은 영향을 미쳤는가를 다음과 같이 보고하고 있다.

—— 감사절 날의 일이었다. 나는 10세 때 시립 병원의 사회 보험 병동에 입원하여, 그 다음 날 정형외과 수술을 받게 되어 있었다. 그 후 몇 달간의 병상 생활의 육체적 고통에 대한 각오도 되어 있었다. 아버지는 벌써 돌아가셨고, 어머니와 단 둘이 작은 아파트에서 생활 보호를 받으며 살고 있었으나, 수술 전날에도 어머니는 바빠서 병원에조차 올 수 없었다.

시간이 흐름에 따라 외로움, 절망, 그리고 수술에 대한 공포심으로 기가 죽어 있었다. 어머니는 혼자서 내 걱정을 하고 있을 거야. 말 상대도 없고, 같이 식사할 사람도 없다. 감사절이라고 하지만 맛있는 음식을 장만할 돈도 없다.

그렇게 생각하니 눈물이 한없이 나와, 나는 베개 밑에 머리를 박고 담요를 덮어쓰고는 소리를 죽여가며 울었다. 슬픔은 점점 더해서 온 몸이 고통스러웠다.

　흐느껴 우는 소리를 들은 젊은 보조 간호사는 다가와서, 담요를 들고는 눈물로 얼룩진 얼굴을 닦아주었다. 그리고 자기도 감사절날에 가족과 떨어져 일하고 있는 것이 여간 쓸쓸하지 않다며, 오늘 밤은 같이 식사를 하자면서 두 사람 분의 저녁밥을 쟁반에 담아 나의 침대까지 날라왔다. 칠면조, 마슈 포테이토, 그란베리 소스, 그리고 디저트로 아이스크림까지 감사절의 맛있는 음식이 다 갖추어져 있었다. 그녀는 자꾸만 말을 걸어 수술에 대한 공포심을 잊게 하려고 했다. 근무 시간은 오후 4시까지라고 하면서도 밤 11시 경 내가 잠들 때까지 게임도 하고, 이야기도 해주면서 위로해주었다.

　10세 때의 그날부터 몇 번이고 감사절은 되돌아왔다. 그때마다 나는 그날의 그 일들——절망, 공포, 그리고 고독감 그것을 극복하는 힘을 준 낯선 여성의 착한 마음씨——을 생각한다.

　남에게 사랑을 받고 싶거나, 진정한 우정을 싹틔우고 싶으면, 그리고 자기 자신을 이롭게 하고 동시에 남도 이롭게 할 수 있는 방법으로 다음의 원칙을 마음속에 새겨두면 좋을 것이다.

남에게 호감을 사는 원칙 ①
성실하게 관심을 기울인다.

제2장
웃는 얼굴을 잊지 않는다

전날 나는 뉴욕에서 개최되는 어느 만찬회에 참석했다. 손님 중의 한 사람이 막대한 유산을 상속받은 부인이었는데, 그녀는 어떻게 해서든지 모든 사람에게 좋은 인상을 받으려고 열중하고 있었다. 호화로운 흑담비의 모피며, 다이아, 진주 등을 몸에 지니고 있었으나, 얼굴은 거의 신경을 쓰지 않고 있었다. 그 얼굴에는 심술궂음과 자기 중심이 역력히 드러나 있었다. 몸에 지니는 의상보다 얼굴에 나타나는 표정이 여자에게는 무척 중요하다는 것을, 남자들 같으면 누구나 알 수 있는 일을 그녀는 모르고 있었다.

찰스 쉬웝이 자기의 미소에는 100만 달러의 가치가 있다고 했으나, 대단히 겸손하게 평가한 것이다. 그의 상당한 성공은 오로지 인품, 매력, 남에게 호감을 사는 능력 등에서 연유한 것이며, 특히 그의 매혹적인 미소는 그의 인품을 형성하는 가장 훌륭한 요소이다.

동작은 말보다 웅변이다. 미소는 이렇게 말한다.

"나는 당신을 좋아합니다. 당신 덕택에 나는 대단히 즐겁습니다. 당신을 알게 되어 기쁩니다."

개가 귀여움을 받는 이유인 것이다. 개는 주인을 보면 좋아서 어찌할 바를 모른다. 그러니 자연적으로 주인도 개를 귀여워한다.

갓난아이의 웃는 얼굴도 같은 효과를 갖는다.

병원의 대합실은 늘 차례를 기다리는 사람의 음침한 얼굴들과 어두운 분위기에 싸여 있다. 미주리 주의 레이타운의 수의사 스티븐 스프라울 박사의 말에 의하면, 어느 봄날 진료소의 대합실에는 예방주사를 맞히기 위하여 애완동물을 데리고 온 사람들로 붐비고 있었다. 모두 아무말도 없다. 기다리는 시간이 지겨워서 마음이 초조한 것이다. 그때의 일을 박사는 다음과 같이 말해주었다.

"손님은 6,7명 있었는데, 태어난 지 9개월 정도 되는 어린아이와 새끼고양이 한 마리를 데리고 젊은 어머니가 들어왔습니다. 아까부터 기분이 좋지 않은 얼굴을 하고 있는 신사 옆자리에 이 젊은 어머니는 우연히 앉게 되었습니다. 그런데 안겨 있는 어린아이가 만면에 웃음을 머금고 이 신사를 쳐다본 것입니다. 이 신사는 어떻게 했을까요? 물론 그도 미소를 지었습니다. 그리고 그 젊은 어머니하고 어린아이에 관한 일, 자기 손자에 관한 일 등 이것저것을 말하기 시작했습니다. 얼마 후 대합실에 있던 모두가 이 대화에 끼어들어 그때까지의 초조한 분위기가 풀려 가족처럼 화기애애해졌습니다."

마음에도 없는 웃는 얼굴——그런 것에는 아무도 속지 않는다. 그런 가면적인 것에는 오히려 화가 난다. 나는 참된 미소에 대해서 말하고 있는 것이다. 마음이 포근해지는 미소, 마음속에서 우러나는 웃는 얼굴, 천금의 가치를 지닌 웃는 얼굴에 대해서 말하고 있는 것이다.

미시건 대학의 심리학 교수 제임스 막크넬 박사는 웃는 얼굴에 대해서 다음과 같이 그 감상을 말하고 있다.

"웃는 얼굴을 보이는 사람은 보이지 않는 사람보다 경영, 판매, 교육 등의 면에서 효과를 노리는 것 같다. 웃는 얼굴에는 찌푸린 얼굴보다 풍부한 정보가 담겨 있다. 어린이들을 칭찬하는 것이 벌을 주는 것보다 교육적 방법으로서 앞서 있는 연유인 것이다.”

웃는 얼굴의 효과는 강력하다. 가령 그 웃는 얼굴이 눈에 보이지 않아도 효과에는 변함이 없다. 미국 어느 전화 회사가 실시하고 있는 한 가지 기획이 있다. ‘전화 파워’라고 이름 지어진 이들을 대상으로 하는 것이며, ‘전화로 세일즈할 때도 웃는 얼굴을 잊지 말라.’라는 것이 신조이다. ‘웃는 얼굴’은 소리를 타고 상대방에게 전달된다는 것이다.

신시내티 시의 어느 회사의 컴퓨터 부장 로버트 크라이어는 자기 부에서 적당한 사람이 없어 애를 태우고 있던 자리에 안성맞춤의 인물을 얻을 수 있었던 경위를 다음과 같이 말하고 있다.

“나는 컴퓨터 분야에서 박사 학위를 가진 부하가 필요해서 열심히 찾고 있었다. 파듀 대학 졸업 예정자 중 찾고 있던 타입의 청년을 발견하여, 몇 번인가 전화로 대화를 했다. 그에게는 벌써 채용을 희망하고 있는 몇 개의 회사가 있고, 그 중 모두가 우리 회사보다 크고 지명도도 높았다. 그런데도 그가 우리 회사에 입사를 승락해주었을 때는 기뻤다. 입사 후 이 청년에게 우리 회사를 선택한 이유를 물어보니, 한동안 생각 끝에 다음과 같이 대답을 했다. ‘그건 아마 다음과 같은 이유 때문이라고 생각합니다. 다른 회사 부장들 전화는 모두 사무적인 말투로, 단지 물건을 흥정하는 기분이었습니다. 그러나 당신의 경우는 나하고 대화하는 것이 아주 즐거운 듯한 느낌이었어요. 우리 회사의 한 사람이 되어주십시오, 하는 기분이 말소리에 잘 표현되어 있었어요.’라고. 그러고 보니 나는 전화를 걸 때 웃는 얼굴을 잊은 적이 없었다.”

미국 유수의 고무 회사 사장의 말인데, 그의 관찰에 의하면 일이 재미있어 참지 못할 정도가 되지 않으면 좀처럼 성공자가 되지 못한다. 공업계의 대 인물인 이 사장은 “근면은 희망의 문을 열게 하는 단 하나의 열쇠”라는 옛 속담을 크게 믿고 있지 않는 모양이다. 그는 말하기를——"마치 큰 소동이 벌어진 것처럼 일하기를 즐거워하여 성공한 사람을 몇 명 알고는 있지만, 그런 사람이 진지하게 일에 부딪치면 점차 일에 대하여 흥미를 잃고, 결국은 실패하고 만다."고 한다.

자기와 교제를 하여 상대가 즐겁게 해주기를 원하는 사람은 먼저 상대와 교제해서 자기가 즐거워할 필요가 있다.

나는 많은 실업가에게 눈을 뜨고 있는 동안은 매시간마다 한 번씩 누군가에게 웃는 얼굴을 보이는 것을 1주일간 계속해서, 그 결과를 강습회에서 발표하도록 제안을 한 일이 있다. 그것이 어떤 효과를 나타냈는지, 한 가지 예를 들어보자. 지금 손에는 뉴욕 주식 장외(株式場外) 중매인 윌리엄 스테인하트의 수기가 있지만, 이것은 별로 귀한 예가 아니다. 같은 예는 헤아릴 수 없을 정도로 많이 있다.

스테인하트의 수기는 이렇다.

——나는 결혼해서 18년 이상이 되지만, 아침에 일어나서 출근할 때까지 아내에게 웃는 얼굴을 보인 적도 없고, 또 스무 마디 이상 말해본 적도 없습니다. 세상에서도 귀하리만큼 성미를 맞추기가 까다로운 사람이었습니다.

당신의 웃는 얼굴에 대하여 경험을 발표하라고 해서 시험삼아 1주일간만 해볼 기분이 났습니다. 다음날 아침 머리 손질을 하면서 거울에 비친 나의 무뚝뚝한 표정을 향해,

"빌, 오늘은 찡그린 얼굴을 하지 말자. 웃는 얼굴을 보여야 한다. 자, 빨리!" 하고.

그러고는 아침 식탁에 앉을 때 아내에게 "잘 잤소?"라고 하면서 싱긋 웃어보였습니다.

상대는 깜짝 놀랄지 모른다고 당신은 말했지만, 아내의 반응은

상상외로 굉장한 충격을 받은 것 같았습니다. 지금부터 매일 이렇게 할 것이니 그리 알라고 아내에게 말했는데 사실 2개월째 계속되고 있습니다.

나의 태도가 바뀐 2개월간 지금까지 맛보지 못한 커다란 행복이 우리 가정에 찾아오고 있습니다.

지금은 매일 아침 출근할 때 아파트의 엘리베이터 보이에게 웃는 얼굴로 "잘 잤느냐."고 말을 걸고, 수위에게도 웃는 얼굴로 인사를 하게 되었습니다. 지하철 창구에서 잔돈을 받을 때도, 거래처에서도 지금까지 나의 웃는 얼굴을 보지 못한 사람들에게 웃는 얼굴을 보입니다.

그러는 동안 모든 사람들도 웃는 얼굴을 하게 되었습니다. 불평이나 불만을 갖고 오는 사람들에게 명랑한 태도로 접대합니다. 상대의 구실에 귀를 기울이며, 웃는 얼굴을 잊지 않으면 문제 해결도 훨씬 수월해집니다. 웃는 얼굴 덕택으로 수입도 많이 불었습니다.

나는 다른 한 사람의 중매인과 공동으로 사무실을 사용하고 있습니다. 그가 고용하고 있는 사무원 중의 한 사람이 호감이 가는 청년이었습니다. 웃는 얼굴의 효과에 기분이 좋아진 나는 전날 그 청년에게 '인간 관계'에 대하여 나의 새로운 철학을 말했습니다. 그는 나를 처음 봤을 때는 사귀기 까다로운 사람이라고 생각했으나, 최근에는 전연 달리보고 있노라고 정직하게 말해주었습니다. 나의 웃는 얼굴에 인정이 넘쳐 있다는 것입니다.

또 나는 남의 험담을 하지 않기로 했습니다. 험담하지 않는 대신 칭찬하기로 작정했습니다. 내가 원하는 것에 대해서는 아무말도 않고, 오직 남의 입장에 서서 일을 생각하려고 노력하고 있습니다. 그렇게 해보니 문자 그대로 생활에 혁명적인 변화가 일어났습니다. 나는 옛날과는 전혀 다른 사람이 되어 수입도 많아지고, 좋은 친구와 교제하게 되어 행복한 사람이 되었습니다. 인간으로서 이 이상의 행복은 바랄 수 없다고 생각합니다.

　도저히 웃고 싶지가 않을 때는 어떻게 하면 좋은가? 방법은 두 가지가 있다.
　첫째는, 억지로라도 웃어보이는 것이다. 혼자 있을 때는 휘파람을 불어본다든지, 콧노래를 흥얼거린다든지 해본다. 행복해서 견디지 못할 정도란 듯이 행동한다. 그러면 진실로 행복해지는 기분이 되니 이상한 것이다. 하버드 대학 교수였던 고(故)윌리엄 제임스의 학설을 소개해보자.
　'동작이란 감정에 따라 일어나는 것같이 보이지만, 실제로는 동작과 감정은 병행하는 것이다. 동작은 의지로서 직접 통제할 수 있지만, 감정은 그렇게는 할 수 없다. 그러나 감정은 동작을 조정함으로써 간접적으로 조정이 가능하다. 따라서 쾌활함을 잃었을 때 그것을 되찾는 최선의 방법은 아주 쾌활한 것처럼 행동하고, 쾌활한 것처럼 말하는 것이다…….'
　세상 사람들은 누구나 행복을 추구하고 있는데 그 행복을 반드시 찾을 수 있는 방법이 있다. 그것은 자기의 기분을 연구하는 것이다. 행복이란 외적인 조건에 의해서 얻을 수 있는 것이 아니라, 자기의 기분을 어떻게 갖느냐에 따라 마음대로 되는 것이다.
　행복과 불행은 재산, 지위, 또는 직업 등에 의해서 결정되는 것이 아니다. 무엇을 행복이라고 생각하며, 또 무엇을 불행이라고 생각하나 —— 그 생각하는 방법이 행복과 불행의 분기점인 것이다.
　예를 들어, 같은 곳에서 같은 일을 하는 사람이 두 사람 있다고 하자.
　이 두 사람은 거의 같은 재산과 지위를 갖고 있음에도 불구하고 한쪽은 불행하고, 또 한쪽은 행복하다고 생각하는 경우가 흔히 있다. 왜 그럴까? 마음가짐이 서로 다른 까닭이다.

나는 뉴욕, 시카고, 로스앤젤레스 등 미국 대도시에서 에어컨 시설이 잘된 쾌적한 사무실에서 일하는 사람들의 즐거운 듯한 얼굴을 여러 번 보아왔지만, 그에 못지 않은 즐거운 얼굴을 열대지방의 불볕 더위 속에서 원시적인 도구를 사용하면서 일하는 가난한 농부들에게서도 보았다.

"사물에는 원래 선악이 없다. 단지 우리들의 생각하는 방법 여하에 따라 선과 악이 구분된다."——이것은 셰익스피어의 말이다.

"모름지기 사람은 행복해지려는 결심의 강도에 따라 행복해진다."——이것은 또 링컨의 말로서, 생각건대 참으로 명언이다.

얼마 전, 나는 이 말을 다짐하는 실례를 목격했다. 뉴욕의 롱아일랜드 역의 계단을 오르고 있을 때 내 바로 앞을 3, 40명의 다리가 부자유스런 소년들이 목발에 의지하여 악전고투하며 그 계단을 오르고 있었다. 곁에 있는 보호자에게 업힌 소년도 있었다. 나는 그 소년들의 즐거운 듯한 모습을 보고 대단히 놀랐다. 곁에 있는 보호자에게 물었더니 대답하기를,

"그렇습니다. 평생 동안 몸이 부자유하게 된 것을 아는 이 소년들은 처음에는 큰 충격을 받습니다만, 그러는 동안에 충격이 점차 가라앉고, 대개는 자기 운명을 체념하여 끝내는 보통 아이들보다 오히려 쾌활해집니다."라고 하잖는가.

나는 이 소년들에게 머리가 숙여졌다. 그들은 나에게 평생 잊을 수 없는 교훈을 주었다.

사무실에서 근무하는 사람 중에는 독방에서 혼자 일하는 경우도 있다. 그 사람은 고독해서 고생할 뿐만 아니라, 동료들과 친해지는 기회도 빼앗긴다. 멕시코의 과다라하라 시에 사는 마리아 곤잘레스에게 주어진 것이 그런 사무였다. 다른 사원들이 즐거운 듯이 대화를 한다든가 웃고 있는 것이 부러울 따름이다. 입사한 초기에는 그런 동료들에게 눈이 부셔 복도 같은 데서 마주치면 외

면을 했다.

몇 주간이 지나고, 마리아는 자신에게 말했다.

"마리아, 저 사람들이 와주기를 기다려봐야 소용없다. 너쪽에서 먼저 접근하는 거야."

어느 날 냉수기의 물을 마시러 갔을 때 힘껏 노력해서 얼굴에 미소를 띠며 거기에 있는 사람들에게 "안녕하세요, 별고 없으시지요?"라고 말을 걸었다. 효과는 직통, 웃는 얼굴들과 인사가 금새 되돌아왔다. 주위가 갑자기 환히 밝아진 것 같고, 일의 흐름도 순조로워지는 것같이 생각되었다. 낯익은 사람은 점점 많아지고, 참된 우정도 싹텄다. 마리아는 일뿐만 아니라 생활 전체가 지금까지보다 즐거워진 것을 알 수 있었다.

다음에 인용하는 알버트 하버드의 말을 잘 읽어보기 바란다. 아니 읽는 것만으로는 아무것도 안 된다 —— 실행해주기 바란다.

집에서 나올 때는 언제나 턱을 당겨 머리를 꼿꼿하게 세우고 될 수 있는 대로 크게 호흡을 하되, 햇빛을 들이마셔라. 친구에게는 웃는 얼굴로 대하고, 악수하는 데는 정성껏 해라. 오해받을 걱정 같은 것은 하지 말고, 경쟁자에 대해서 마음을 괴롭히지 말라. 자기가 하고 싶은 일을 확고하게 마음속에 결정하고, 똑바로 목표를 향하여 돌진하라. 위대한 일을 헤치우겠다고 생각하며 언제나 염두에 둔다. 그러면 세월이 흐름에 따라 언젠가 그 염원을 달성하는 데 필요한 기회가 자기 수중에 주어진 것을 알게 될 것이다. 마치 산호충(珊瑚虫)이 조류에서 양분을 섭취하는 것과 같은 것이다. 또 유능하고 진실하며, 남을 위해 쓸모있는 인물이 될 것을 명심하여 항상 잊지 않도록 한다. 그러면 세월의 흐름에 따라 그와 같은 인물이 되어간다 —— 마음가짐이란 참으로 묘한 것이다. 올바른 정신 상태, 즉 용기·솔직·명랑함을 언제나 지니고 있을 것——올바른 정신 상태는 우수한 창조력을 갖추고 있다. 모든 일은 염원과 희망으로부터 생기고, 마음속의 희망은 전부가 이루어진다. 인간은 마음먹은 대로 되는 것이다. 턱을 당기고, 머리를 꼿꼿하게 세우자. 신이 되기 위해 앞선 과정——그것이 인간이다.

——'크리스마스의 웃는 얼굴'
밑천은 필요없다. 그러나 이익은 막대하다.
아무리 줘도 줄지 않고, 주어진 사람들은 풍족해진다.
한 순간 보여주면 그 기억은 영원히 이어진다.
아무리 부자라도 이것이 없으면 살아갈 수 없다.
아무리 가난해도 이것에 의하여 풍족해진다.
가정에는 행복을, 상업에는 선의를 가져온다.
우정의 맞춤말.
피곤에 지친 자에게는 휴양을, 실의에 찬 사람에게는 용기를.
슬픈 자에게는 광명을, 고민하는 자에게는 자연 해독제가 된다.
사는 것도 강요하는 것도, 빌리는 것도 훔치는 것도 할 수 없다.
대가없이 주어서 비로소 가치가 나는 것이다.

크리스마스 세일에 지쳐버린 점원들 중에 이것을 보이지 않는 자가 있을 때에는 죄송하지만 손님들 것을 보여주시기 바랍니다. 웃는 얼굴을 사용한 사람일수록 웃는 얼굴은 더욱 필요한 것입니다.

남에게 호감을 사는 원칙 ②
웃는 얼굴로 대한다.

제3장
이름을 기억한다

1898년 뉴욕 주 록크랜드 군에서 가슴아픈 일이 일어났다. 돌연히 한 소년이 죽은 것이다. 이날 이웃 사람들은 장례에 갈 채비를 하고 있었다. 짐 퍼레는 마구간에 말을 몰러갔다. 땅에는 눈이 쌓이고 날씨가 여간 춥지 않았다. 말은 며칠간 운동 부족이었다. 물통 쪽으로 끌고 가는 도중에 말이 난폭해져 뒷발을 높이 쳐드는 바람에 그 말발굽에 채어 짐이 죽은 것이다. 그래서 스토니 포인트란 이 작은 마을에는 그 주일에 장례지낼 집이 더 늘어 두 집이 되었다.

짐 퍼레는 아내와 세 사내 아이들과 얼마 되지 않는 보험금을 남기고 죽었다.

장남(長男)도 역시 '짐'이라고 불렀는데, 겨우 10세로 벽돌 공장에 일을 하러 다녔다. 모래와 흙을 이겨서 틀에 넣고, 그것을 쌓아 햇볕에 건조시키는 작업이었다. 짐 소년은 학교에 갈 틈이 없었다. 그러나 이 소년은 아일랜드 인의 독특한 쾌활감을 지니고 있었기에 여러 사람에게 호감을 사서 마침내는 정치계에 진출하였고, 사람의 이름을 외우는 비상한 능력을 발휘하게 되었다.

짐은 고등학교 문 앞에도 못 갔지만, 46세 때는 4개의 대학으로부터 학위를 받고, 또 민주당의 전국 위원장이 되었고, 미합중국 우정 장관이 됐다.

84

어느 날 나는 짐 퍼레와 회견을 했다. 성공한 비결을 물었더니 그 대답은 다음과 같았다.

——"근면"이라고 했다.

"농담하지 마세요."하고 내가 대답했더니, 그는 오히려 나의 의견을 되물었다.

"그럼, 당신은 어떻게 생각합니까?"

"당신은 1만 명이나 되는 사람 이름을 기억하고 있다고 들었는데요……."라고 말끝을 흐렸더니, 그제야 그는 그것을 정정했다.

"아니요, 5만 명입니다."

프랭클린 루즈벨트가 대통령이 된 데에는 짐의 이 능력이 많은 도움을 주었다는 얘기였다.

짐 퍼레는 석고(石膏) 회사의 세일즈맨으로 각지를 돌아다녔고 또, 스토니 포인트의 면사무소에 근무하고 있는 동안 사람 이름을 외우는 방법을 생각해낸 것이다.

이 방법은 처음에는 대단히 간단한 것이었다. 처음 대면하는 사람에게 성명·가족·직업, 그리고 정치에 대한 의견 등을 물어서 그것을 머릿속에 외워둔다. 그러면 다음에 만났을 때 1년이 지난 후에도 그 사람의 어깨를 치며 부인 또는 아이들의 일을 묻고, 때로는 정원수에 대한 것까지도 물을 수 있었다. 지지자가 불어나는 것은 당연한 것이었다.

루즈벨트가 대통령 선거에 나서게 된 수개월 전에 짐 퍼레는 서부와 서북부의 여러 주의 사람들에게 매일 수백 통의 편지를 써서 띄웠다. 다음으로 그는 기차를 타고 19일간에 20주를 돌았다. 행정(行程)은 실로 1만 2천 마일, 마차·기차·자동차·배 등 탈 수 있는 모든 것을 이용했다. 마을에 닿으면 그 마을 사람들과 식사나 차를 함께 하며 흉금을 털어놓고 대화를 하고, 그것이 끝나면 또 다음 마을로 바쁜 일정이 이어졌다.

동부에 돌아오면 자기가 다녀온 여러 마을의 대표자에게 편지

를 띄워서 회합에 참석한 사람들의 명부를 보내달라고 당부를 한
다. 이리하여 그의 수중에 모인 이름의 수는 수만 명이 넘었으나,
명부에 적힌 사람은 한 사람도 빠짐없이 민주당의 전국 위원장 짐
퍼레로부터 친절감이 듬뿍 담긴 서신을 받았다. 이 편지에는 '빌
군'이라든가 '죠 군' 등으로 시작해서 서명에는 '짐(제임스의 애
칭)'으로 되어 있어 절친한 친구들 사이의 편지식으로 쓰여져 있
었다.

사람들은 남의 이름 따위에는 별로 관심을 보이지 않지만, 자
기 이름에는 많은 관심을 갖는다는 것을 짐 퍼레는 일찍부터 알고
있었다. 자기 이름을 기억하여 불러준다는 것은 여간 기분 좋은
일이 아니다. 쓸모없는 겉치레의 인사보다 훨씬 효과가 있다. 반
대로 상대방의 이름을 잊어버린다든가 잘못 적으면 곤란한 일이
생긴다. 예를 들면, 나는 지난 밤 파리에서 변론술에 대한 강습회
를 가진 적이 있었다. 파리에 거주하는 미국인에게 등사판으로
인쇄된 안내장을 띄웠는데, 영어에 소질이 없는 프랑스 인 타이
피스트에게 상대방의 성명을 적도록 한 것이 실수였다. 미국의
어느 큰 은행의 파리 지점장으로부터 이름의 철자가 틀렸다고 대
단한 항의를 받았다.

사람의 이름은 쉽게 외워지는 것이 아니다. 발음하기 어려운
이름은 더욱 그렇다. 대개의 사람들은 외우려는 노력을 하지 않
기 때문에 그냥 잊어버리고 말거나, 아니면 별명으로 때우기도
한다. 시드 레뷔는 니코데므스 파파도우르스란 어려운 이름의 단
골 손님을 갖고 있다. 대개의 사람들은 '닉크'라는 통칭으로 부르
고 있으나, 레뷔는 정식 이름으로 부르고 싶다고 생각했다.

"그를 만나는 날에는 가기 전에 그 이름을 되풀이해서 부르는
연습을 했다. '안녕하세요, 니코데므스 파파도우르스 씨'라고 정
식 이름으로 인사를 했을 때 그는 놀라서 어쩔 줄을 몰라했다. 한
참 동안 말을 못할 지경이었다. 얼마 후 말하기를——눈물로 얼

굴을 적시며——레뷔 씨, 나는 이 나라에 와서 벌써 15년, 지금까지 어느 누구도 나의 정식 이름을 불러준 사람은 없었습니다.”

앤드류 카네기의 성공 비결은 무엇인가?

카네기는 철강왕이라고 불리고 있으나, 본인은 철강에 대하여 별로 아는 것이 없었다. 다만 철강왕이라는 자기보다 철강에 대해서 잘 알고 있는 수백 명의 사람을 고용하고 있었던 것이다.

그러나 그는 사람을 다루는 법을 알고 있었다——그것이 그를 대부호로 만든 것이다. 그는 어릴 때부터 사람을 조직화하고 통솔하는 재능을 나타냈다. 10세 때 벌써 사람은 자기의 이름에 보통 이상의 관심을 갖는다는 것을 발견하여, 이것을 이용해서 남의 협력을 얻었다. 다음과 같은 예가 있다——아직 스코틀랜드에 살던 소년 시절의 말이지만, 어느 날 그는 토끼를 잡았다. 그러나 그 토끼는 새끼를 밴 토끼로, 얼마 후 새끼를 많이 낳아 토끼집이 비좁게 되었다. 그러니 사료도 부족하다. 그에게 훌륭한 생각이 떠올랐다. 부근의 아이들에게 토끼의 사료가 되는 풀을 많이 뜯어오면 그 아이의 이름을 새끼 토끼에게 붙여주기로 한 것이다.

이 계획은 용케 적중되었다. 카네기는 이때의 일을 결코 잊지 않았다. 그 후 이 심리를 사업에 이용하여 그는 거대한 부(富)를 이룩한 것이다.

또 이런 이야기도 있다——그는 펜실베이니아 철도 회사에 레일을 납품하려고 했다. 당시 에드가 톰슨이라는 사람이 그 철도 회사의 사장이었다. 그래서 카네기는 피츠버그에 거대한 제철 공장을 세워 그것을 ‘에드가 톰슨 제강소’라고 이름을 붙였다. 펜실베이니아 철도회사가 레일을 어디에서 구입했을까——그것은 이 책을 읽는 독자의 상상에 맡긴다.

카네기와 조지 뿔만이 침대차의 판매 경쟁을 심하게 다투고 있을 때 카네기는 또 그 토끼의 교훈을 생각했다.

카네기의 센트럴 트랜스포테이션 회사와 뿔만의 회사는 유니온 퍼시픽 철도 회사에 침대차를 납품코자 서로가 상대방의 빈틈을 노리며 채산을 무시하고 진흙탕 싸움을 하고 있었다. 카네기도 뿔만도 유니온 퍼시픽의 간부들과 만나기 위하여 뉴욕에 갔다. 어느날 밤 센트 니콜라스 호텔에서 이 두 사람이 마주치자 카네기가 말을 걸었다.

“아이고, 뿔만 씨 안녕하십니까? 생각해보니, 우리들은 서로가 바보 같은 짓을 하고 있군요. ”

“그건 대체 무슨 뜻이지요 ? ”

뿔만이 되물었다.

그래서 카네기는 전부터 생각하고 있던 것을 뿔만에게 털어놓았다. 그것은 두 회사의 합병 안이었다. 서로가 반목하여 대립하기보다는 제휴하는 것이 훨씬 이득이라는 것을 열심히 설명하였다. 뿔만은 관심깊게 듣고 있었으나, 반신 반의하는 모양이었다.

얼마 후 뿔만은 카네기에게 다음과 같이 물었다.

“그러면 새로운 회사의 이름은 어떻게 하나요 ? ”

그러자 카네기는 즉석에서 대답을 했다.

“물론, 뿔만 파레스 차량회사라고 하지요. ”

뿔만은 그제야 얼굴빛이 밝아지며,

이 상담이 마침내 공업사에 새로운 페이지를 더하게 된 것이다.

이와 같은 친구나 거래 관계자의 이름을 존중하는 것이 카네기의 성공의 비결 중 한 가지였음은 말할 필요도 없다.

카네기는 자기 밑에서 일하고 있는 다수의 노동자들의 이름을 외우고 있는 것을 자랑으로 여기고 있었다. 그리하여 그가 기업의 진두에서 지휘하는 동안에는 한 번도 파업이 발생하지 않았다고 자랑하고 있었다.

텍사스 카머스 벤크시어즈의 회장 벤든 러브에 의하면 회사란 커지면 커질수록 냉정하게 되는 것이다.

"냉정한 회사를 따뜻하게 하는 데는 한 가지 방법이 있다. 사람의 이름을 외우는 것이다. 중역들 중에는 이름을 외울 수가 없다는 사람들도 있으나, 이것은 중요한 일을 모르며, 그 일의 기초가 되어 있지 않다는 것을 고백하고 있는 것이다."

과연 일리있는 말이잖은가!

TWA 항공의 스튜어디스 카렌 커슈는 승객의 이름을 재빨리 외우고, 그 이름으로 승객을 대하고 있었다. 그 결과 많은 찬사가 직접 본인에게 또는 항공 회사 앞으로 온 것이다. 그 중에는 다음과 같은 편지를 보낸 승객도 있다.

"나는 요즘 한동안 TWA 항공기를 이용하지 않았습니다. 그러나 지금부터는 꼭 TWA 항공기만 탈 것입니다. 귀 회사의 비행기를 타보고 귀 회사가 아주 세밀하게 손님에게 관심을 갖는 회사라는 것을 통감했기 때문입니다. 참으로 훌륭한 일입니다."라고.

인간은 자기의 이름에 대해서 비상한 관심을 갖고 있고, 어떻게 해서든지 그것을 후세에 남기고자 한다. 외고집쟁이의 벼락영감 D·T·버너므(1810-1891, 미국 흥행사, 서커스의 창시자)조차도 자기 이름을 이어받을 자식이 없는 것을 걱정하여 외손자의 C·H·실러에게 버너므의 이름을 이어주면 2만 5천 달러를 내겠다고 말했다.

그 옛날의 왕족과 귀족들 사이에서는 예술가·음악가·작가들을 원조하여 그 작품을 자기에게 바치도록 하는 풍습이 있었다.

도서관이나 박물관의 호화판 콜렉션 중에는 자기 이름을 이 세상에서 잊지 않도록 하기 위한 사람들에 의하여 기증되는 것이 많다. 뉴욕 시립 도서관의 에스터 콜렉션이나 렉스 콜렉션이 그렇고, 메트로폴리탄 박물관에서는 벤자민 앨트멘과 J·P·모르간의 이름을 영원히 전하고 있다. 또 교회 중에서는 기증자의 이름을 새겨넣은 스테인드 글라스의 창문을 장식한 것이 많다. 대학의 캠퍼스에는 개인의 이름이 붙여진 건물이 흔한데, 이 사람들은 자기 이름을 기록하여 주기를 원하여 많은 금액의 기부를 한 경우가 많다.

대개의 사람은 남의 이름을 잘 외우지 않는다. 바빠서 외울 여유가 없다는 것이 그 이유이다.

아무리 바빠도 프랭클린 루즈벨트만큼 바쁜 사람은 없을 것이다. 루즈벨트가 우연히 만나게 된 한 기계공의 이름을 외우기 위하여 시간을 내고 있다.

그것은 이렇다. 크라이슬러 자동차 회사가 양쪽 다리가 마비되어 보통차를 운전 못 하는 루즈벨트를 위하여 특별 승용차를 제작한 일이 있다. W·F·첸바렌이 이 기계공의 한 사람을 데리고는 그 차를 대통령 관저에 가져갔다. 그때의 상황을 첸바렌이 나에게 보낸 편지에 다음과 같이 적고 있다.

—— 나는 대통령에게 특수장치가 많이 부착되어 있는 자동차 조종법을 가르쳐드렸지만, 그는 나에게 굉장한 인간 조종법을 가르쳐주었습니다.

관저를 방문하니 대통령은 매우 기분이 좋아서 나의 이름을 부르면서 대화를 해주시기에, 대단히 기분이 좋아졌습니다. 특히 감명 깊었던 것은 나의 설명에 진심으로 흥미를 보여 주신 것입니다. 그 차는 두 손만으로 운전할 수 있도록 되어 있었습니다. 구경꾼들이 많이 모였습니다. 대통령께서는 "멋진데! 단추만 누르면 자유로이 운전할 수 있으니 굉장한 거야. 어떤 장치가 되어 있는가? 여유가 있으면 분해해서 자세히 보고 싶은데."라고 말씀하셨습니다.

대통령은 그 자동차를 보고 있는 여러 사람 앞에서 "첸바렌 씨, 이와 같은 훌륭한 차를 만드는 데는 평소의 노력이 대단하지요.

참으로 탄복했습니다."라고 말하며, 라디에이터·백 미러·시계·조명 기구·차내의 장식·운전석·트렁크 속의 이름이 든 슈트케이스 등 하나하나를 점검하며 자꾸만 칭찬해주셨습니다. 대통령은 나의 애쓴 고심을 전부 이해해주신 것입니다. 대통령은 부인과 노동장관 미스 파킨즈 등 주위의 사람들에게도 이 자동차의 새로운 장치를 보이고 설명해줄 것을 잊지 않으셨습니다. 그래서 일부러 늙은 하인을 불러 "조지, 이 특제의 슈트케이스는 조심해서 취급해야 돼."라고 말씀하셨습니다.

운전 연습이 끝나고 대통령은 나에게 "첸바렌 씨, 아까부터 연방 준비 은행 사람들을 30분간이나 기다리게 해서, 오늘은 이 정도로 해둡시다."라고 말씀하셨습니다.

나는 그때 기계공 한 사람을 데리고 갔습니다. 관저에 도착했을 때, 그도 대통령에게 소개되었지만, 그 후로는 아무런 말도 하지 않았습니다. 대통령은 그 기계공의 이름을 한 번밖에 듣지 않았던 것입니다. 원래 내성적인 성격의 이 사람은 시종 사람들의 뒤편에 가려 있었습니다. 그러나 우리들이 작별 인사를 하니 대통령은 그 기계공을 찾아, 그 이름을 부르고는 악수를 청하며 수고했다는 말을 했습니다. 그 말씀하시는 방법이 결코 형식적인 겉치레가 아니라 마음속에서 우러나는 감사의 정이 넘쳐 있었습니다. 나는 그것을 확실히 알 수 있었습니다.

뉴욕에 돌아온 며칠 후, 나는 대통령의 사인이 든 사진과 고맙다는 인사장을 받았습니다. 대통령은 이런 시간을 어떻게 해서 내고 있는지 나로서는 알 수 없습니다.

프랭클린 루즈벨트는 남에게 호감을 갖게 하는 가장 간단하고 확실하며, 제일 중요한 방법은 상대방의 이름을 외워 상대방에게 중요감을 갖도록 하는 것이라고 알고 있었다. 그러나 그것을 알고 있는 사람은 이 세상에서 몇 사람이나 있을까?

첫 대면의 사람에게 소개되어 2,3분간 대화하고 헤어질 때 상대방의 이름이 떠오르지 않을 때가 가끔 있다.

'선거인의 이름을 외우는 것——그것이 정치적 수완이라는 것이다. 그 이름을 잊어버리는 것은 자기도 잊어버림을 당하는 것이다.'——이것은 정치가들이 배워야 할 첫 과제이다.

남의 이름을 외우는 것은 장사나 사교에도 정치의 경우와 같이 중요하다.

나폴레옹 3세는 나폴레옹 1세의 조카되는 사람이다. 그는 정무가 다망함에도 불구하고 소개된 사람의 이름은 전부 외우고 있다고 공공연히 말하고 있었다.

그가 사용한 방법——그것은 대단히 간단하다. 상대의 이름이 똑똑하게 들리지 않을 때는 "죄송하지만, 한 번 더 말씀해주시오."라고 부탁한다. 만일 그것이 아주 괴상한 이름이면 "어떻습니까?"라고 재차 묻는다.

상대와 대화를 하고 있는 동안 몇 번이고 상대의 이름을 되풀이하며 상대의 얼굴, 표정, 자세 등도 함께 머릿속에 기억한다.

만일 상대가 중요한 인물이면 더욱 관심을 거듭한다. 자기 혼자가 되면 곧바로 메모지에 상대의 이름을 적고, 그것을 보고 정신을 집중시켜 확실하게 외우고 나면 그 메모를 찢어 없앤다. 이리하여 눈과 귀 모두를 동원해서 외우는 것이다.

이것은 꽤나 시간이 걸리는 방법이지만, 에머슨의 말을 빌리면 "좋은 습관은 적은 희생을 쌓아올려 이룩되는 것이다."라고 한다.

남에게 호감을 사는 원칙 ③
이름이란 본인에게 가장 즐겁고, 중요한 영향을 갖게 하는 것임을 잊지 않는다.

제4장
듣는 쪽의 입장이 된다

얼마 전에 나는 어느 트럼프 놀이의 모임에 초대되었다. 실은 나는 트럼프를 하지 않는다. 그런데 또 한 사람 나처럼 트럼프 놀이를 하지 않는 여성이 초대되어 있었다. 나는 로웰 토마스가 라디오 방송에서 유명해지기 이전에 그의 매니저로 있었던 적이 있다. 사진이 담긴 그의 여행기의 출판을 돕기 위해 둘이서 유럽 여러 곳을 여행한 일이 있었는데, 그것을 알고 있는 이 여성은 그 이야기를 해달라고 했다.

"카네기 씨, 당신이 여행을 한 훌륭한 장소나 아름다운 풍경의 이야기를 어서 들려주세요."

나와 나란히 소파에 앉더니 그녀는 최근 남편과 같이 아프리카 여행에서 막 돌아왔다고 나에게 말을 했다.

"아프리카!"

나는 큰소리를 질렀다.

"그거 재미있군! 아프리카에는 그전부터 꼭 한 번 여행을 하고 싶다고 생각하고 있었소. 나는 알제리에 단 24시간 있었을 뿐, 아프리카에 대해서는 그 외에는 아무것도 모르고 있습니다. 맹수가 있는 지방에도 가봤습니까? 그래요. 그것 잘 되었군요. 참으로 부럽군요! 아프리카 얘기 좀 들려주세요."

그녀는 거의 45분간 아프리카 이야기를 들려주었다. 나의 여행

단 들려달라고는 두 번 다시 말하지 않았다. 그녀가 바라고 있던 것은 자기 이야기에 귀를 기울여달라, 자기를 만족시켜 주는 성의 있게 듣는 사람이 되어달라는 것이었다.

그녀는 괴짜였을까? 아니다. 지극히 평범한 여성이다.

예를 들면, 이와 같은 일도 있었다. 어느 날 나는 뉴욕의 출판업자 J·W·그린버그 주최의 만찬회 석상에서 한 유명한 식물학자를 만났다. 나는 그때까지 그 식물학자와 한 번도 말을 해 본 적이 없다. 그러나 그의 화술에 완전히 도취하고 말았다. 진귀한 식물 이야기, 식물의 새로운 종류를 만들어내는 여러 가지 실험, 그 밖에 가정의 정원 또는 흔한 감자에 관한 놀랄 만한 사실 등, 듣고 있는 동안 나는 문자 그대로 적극적이 되어 있었다. 우리집에는 작은 정원이 있어서 그에 관한 의문을 두세 가지 갖고 있었으나, 그의 말을 듣고는 그 의문이 완전히 풀렸다.

우리들은 만찬회에 출석하고 있었고, 손님은 우리 외에도 열두세 명이나 있었다. 그러나 나는 실례를 무릅쓰고, 다른 손님들을 무시한 채 몇 시간이나 그 식물학자와 이야기를 나눴다. 밤이 깊어져서야 나는 여러 손님에게 하직 인사를 했다. 그때 그 식물학자는 그 집주인에게 나에 대해서 많은 칭찬을 하더니, 마침내는 내가 '세상에서 보기 드물게 말솜씨가 뛰어난 분'이라고까지 말했다고 한다.

그런데 그의 '말솜씨가 뛰어나다'는 말에는 놀라지 않을 수 없었다. 그때 나는 거의 말을 하지 않았다. 말을 하고 싶어도 식물학에 관해 전혀 아는 것이 없었으니 화제라도 바꾸지 않는 이상 나에게는 말할 재료가 없었던 것이다. 분명히 말하는 대신 듣는 것만은 열심히 들었다. 진심으로 흥미가 있어 듣고 있었다. 그것이 상대에게 알려진 것이다. 따라서 상대는 즐거워진 것이다. 이와 같이 듣는 태도는 우리들이 누구에게나 줄 수 있는 최고의 찬사이다.

"어떤 칭찬의 말에도 흔들리지 않는 사람일지라도 자기의 말솜씨에 마음을 빼앗겨서 듣는 사람에게는 흔들리는 것이다."

이것은 잭 우드포드의 말이지만, 나는 그 화술에 마음을 빼앗겼을 뿐만 아니라 '아낌없는 찬사를 드린'것이다.

"말씀을 듣고 대단히 즐거웠고, 또 얻은 것도 많았습니다."

"나도 당신 정도의 지식이 있었으면 합니다."

"당신의 벗이 되어 들판을 걷고 싶습니다."

"꼭 한 번 다시 만나기를 원합니다."

나는 이런 찬사를 했는데, 그 모두가 마음속에서 우러나는 그대로였다.

실은 나는 단순한 듣는 사람으로 그에게 말하는 보람을 느끼게 했을 뿐이었는데, 그에게는 내가 말솜씨가 뛰어난 사람이라고 생각된 것이다.

상담의 비결에 대하여 찰스 엘리옷 박사는 말한다.

"상담에는 특별한 비결 따위는 없다……. 단지, 상대의 말에 귀를 기울이는 것이 중요하다. 어떤 겉치레의 말이라도 이 이상의 효과는 없다."

엘리옷은 곧 남의 말에 귀를 기울이는 명수였다. 그에 대해 미국 최초의 세계적인 작가 헨리 제임스는 다음과 같이 술회하고 있다.

"엘리옷 박사는 남의 말을 들을 때 그냥 귀만 기울이는 것이 아니라, 부지런히 활동을 한다. 똑바로 등을 펴고 앉아서는 무릎 위에 양손을 깍지끼고 양손의 엄지를 어느 때는 빨리, 어느 때는 느리게 실을 뽑듯이 돌리며 말하는 상대방을 주목하고, 상대의 말을 마음속에서 한 마디 한 마디씩 빠짐없이 음미하면서 귀기울인다. 그러니 말하는 쪽은 모든 것을 다 말한 만족감을 맛보는 것이다."

이것은 보통 알고 있는 말이다. 대학을 나오지 않아도 누구나 다 알고 있을 것이다. 그러나 비싼 임대료를 지불하고, 상품을 잘 매입하며, 쇼 윈도는 사람들의 눈을 끌도록 장식하고, 선전 광고에 많은 경비를 쓰면서도 가장 중요한 점원은 듣는 쪽의 센스가 없는 자를 고용하는 어리석은 백화점의 경영자가 많이 있다. 손님의 말을 가로막거나 손님 말에 반대하여 화를 내게 하는 등 손님을 쫓는 것과 같은 짓을 하는 점원을 예사로 채용하고 있는 것이다.

시카고의 어느 백화점에서는 여점원이 손님의 말을 듣지 않았기 때문에 연간 수천 달러의 물건을 사주는 단골 손님을 잃을 뻔했다. 헨리에다 더글라스 부인은 이 백화점 특매장에서 외투 한 벌을 샀다. 집에 가져 오고서야 외투 안쪽의 한 곳이 찢어진 것을 알고는 다음 날 백화점에다 교환을 부탁했으나, 여점원은 부인의 설명에 귀를 기울이려 하지 않았다.

"이것은 특매장의 물건입니다. 저것을 잘 읽어보십시오."

여점원은 벽에 게시된 주의서를 가리키며 소리를 높였다.

"반품 사절이라고 씌어 있지요? 일단 사가신 이상에는 그냥 가지시고, 찢어진 곳은 부인께서 수리하세요."

"그러나 이것은 처음부터 찢어진 잘못된 상품인데요."

"하지만 바꿔드릴 수는 없습니다."

누구나 두 번 다시 이런 점포에는 오지 않을 것이다. 그런데 속으로 비난을 하면서 더글라스 부인이 점포를 나오려 할 때, 낯익은 이 점포의 지배인이 공손히 인사하며 다가왔다. 더글라스 부인이 일의 경위를 설명했다.

지배인은 부인의 말을 마지막으로 주의깊게 듣고서, 외투를 조사해보고는 말을 했다.

"특매품이란 계절이 끝날 무렵 재고품 정리의 뜻으로 '반품 사절'이라고 해서 팔고 있습니다. 그러나 흠이 있는 것은 예외지요.

물론 이 찢어진 곳은 수리를 하든지, 새로운 것으로 갈아 달든지 합니다. 하지만 만일 부인께서 희망하신다면 대금을 되돌려드리도록 하겠습니다.”

이 얼마나 큰 차이냐! 만일 지배인이 그때 없었고, 손님의 말에 귀를 기울이지 않았다면 이 백화점은 오래된 큰 단골 손님을 잃었을지도 모른다.

남의 말을 잘 듣는 것은 비지니스 세계뿐만 아니라 가정 생활에서도 중요하다. 뉴욕의 그로튼온 허드슨에 사는 미리 에스포시트 부인은, 아이가 말을 걸어왔을 때는 반드시 그 말을 잘 들어주기로 하고 있었다. 어느 날 저녁 때 부인은 아들 로버트와 부엌에서 말을 하고 있었다. 이때, 로버트가 말했다.

“저는 알고 있어요 —— 어머님이 나를 무척이나 사랑해주고 있다는 것을.”

에스포시트 부인은 이 말을 듣고 가슴이 뭉클하였다.

“물론, 사랑하고 있지. 혹시 그렇지 않다고 생각해본 적이 있느냐?”

“아네요. 어머님이 저를 사랑하고 있다는 것은 잘 알고 있습니다. 그것은 제가 무엇인가 말을 하려고 하면, 어머님은 반드시 하시던 일을 멈추고 제 말을 들어주시니 말입니다.”

사소한 것에도 애써 잔소리를 하는 사람이 있다. 그 중에는 상당히 악질인 사람도 있는데, 그런 악질인 사람들이라도 참을성 있게 마음을 기울여서 말을 들어주는 사람 —— 너무나 화가 나서 코브라와 같이 독살스러워도 참고 끝까지 귀를 기울여주는 사람 앞에서는 대개 점잖아지는 것이다.

수년 전 일이지만, 다음과 같은 일이 있었다. 뉴욕 전화국 관내에 교환양들을 괴롭히는 고약한 전화 가입자가 있었다. 듣기조차 민망한 욕설과 잡소리를 교환양에게 지껄이는 것이다. 수화기의 선을 끊어버린다고 위협을 하며, 청구서가 틀렸다고 요금을 지불하지 않고, 신문에 투서를 하고, 그것도 모자라서 공익 사업 위원회에 불평을 하고, 전화국을 상대로 소송을 걸기도 했다.

전화국에서는 직원 가운데 분쟁 해결의 명수를 이 귀찮은 인물에게 보냈다. 이 직원은 상대방에게 마음대로 울분을 털어놓을 수 있도록 하고, 그의 말을 잘 들어주고 나서 '과연 듣고 보니 당연하다.'는 동정의 빛을 나타냈다.

그리고 그에 대해서 그는 이렇게 말했다.

"처음에는 그가 큰소리로 지껄이는 것을 세 시간 가까이 아무 말도 하지 않고 듣고 있었습니다. 그 다음에도 역시 똑같이 그의 말에 귀를 기울였습니다. 결국 네 번을 만나러 갔습니다만, 네 번째 면담이 끝나서야 나는 그가 설립하기를 계획하고 있는 모임의 발기인이 되었습니다. 그 모임의 명칭은 '전화 가입자 보호회'라고 합니다만, 현재도 내가 아는 바로는 그 외의 회원으로는 나 하나뿐입니다.

나는 상대의 불만을 처음부터 끝까지 상대의 입장에서 들어주었습니다. 그 전화국 직원이 나를 마치 친한 친구처럼 대해주었습니다. 그와는 네 번 만났지만, 그를 만나러 간 목적에 대해서는 한 마디도 언급을 하지 않았습니다. 그러나 네 번째에 나의 목적은 완전히 달성되었습니다.

체납되어 있던 요금도 전부 지불해주었고, 위원회에 제출한 소송도 취하해주었습니다."

이 귀찮은 사나이는 가혹한 착취로부터 공민권(公民權)을 지킨다는 자부심을 갖고 있었을 것이다. 그러나 본심은 자기의 중요시되는 감을 바라고 있었던 것이다. 자기의 존재가 중요시되는 것을 얻으려고 그는 불평을 했다. 전화국 직원으로부터 그 중요시되는 것을 해결하자 그의 망상이 만들어내는 불평은 즉석에서 사라져 버렸다.

　데모머의 모직 회사라 하면 지금은 세계적 유수의 회사지만, 창립 후 얼마 되지 않을 무렵 초대 사장 쥬리언 데모머의 사무실에 한 손님이 큰소리로 외치며 들어왔다.

　데모머 사장은 그때의 일을 다음과 같이 이야기를 들려주었다.

　――그 손님에게는 소액의 외상값이 남아 있었다. 그러나 본인은 그런 일이 없다고 주장했다. 이쪽에서는 틀림없다는 자신이 있어 재삼 독촉장을 보냈다. 그러자 그는 화가 나서 멀리 시카고에 있는 나의 사무실에까지 달려와서 지불은커녕 앞으로 데모머 회사와의 일체의 거래를 않겠다고 했다.

　나는 그의 구실을 꾹 참고 들었다. 도중에 몇 번이나 되받아 말하고 싶었지만, 그것은 이득이 되지 못한다고 생각을 고쳐 그가 말하고 싶어하는 것을 끝까지 들어주었다. 전부 털어놓고 난 그는 흥분도 가라앉고 이쪽의 말도 이해할 만큼 되었다. 그때를 기다려 나는 조용히 말했다――"일부러 시카고까지 와주셔서 무엇이라고 사례해야 좋을지 모르겠습니다. 참으로 좋은 말씀 들려주셨습니다. 담당자가 그와 같은 폐단을 당신에게 끼쳤다면, 아마 다른 손님들에게도 많은 폐를 끼치고 있을지도 모릅니다. 그렇다면 이것은 큰일입니다. 당신이 오시지 않았다 해도 이쪽에서 듣고자 찾아뵈어야 할 문제입니다."

　이런 인사말을 듣게 될 줄은 그는 꿈에도 생각지 않았다. 나를 꾸짖고 혼내기 위해서 일부러 시카고까지 왔는데도 오히려 감사하다고 했으니 약간은 맥이 빠졌을 것이다. 더욱이 나는 말했다――"우리 사의 사무원들은 몇천이란 거래처의 계산서를 취급해야 되지만, 당신은 빈틈없고 꼼꼼할 뿐만 아니라 계산서도 우리들 것만을 염두에 두고 있었을 테니까 아마 틀린 것은 우리 쪽인 것 같습니다. 외상 대금 건을 우리 잘못으로 취소하겠습니다."

　나는 그의 기분을 잘 알고, 만일 내가 그였더라도 역시 그와 같은 행동을 했으리라고 생각했다. 그는 우리 점포에서는 아무것도 사지 않겠다고 했으므로 나는 다른 점포를 추천하기로 작정했다.

전에도 그가 시카고에 오면 언제나 점심을 함께 하고 있었으므로 그날도 점심 초대를 했다. 그는 내키지 않는 듯이 따라왔으나 점심을 마치고 사무실까지 같이 오더니, 지금까지 없었던 만큼의 많은 물건을 우리 점포에다 주문을 했다. 결국 기분이 좋아져서 돌아간 그가 그때까지의 태도를 바꾸어 다시 한 번 서류를 조사하여 잊어버렸던 문제의 청구서를 발견하고는 사죄의 편지와 함께 수표를 보내왔다.

그리고 그 후 그의 집에 아들이 탄생했을 때, 그는 그 아이에게 데모머라는 이름을 지었다. 뿐만 아니라 죽을 때까지 22년간이나 나의 좋은 친구요, 좋은 단골이었다.

꽤 오래된 이야기지만, 가난한 화란 이민의 남자 아이가 학교에서 돌아오면 빵집의 창문 닦는 일을 하고 있었다. 집이 가난하여, 매일 바구니를 들고는 거리에서 석탄차가 떨어뜨리고 간 석탄 부스러기를 주워모았다. 그 소년의 이름은 에드워드 보그라고 하며, 학교는 6년을 채 다니지 못했지만, 그 후 미국에서도 굴지의 잡지 편집자가 되었다. 그 성공의 비결은 역시 이 책에서 기술한 원리를 이용한 것이다.

13세 때, 그는 학교를 그만두고 웨스턴 유니온 전보 회사의 급사로 고용되었다. 그러나 워낙 향학심에 불타 있던 그는 독학을 시작했다. 교통비를 절약하고 점심을 굶어가면서 모은 돈으로 《아메리카 전기 전집》을 사서 읽고, 전대 미문(前代未聞)의 일을 시작했다. 유명인의 전기를 읽고는 그 본인에게 편지를 띄워, 소년 시절의 이야기를 들려달라고 한 것이다. 그는 항상 듣는 쪽의 사람이 되었다. 유명인들에게 자진해서 자기 자신을 말하게 한 것이다. 그는 당시 대통령에 입후보 중인 제임스 거필드 장군에게도 편지를 띄워 소년 시절에 운하에서 배를 끌었다는 게 사실이냐고 문의했다. 거필드로부터 회답이 왔다. 그랜드 장군(남북 전쟁 당시 북군 총사령관으로, 제18대 대통령)에게도 편지를 썼다. 어느 전투에 대해서 들려달라고 한 것이다. 그랜드는 지도까지 그려서 설명해주는 답장을 보내고 이 13세 된 소년을 만찬에 초대하여 여러 가지의 이야기를 들려주었다.

이 전보 회사의 급사 아이는 많은 유명인들과 편지를 주고받았다. 그 인사들 중에는 에머슨을 위시하여 올리버 홈즈(1809~1894, 생리학자이며 시인), 롱펠로우(1807~1882, 시인), 링컨 부인, 루이자 올카트(1832~1888, 여류작가), 셔먼 장군, 제퍼슨 데이비스(1808~1889, 정치가) 등이 포함되었다.

그는 이와 같은 인사들과 편지를 주고받았을 뿐 아니라, 휴가를 얻으면 그들의 집을 방문하여 따뜻한 환영을 받았다. 이 경험으로 얻은 자신감은 그에게 있어서 귀중한 것이었다. 이 인사들은 그 소년의 꿈과 희망을 크게 부풀게 하여, 드디어 그 생애를 일변시켜버렸다. 거듭 말하지만, 이것은 다름아닌 이 책에서 기술한 원리를 응용한 것에 지나지 않는 것이었다.

아이작 마커슨은 방문 기자 중의 제1인자로, 그의 설에 의하면, 좋아하는 인상을 주는 것에 실패하는 가장 큰 원인은 대부분이 주의 깊게 상대방의 하는 말을 듣지 않는 까닭이라는 것이다.

"자기가 하고 싶어 하는 말만 생각하고 상대방에게 귀를 기울이는 쪽에 소홀한 사람들이 많습니다……. 높은 사람들은 대개 말을 잘하는 사람보다 듣기를 잘하는 사람을 좋아합니다. 그러나 듣기를 잘하는 재능은 딴 재능보다 훨씬 얻기 힘든 것 같습니다."

그는 이렇게 말하고 있으나, 듣기를 좋아하는 상대를 바라는 것은 굳이 높은 사람들만은 아니다. 누구나 마찬가지다. 〈리더스 다이제스트〉 지에 다음과 같은 말이 실려 있었다.

——'이 세상에는 자기의 불만을 들려주기 위해서 의사를 부르는 환자가 많이 있다.'

남북 전쟁이 한창일 때 링컨은 고향 스프링필드의 옛 친구에게 편지를 띄워, 워싱턴에 와달라고 했다. 중요한 문제에 대하여 의논하고자 한다는 것이다. 그 친구가 백악관에 도착하니 링컨은 노예 해방 선언을 발표하는 것이 과연 이득이 되는 정책이냐 아니냐에 대해 몇 시간에 걸쳐 말을 했다. 자기 의견을 다 말하고는 투서나 신문 기사를 읽었다. 어떤 사람은 해방에 반대하고, 어떤 사람은 찬성하고 있다. 이렇게 해서 장시간의 의견을 끝마치고, 친구의 의견은 한 마디도 듣지 않고 돌아가게 했다. 처음부터 끝까지 링컨 혼자서 말을 했는데도 그것으로 기분이 아주 산뜻해진 모양이다. 그 친구도 링컨도 하고 싶은 말을 다하고 나니 굉장히 기분이 가벼워진 것 같았다고 그 후 말하고 있다. 링컨은 상대의 의견을 들을 필요가 없었던 것이다. 그저 마음속의 무거운 짐을 풀어줄 사람, 자기 입장이 되어서 들어줄 사람이 필요한 것에 지나지 않았다. 마음속에 고민이 있을 때는 누구나 그렇다. 화를 내고 있는 손님, 불평을 품고 있는 고용인, 속상해 있는 친구들은 누구나 자신의 말을 잘 들어주기를 바라고 있다.

위대한 심리학자 지그문트 프로이트는 그야말로 위대한 듣는 쪽의 사람이었다. 언젠가 프로이트와 이야기할 기회가 있었던 사람이 다음과 같이 설명하고 있다.

——"프로이트는 평생 잊을 수 없다. 그에게는 내가 지금까지 만난 사람들 중 그 어느 누구에게서도 없는 자질이 엿보였다. 그의 눈은 평온하고 인자해보였다. 정신 분석 도중의 '혼을 꿰뚫는 눈' 같은 것은 전혀 느낄 수 없었다. 말 소리는 조용하고 따사로웠으며, 몸짓은 거칠지 않았다. 나의 말에 관심을 집중하고, 서투른 나의 설명에도 귀를 기울이면서 그 나름대로의 평가를 해준

다. 이와 같이 들어 준 것이 나에게는 얼마나 훌륭한 경험이 되었는가는 상상에 맡긴다."

남이 싫어하고, 뒤로부터 비웃음을 당하고, 멸시를 당하고자 하면 다음 조항을 지키면 된다. 즉,

① 상대방의 말은 절대로 오래 듣지 않는다.

② 처음부터 끝까지 자기 이야기만 한다.

③ 상대가 말하고 있을 때, 의견이 있으면 중도에 상대방의 말을 가로막는다.

④ 상대는 자기보다 머리가 둔하다. 그러한 인간의 쓸데없는 말을 언제까지나 듣고 있을 필요는 없다. 상대가 말하는 도중에 서슴지 말고 그의 말을 꺾어버린다.

세상에는 이 조항을 엄수하고 있는 사람들이 실제로 존재하고 있는 것을 독자 여러분은 알고 있을 것이다. 불행한 일이지만, 나도 알고 있다. 인사들 중에서도 이와 같은 사람이 있는 데는 놀랐다.

이런 사람들은 싫증이 나서 견디지 못하는 상대다. 자기 자신에 도취되어 자기만이 위대하다고 생각하고 있는 자들이다.

자기 일만을 말하는 사람은 자기 일 이외에는 생각지 않는다. 오랫동안 콜롬비아 대학 총장을 지낸 니콜라스 비틀러 박사는 이렇게 말했다.

"자기 일만을 생각하는 사람은 교양이 없는 사람이다. 설사 아무리 교육을 받았다 해도 교양이 몸에 배지 않는 사람이다."

말솜씨가 훌륭해지려면 듣는 쪽에 뛰어난 사람이 되라. 상대에게 흥미를 가지게 하려면 먼저 이쪽에서 흥미를 보여야 한다.

상대가 즐거워서 대답을 할 수 있는 질문을 하는 것이 상대 자신의 이야기나 또는 상대의 가장 뛰어난 일에 대하여 말하도록 유도하는 것이다.

당신의 말 상대는 당신 일에 대하여 갖는 흥미의 백 배도 넘는 흥미를 자기 자신의 일에 대하여 갖고 있는 것이다. 중국에서 100만 명이 굶어 죽는 대흉년이 되어도 본인에게는 이가 아픈 것이 훨씬 중요한 사건이다. 목에 난 종기가 아프리카에서 지진이 40회 난 것보다 더 큰 관심사인 것이다. 사람과 말을 할 때는 이 점을 잘 생각해주기 바란다.

남에게 호감을 사는 원칙 ④
듣는 쪽의 입장이 된다.

제5장
관심 있는 곳을 간파한다

테오도르 루즈벨트를 방문한 사람은 누구나 그의 박식함에 놀랐다. 그는 상대가 카우보이거나, 의용 기병 대원이거나 또는 정치가, 외교관, 그 밖에 누구든지 그 사람에 알맞는 화제를 풍부하게 갖고 있는 것이다.

그러면 어떻게 해서 그런 기발한 재주를 부렸는가를 밝히면 간단하다. 루즈벨트는 누군가 방문하는 사람을 알면 그 사람이 특히 좋아하는 문제에 대하여 전날 밤 늦게까지 연구를 해두는 것이다.

루즈벨트도 다른 지도자와 같이 사람의 마음을 사로잡는 지름길은 상대가 가장 깊은 관심을 가지고 있는 문제를 화제로 삼는다는 것을 알고 있었다.

수필가로 엘 대학의 문학부 교수 윌리엄 펠즈는 어릴 때 벌써 이것을 알고 있었다.

그는 《인간성에 대하여》란 제목의 논문 중에서 말한다.

—— 저녁 무렵 한 중년 남자가 찾아와서 한참 동안 숙모님과 기분좋게 말을 하다가 나를 상대로 열심히 말을 시작한다. 그때 나는 보트에 열중하고 있었으므로 그 사람의 말이 썩 마음에 들었다. 그 사람이 간 후, 나는 정신없이 그 사람을 칭찬했다. "정말로 훌륭한 사람일까, 보트를 저렇게 좋아하는 사람은 드물 것이

다."라고.

그러자 숙모님은, 그 손님은 뉴욕의 변호사로서 보트에 대한 것은 아무것도 모르며, 보트 이야기에는 아무런 흥미도 없었다고 했다. "그렇다면 어째서 보트 이야기만 했을까요?"

"그야 그분은 신사니까, 네가 보트에 열중해 있는 것을 알고는 네가 즐거워할 말을 한 것이지. 기분좋게 너의 말상대를 해준 것이란다."하고 숙모님은 말해주었다.

펠즈 교수는 숙모님의 이 말을 결코 잊지 않는다고 쓰고 있다.

현재 보이 스카우트 일로 활약하고 있는 에드워드 차리프로부터 온 편지를 소개한다.

—— 어느 날 나는 사람의 호의에 매달릴 수밖에는 방법이 없는 문제와 씨름을 하고 있었습니다. 유럽에서 행하여지는 스카우트 대회가 임박하고 있어 그 대회에 한 사람의 소년을 대표로 출석시키고자 하는데, 그 비용을 어느 큰 회사의 사장으로부터 기부를 받을까 생각하고 있습니다.

그런데 그 사장을 만나러 가기 직전에 나는 아주 도움이 되는 좋은 말을 들었습니다. 그 사장이 1백만 달러의 수표를 발행하고, 지불이 끝난 그 수표는 액자에 넣어서 장식을 하고 있다는 것이었습니다.

사장실에 들어선 나는 우선 그 수표를 나에게 보여달라고 했습니다. 1백만 달러의 수표! 그와 같은 거액의 수표를 실제로 본 이야기를 스카우트의 소년들에게 들려주고 싶다고 나는 말했습니다. 사장은 기꺼이 그 수표를 보여주었습니다. 나는 감탄하여 그 수표를 발행한 경위를 상세하게 들려달라고 또 부탁했습니다.

독자 여러분도 짐작했으리라고 생각되지만, 차리프 씨는 첫머리에서는 보이 스카우트나 유럽 대회, 또는 그의 희망에 대해서는 일체 언급이 없다. 상대가 관심을 갖고 있는 것에 대해서만 말을 하고 있다. 그러나 그 결과는 다음과 같이 되었다.

—— 그러는 동안 상대의 사장은 "그런데 당신의 용건은 무엇인지요?"라고 물었습니다. 그제야 나는 비로소 용건을 말했습니다.

그런데 놀란 것은, 사장은 나의 부탁을 곧바로 들어주시고, 더욱이 이쪽이 예상하지 못한 것까지도 말씀해주셨습니다. 나는 대표 소년 한 사람만을 유럽에 보내달라고 했습니다만, 사장께서는 5명의 소년과 나까지도 보내주셨습니다. 1천 달러짜리 신용장을 주시면서, 7주간 체재하고 오라는 말씀이었습니다. 그는 또 유럽의 지점장에게 소개장을 써서, 우리들의 편의를 보살피라는 안내까지 해주셨습니다. 뿐만 아니라 그 후 그는 우리 단체의 뒷바라지를 계속해주어, 가정이 빈곤한 단원에게 일거리를 주선해 준 적도 여러 번 있었습니다.

그러나 만일 우리들이 그의 관심이 어디에 있는지도 모른 채 처음에 그의 흥미를 끌지 못했으면, 아마도 그렇게 쉽게 접촉할 수는 없었을 것입니다.

이 방법이 과연 장사에 있어서 응용할 수 있나 없나, 뉴욕 일류의 제과 회사 듀바노이 상회의 헨리 듀바노이 씨의 경우를 예로 들어보자.

듀바노이 씨는 전부터 뉴욕의 어느 호텔에 자기 회사의 빵을 팔려고 열중하고 있었다. 4년 동안 매주마다 지배인을 찾아갔다. 지배인이 출석하는 회합에도 함께 자리하기도 했다. 그 호텔의 손님이 되어 투숙도 해봤지만, 그것도 여의치 않았다.

듀바노이 씨는 그때의 자신의 노력에 대하여 이렇게 술회하고 있다.

—— 거기서 나는 인간 관계의 연구를 했습니다. 그래서 전술을 세웠습니다. 이 사람이 무엇에 관심을 갖고 있는가? 즉, 어떤 일에 열중하고 있나 하는 것을 조사하기 시작했습니다.

그 결과, 그는 미국 호텔 협회의 회원이란 것을 알았습니다. 그것도 일반 회원이 아니라 열성을 인정받아 그 협회의 회장이 되고, 국제 협회의 회장도 겸하고 있었습니다. 협회의 대회가 어디서 열려도 비행기를 타고 산넘고 바다 건너 출석을 하는 열성파였습니다.

그래서 다음날 그를 만나 협회의 이야기를 꺼냈습니다. 역시 반응은 굉장했습니다. 그는 눈을 빛내면서 30분 가까이 협회의 이야기를 했습니다. 협회를 키우는 것은 그에게는 둘도 없는 즐거움이요, 정열의 원천이 되어 있는 것 같았습니다. 그러는 동안 그는 나에게도 협회를 권유했습니다.

그와 이야기하는 동안 빵 문제는 조금도 기미를 보이지 않았습니다. 그러나 며칠 후, 호텔 용도계로부터 전화가 걸려왔는데, 빵의 견본과 가격표를 갖고 오라는 것이었습니다.

호텔에 도착하니 용도계원이 "당신이 무슨 수를 썼는지 모르지만, 우리 사장은 당신이 대단히 마음에 든 것 같습니다."고 나에게 귀띔해주었습니다.

생각해보십시오. 그와 거래를 하고 싶은 마음으로 4년간이나 그를 따라다녔습니다. 만일 무엇에 관심을 갖고 있는가, 어떤 화제를 좋아하는가, 그것을 알아내는 수고를 게을리했더라면 나는 아직까지도 그를 따라다니고만 있었을 것입니다.

메릴랜드 주 헤어거즈 타운의 에드워드 하리만은 병역(兵役)을 필한 후, 메릴랜드의 경치가 매우 좋은 간버랜드 지방을 골라 거기에서 살기로 했다. 그러나 당시 그곳에는 그의 일자리가 없었다. 회사는 몇 개 있지만, 모두가 R·J·펭크파저란 괴짜가 실권을 쥐고 있었다. 이 사람이 가난한 집에서 태어나 거대한 부를 쌓게 된 경력에 대해 하리만은 흥미를 가졌다. 그러나 펭크파저는 구직자를 가까이 하지 않는 것으로도 유명하였다. 그에 대해 하리만은 다음과 같이 들려주었다.

──사람들과 만나서 여러 가지를 들어보니, 이 인물은 권력과 돈이 최대의 관심사라는 것을 알았다. 그는 구직자들을 멀리 하기 위해 충실하고 완고한 여비서를 두고 있었다. 그래서 우선 이 여비서가 어떤 일에 관심을 가지고 무엇을 목표로 삼고 있는가를 조사한 후, 처음으로 그녀의 사무실을 예고없이 방문했다. 그녀는 펭크파저의 주위를 15년간이나 돌고 있는 위성과 같은 존재였다. 이 여비서에게 나는 "펭크파저 씨에게 경제적 및 정치적으로 유리한 제안이 있습니다."라고 말을 꺼냈다. 과연 그녀는 관심을 갖기 시작했다. 더욱 나는 그녀의 협력이 펭크파저 씨의 성공과의 관계에 대해서도 여러 가지로 말을 했다. 그 후, 그녀는 나를 위해 펭크파저와 면담하는 절차를 마련해주었다.

이렇게 해서 펭크파저의 호화로운 사무실에 안내되었으나, 절대로 일자리가 필요하다는 말은 하지 않기로 결심했었다. 그는 조각을 한 거대한 책상 저편에서 큰소리로 이렇게 말했다. "어떻게 된건가, 자네?" "펭크파저 씨, 당신은 돈을 벌 수가 있습니다." 그는 곧 일어서서 커다란 가죽 덮개의 의자를 나에게 권했다. 그래서 나는 내가 생각한 바를 말했다. 그것을 실천할 때 내가 무엇을 할 수 있나, 또 그것이 펭크파저 씨 개인 또는 그의 사업에 얼마나 도움이 되느냐에 대해 상세히 설명했다. 'R·J'──그 후 나는 그를 이렇게 부르게 되었다──는 그 자리에서 나를 채용하고, 지금까지 20년 이상 나는 그의 기업 덕택으로 성장하여 함께 번영을 누리고 있다.

상대의 관심을 간파하고, 그것을 화제로 삼는 방법은 결국 쌍방의 이익이 된다. 종업원 간의 커뮤니케이션 지도자 하워드 퍼티크는 항상 이 원칙을 지켜왔다. 그 성과에 대하여 퍼티크 씨는 이렇게 말했다.

"상대에 따라서 성과도 다르지만, 대체적으로 어떤 상대와 말

을 해도 그때마다 자기 자신의 인생이 넓어진다 —— 그것이 무엇
보다 큰 성과이다. ”

남에게 호감을 사는 원칙 ⑤
상대의 관심을 간파하여 그것을 화제로 삼는다.

제6장
마음속으로부터 칭찬한다

　뉴욕 8번가의 어느 우체국에서 나는 등기우편을 부치기 위해 줄을 서서 차례를 기다리고 있었다. 서류계의 직원은 매일매일 우편물의 계량, 우표와 잔돈의 주고받기, 영수증의 발행 등 틀에 박힌 일에 싫증이 나는 듯한 인상이다. 그래서 나는 생각했다.

　'어디 한번 이 사람이 나에게 호의를 갖도록 해보자. 그러기 위해서는 나에 대한 일보다는 그의 일에 대해서 무엇인가 부드러운 말을 해야 된다. 그의 마음을 움직이기 위해 내가 할 수 있는 것은 대체 무엇일까?'

　이것은 상당히 어려운 문제로, 특히 상대가 초면인 사람일수록 더욱 쉽지 않다. 그러나 우연히도 그것이 잘 해결되었다. 참으로 좋은 것을 발견한 것이다.

　그가 나의 우편물을 계량하고 있을 때, 나는 말을 건넸다.

　"당신의 아름다운 머리결 참으로 부럽습니다."

　그러자 그는 놀란 듯했으나, 이내 얼굴에는 미소가 어려지고 있었다.

　"뭘요. 이제는 많이 거칠어졌습니다."

　그는 겸손하게 대답까지 했다.

　전에는 어떠했는지 모르지만, 좌우간 나는 아름답다는 느낌을 솔직히 얘기했다. 그는 대단히 즐거워했다. 더욱 두세 마디 유쾌하게 말을 하고는 "실은 여러 사람이 그렇게 말합니다."라고 털어 놓았다.

그날 그는 가벼운 기분으로 점심 식사를 하러 갔을 것이다. 또 집에 가서 부인에게도 말을 했을 것이다. 거울을 보고 "역시 아름답군!"이라고 혼잣말을 했을 것이다.

어느 때 나는 이 이야기를 공개석상에서 말했더니, 그러면 당신은 그에게서 "무엇을 기대하고 있었는가?"라는 질문을 한 자가 있었다.

내가 무엇을 기대했느냐고? 당치도 않은 소리다.

남을 즐겁게 해주고, 칭찬을 해주었다고 무엇인가 보답을 받지 않으면 마음이 후련하지 않다는 인색한 사고 방식을 가지고 있는 자들은 당연 실패하고 말 것이다.

아니, 실은 나 역시 보답을 바라고 있었다. 그러나 내가 바라고 있는 것은 돈으로 살 수 없는 것이다. 그리고 확실히 그것을 손에 넣었다. 그를 위하여 봉사해주고, 더욱 그에게는 아무런 부담을 주지 않았다는 깨끗한 기분 —— 그것이다. 이와 같은 기분은 언제까지나 즐거운 추억으로 남는다.

인간의 행위에 관하여 중요한 법칙 하나가 있다. 이 법칙에 따르면, 대개의 분쟁은 피할 수 있다. 이것을 지키기만 하면 친구는 자꾸만 불어나고, 언제나 행복을 맛볼 수 있다. 그러나 이 법칙을 어겼다 하면 곧 끝없는 분쟁에 휘말린다. 이 법칙이란 ——'항상 상대에게 중요한 감을 갖도록' 하는 것이다.

이미 말한 바와 같이, 존 듀이 교수는 '중요한 인물이 되기를 원하는 것은 인간의 가장 강한 욕구'라고 말하고 있다. 또 윌리엄 제임스 교수는 '인간성의 근원은 남에게 인정받고자 하는 소원'이라고 단언하고 있다. 이 소원이 인간과 동물을 구별한다는 것은 이미 말한 바와 같으나, 인류의 문명도 인간의 이와 같은 소원에 의하여 진전해온 것이다.

인간 관계의 법칙에 대하여 철학자들은 수천 년에 걸쳐 사색(思索)을 계속해왔다. 그리고 그 사색 중에서 꼭 한 가지 중요한 교훈이 생긴 것이다. 그것은 결코 새로운 교훈이 아니다. 인간의 역사와 같이 오래된 것이다. 3000년 전의 페르시아에서 조로아스터는 이 교훈을 배화교도에게 전했다. 2400년 전의 중국에서는 공자가 그것을 설명했다. 또한 도교의 원조 노자도 그것을 제자들에게 가르쳤다. 그리스도보다도 500년 먼저, 석가는 성스러운 갠지스 강가에서 이것을 설명했다. 또 그보다도 1000년 전에 힌두교의 성전에 이것이 설명되고 있다. 그리스도는 1900년 전에 유대의 바위산에서 이 교훈을 실천했다. 그리스도는 이것을 다음과 같은 말로 설명한다. (이 세상에서 제일 중요한 법칙이라 할 수 있을 것이다.)——"남이 나에게 해주기를 바라는 일은 남에게도 또한 해주도록 하라."고.

사람은 누구나 주위의 사람으로부터 인정을 받고 싶어한다. 자기의 진가를 인정받고자 하는 것이다. 작고 보잘것 없지만, 자기의 세계에서는 자기가 중요한 존재라고 생각하고자 한다. 빤히 들여다보이는 칭찬 같은 것은 듣기 싫어하지만, 마음속에서 우러나는 칭찬에는 굶주려 있다. 자기 주위 사람들로부터 찰스 쉬웝이 말한 바와 같이 '마음속으로부터 인정하며, 아낌없이 칭찬받고'자 하는 것은 우리들 모두가 생각하고 있는 것이다.

그러므로 저 '불변의 법칙'에 따라 남이 해주기를 바라는 일을 남에게 해주자는 것이다.

그러면 그것을 언제, 어디에서, 어떻게, 행할 것인가——언제든지, 어디에서든지 해보는 것이다.

위스콘신 주 오크레어의 데이비드 스미스가 어느 자선 음악회의 체험담을 말해주었다. 주최자의 의뢰로 회장(會場) 내의 다과 코너를 맡은 것이다.

──그날 밤, 음악회장의 공원에 도착하니 늙은 부인 두 사람이 벌써 다과 코너에 와 있었다. 둘 다 대단히 기분이 나빠 자기들이 이 코너의 주임이라고 생각하고 온 것 같은 모양이었다.

이게 어찌된 일일까 생각하고 있는데, 실행 위원이 와서 나에게 작은 휴대용 금고를 건네주면서, 나의 협력을 감사하다며 로즈와 젠이라는 두 늙은 부인이 나의 조수일을 맡아주도록 되어 있다고 소개하고는 바쁘게 사라졌다.

그 후, 서먹서먹한 침묵이 흘렀다. 얼마 후 나는 소금고가 어떤 일종의 권위의 상징이라고 생각되어 이것을 먼저 로즈에게 건네주며 “돈 계산은 서툴러서, 당신께서 맡아주시면 도움이 되겠습니다.”라고 했다. 다음으로 젠에게는 서비스 계원의 10대 소녀 두 사람에게 소다 기계의 취급 방법을 가르쳐 서비스 방면의 감독을 해달라고 부탁드렸다.

이렇게 해서 그날 밤은 참으로 즐겁게 보낼 수가 있었다. 로즈는 아주 좋은 기분으로 돈 계산을 하고, 젠은 10대 소녀들을 감독하고, 나는 조용히 음악회를 즐길 수 있었다.

이 칭찬의 철학은 외교관이나 자선회장이 되기 전에는 응용의 길이 없다고 할 수 없다. 일상 생활에 응용하여 커다란 마술적 효과를 얻을 수 있는 것이다.

예를 들어, 레스토랑에서 급사가 주문을 잘못 가지고 왔을 때 “수고를 끼쳐 미안하지만, 나는 커피보다 홍차를 더 좋아하는데요.”라고 정중하게 말하면, 급사는 부담없이 바꿔줄 것이다. 상대에게 경의를 표시했기 때문이다. 이와 같이 정중하고 생각이 깊은 말씨는 단순한 일상 생활이란 톱니바퀴에 치는 윤활유의 역할을 할 뿐만 아니라, 동시에 교양이 있다는 증명도 되는 것이다.

또 하나의 예를 들자.

홀 케인은 《크리스트 교도》《맨 섬의 재판관》《맨 섬의 남자》

114

등 금세기 초에 차례로 베스트셀러가 된 소설을 쓴 유명한 작가이
지만, 원래는 대장간 집 아들이었다. 학교는 8년 남짓 다녔을 뿐
이었지만, 종래는 세계에서도 손꼽는 돈많은 작가가 되었다.

홀 케인은 14행 시(詩) 또는 민요를 좋아해서, 시인 단테·게브
리엘·로데세이를 사모했다. 그 결과 로데세이의 예술적 공적을
기리는 논문을 쓰고, 그 사본은 로데세이에게 보냈다. 로데세이
는 기뻤다.

'나의 능력을 이처럼 높이 사준 청년은 반드시 위대한 인물일
것이다.'

로데세이는 아마 이렇게 생각했을 것이다 —— 이후 그는 이 대
장간 집 아들을 런던으로 불러내어 자기 비서로 삼았다. 이것이
홀 케인의 일생의 전기가 된 것이다. 이 새로운 직업에 종사하니
당시의 유명한 문학자들과 친교를 맺게 되고, 그들의 조언과 격
려를 얻어 홀 케인은 새로운 인생 항로에 배를 띄워서 후에 그 문
명(文名)을 세계에 떨치게 된 것이다.

맨 섬에 있는 그의 저택 그리바캣슬은 세계의 구석구석에서 모
여드는 관광객의 메카가 되었다. 그가 남긴 재산은 250만 달러 이
상이라고 말하고 있으나, 그가 만일 유명한 시인에 대한 찬미의
논문을 쓰지 않았다면 그는 가난하고 이름없는 일생을 보냈을지
도 모른다.

마음에서 우러나는 칭찬에는 이와 같이 예측하기 어려운 위력
이 있는 것이다.

로데세이는 자기를 중요한 존재로 여기고 있었다. 당연하다.
인간은 거의 예외없이 그렇게 생각한다.

세계의 어느 나라 사람이라도 그렇게 생각하고 있다.

자기를 중요한 존재라고 생각하게끔 만들어주는 사람이 있다
면, 아마도 많은 사람들의 인생이 변할 것이라고 생각된다. 캘리

포니아의 카네기 교실의 강사 로널드 로렌드는 미술 공예도 가르치고 있는데 공예의 초급반 학생 그리스에 대해 다음과 같이 전하고 있다.

　그리스는 차분하고 내성적이며 자신이 없는, 좀처럼 눈에 띄지 않는 남자 아이다. 나는 이 초급반 외에 상급반도 맡고 있는데 상급반으로 가는 것은 학생들에게는 대단한 자랑거리였다.
　어느 수요일, 그리스는 자기 책상에서 열심히 작품과 씨름을 하고 있었다. 그의 마음속 깊이 타오르는 정열의 불빛을 본 것 같은 생각이 나서 나는 진한 감동을 느꼈다. "그리스, 어때? 상급반에 넣어 줄까?" 나의 말을 들은 그리스의 얼굴은 볼 만했다. 14세의 수줍음을 잘 타는 기쁨에 가득 찬 얼굴! 감격의 눈물을 열심히 참고 있는 모습이다. "예? 저를요? 로렌드 선생님, 저에게 그런 실력이 있습니까?" "있고말고, 너에게는 충분히 그만한 실력이 있다."
　거기까지 말하는 것이 참을 수 있는 노력의 한도였다. 나의 눈에서도 눈물이 흘러넘칠 것 같았기 때문이다. 교실을 나서는 그리스는 마음 탓인지 키가 2인치쯤 커진 것처럼 느껴졌고, 나를 바라보는 눈동자는 빛나고, 목소리에도 자신이 넘쳐 있었다. "감사합니다, 로렌드 선생님."
　그리스는 나에게 평생 잊지 못할 교훈을 준 것이다. 인간이란, 자기가 중요한 존재라고 자각하고자 하는 사실에 대한 교훈이 그것이다. 나는 '당신은 중요한 존재다'라는 이 교훈의 표시판을 만들어 여러 사람의 눈에 띄도록, 또는 내 자신이 학생은 각자 동등하게 중요한 존재라는 것을 항상 잊어버리지 말도록 교실의 입구에 게양했다.

　사람은 누구나 다른 사람보다 어떤 점에서 앞서 있다고 생각하고 있다. 그러니 상대의 마음을 확실하게 알 수 있는 방법은 상대가 상대 나름의 세계에서 중요한 인물이란 것을 솔직하게 인정하고, 그것을 상대에게 잘 알도록 하는 것이다.

에머슨이 어떤 사람이라도 자기보다 어떤 점에서는 앞서 있고, 배울 만한 점을 갖고 있다고 말한 것을 생각해주기 바란다.

그러나 가엾게도 아무것도 남에게 자랑할 만한 아름다운 점도 갖고 있지 않고, 그것으로 인한 열등감을 보기에도 역겨운 자기 자랑이나 자기 선전으로 현혹시키려는 무리들이 있다.

셰익스피어는 이런 사정을 '오만 불손한 인간들이 보잘것 없는 짓을 이유로 천사도 울릴 만큼 속임수를 저지르고 있다.'고 표현하고 있다.

칭찬의 원칙을 응용해서 성공을 거둔 세 사람의 인물을 소개해 보자. 셋 모두 나의 강습회의 수강자들이었다. 먼저 코네티컷의 변호사의 이야기인데, 본인은 친척들에 대하여 사정이 좋지 않으니 이름을 밝히지 말아달라고 희망하므로 R씨라고 한다.

나의 강습회에 참가한 얼마 후에 R씨는 부인과 같이 롱 아일랜드의 부인의 친척을 방문했다. 늙은 숙모집에 도착하니, 부인은 R씨에게 숙모의 말상대를 시켜놓고 자기는 다른 친척집에 가버렸다. R씨는 칭찬의 원칙을 실험한 결과를 강습회에서 보고하게 되어 있었으므로, 먼저 이 늙은 처숙모에게 시험해보고자 했다. 그래서 그는 마음속에서 감동할 수 있는 것을 발견하려고 집 안을 돌아보았다.

"이 집은 1890년 경에 지은 것이지요?"

그의 물음에 숙모가 대답했다.

"그래요. 꼭 1890년에 지었지요."

"내가 태어난 집도 꼭 이와 같은 집이었습니다. 훌륭한 집이군요. 참으로 잘 지어졌습니다. 널찍하고……요즘에는 이런 집을 짓지 않더군요."

 "참말로 그래요. 요즘 젊은 사람들은 집의 아름다운 점 같은 것에는 아무런 관심도 갖고 있지 않거든요. 좁고 답답한 아파트에 전기 냉장고, 그리고 여행을 위한 자가용 차가 젊은 사람들의 이상이지요."

 옛날의 추억을 그리워하는 여운이 그녀의 말에 담겨 있었다.

 "이 집은 나에게는 꿈이 깃든 집입니다. 이 집에는 사랑이 담겨 있습니다. 이 집이 세워졌을 때 주인과 나는 오랫동안의 꿈이 실현된 것입니다. 설계는 건축가에게 부탁하지 않고 우리들의 손으로 했습니다."

 그리하여 그녀는 R씨를 안내하여 집 안을 구경시켰다. 그녀가 여행기념으로 모아서 고이 간직한 아름다운 수집품을 본 R씨는 감탄의 소리를 질렀다. 스코틀랜드의 베이즈리 직물인 숄, 오래된 영국제의 차〔茶〕그릇, 웰지우드의 토기(웰지우드 : 1730~1795＝미국의 요업가), 프랑스제의 침대와 의자, 이태리의 그림, 프랑스 귀족의 성에 장식되어 있었던 실크의 덮개 등이 그 중에 포함되어 있었다.

 집 안의 안내가 끝나자 숙모는 R씨를 차고에 데리고 갔다. 거기에는 신품과 같은 박카드 차 한 대가 작키로 들어 올려져 있었다. 그것을 가리키며 숙모는 조용히 말했다.

 "이 차는 주인이 돌아가시기 조금 전에 산 것입니다만, 나는 이 차에 타 본 적이 없습니다……. 당신은 물건의 좋은 점을 아는 분입니다. 나는 이 차를 당신에게 드리고자 합니다."

 "숙모님, 그것은 곤란합니다. 물론 숙모님의 마음은 고맙게 생각합니다만, 이 차를 받을 수는 없습니다. 나는 당신과 핏줄이 섞여 있는 것도 아니고, 자동차라면 저도 최근에 샀습니다. 이 박카드 차를 탐내고 있는 가까운 친척들이 많이 계실 것입니다."

 R씨가 사양하니 숙모가 소리를 질렀다.

 "가까운 친척! 물론 있지요. 이 차가 탐이 나서 내가 죽기를 기다리고 있는 친척말인가요! 그런 사람들에게는 이 차를 줄 수 없어요.”

“그러면 중고 자동차점에 파시면 되지 않습니까?”

“팔아요? 내가 이 차를 판다고 생각합니까? 어디의 누군지도 모르는 사람이 타고 다니는 것을 내가 참을 수 있다고 생각하십니까? 이 차는 주인이 나를 위하여 사주신 차입니다. 판다는 것은 꿈에도 생각지 않고 있습니다. 당신에게 드리고 싶습니다. 당신은 아름다운 것에 대한 가치를 아는 분입니다.”

R씨는 어떻게 해서든지 그녀의 기분이 상하지 않게 거절하려고 했으나, 좀처럼 그렇게 할 수 없었다.

넓은 집에서 혼자서 추억을 더듬으며 살아온 이 늙은 부인은 조그마한 칭찬의 말에도 허기지고 있었던 것이다. 그녀에게도 그 옛날에는 젊고 아름다우며, 사람들의 화제가 된 시대가 있었다. 사랑의 집을 짓고, 유럽 각지로부터 사서 모은 물건으로 집 안을 꾸민 적도 있었다. 그러나 지금은 늙고 고독한 몸이 되어 그만한 보살핌이나 칭찬이라도 상당히 몸에 밴 것이다. 더욱이 그것을 아무도 베풀려고 하지 않는 것이다. 그래서 그녀는 R씨의 이해있는 태도에 접하고 보니 사막에서 오아시스를 발견한 것같이 기뻤고, 박카드 차를 선물하지 않으면 직성이 풀리지 않았던 것이다.

다음은 도널드 멕마혼의 이야기다. 뉴욕에 있는 루이스와 발렌타인 조경 회사의 정원 사장으로 근무하는 멕마혼 씨의 경험은 이렇다.

―― 강습회에서 ‘사람을 움직이는 법’의 이야기를 들은 얼마 후, 나는 유명한 법률가의 저택에서 정원의 조경을 하고 있었다. 그 집 주인이 정원에 나와서 석남화와 철쭉을 심을 장소를 일러 주었다.

나는 그에게 “무척 즐거우시겠습니다. 그와 같은 멋진 개들을 길러서, 메디슨 스퀘어 가든의 개 품평회에서 댁의 개들이 많은 상을 탔다면서요?” 하고 말했다. 이 작은 찬사에 대한 반응이 큰 데 놀랐다.

주인은 대단히 기쁜 듯이 “그야 물론. 대단히 즐거운걸. 어디 개집에 안내해줄까?”라고 말했다.

한 시간 가량 그는 개의 자랑과 개가 탄 상패 등을 보여주더니, 그러는 동안에 개의 혈통서까지 들고 나와서 개의 우열을 좌우하는 혈통에 대하여 설명해주었다.

최후에 그는 “자네 집에는 사내 아이가 있느냐?”라고 묻기에, 있다고 대답하니 “그 아이는 강아지를 좋아하느냐.”고 물었다.

“예, 그야 물론 대단히 좋아합니다.”라고 대답했다. 그랬더니 그는 “됐어, 한 마리를 그 아이에게 선사하기로 하지.”라고 흔쾌히 말했다.

그는 강아지 기르는 방법을 설명하면서 “말로만 설명하면 잊어버리기 쉬우니 종이에 적어주지.”라고 하더니, 집 안으로 들어가서 혈통서와 개 기르는 방법을 타이프한 용지를 가지고 나왔다. 만약 사려면 100달러도 넘는 강아지와 같이 주었다. 그뿐만 아니라, 그의 귀중한 시간을 한 시간 반이나 할애해준 것이다. 이것이 그의 취미와 그 성과에 대해서 드린 솔직한 칭찬에 대한 산물이었다.

코닥 사진기로 유명한 조지 이스트만은 소위 ‘활동 사진’에 있어서 불가결한 투명 필름을 발명해서 거대한 부를 쌓아올린 세계 유수의 대 실업가이다.

그와 같은 큰 사업을 해낸 사람도 역시 우리들과 같이 작은 찬사에도 대단히 감격하는 것을 볼 수 있었다. 그 이야기를 소개해보자.

이스트만은 로체스터에 이스트만 음악 학교와 길본 홀의 건축 중에 있었다. 뉴욕의 고급 의자 제작회사의 제임스 아담슨 사장은 이 두 건물에 비치되는 좌석의 주문을 맡으려고 했다. 그래서 아담슨은 건축가에게 연락을 하여 이스트만과 로체스터에서 만나게 되어 있었다.

아담슨이 약속한 장소에 도착하니 그 건축가는 그에게 주의를 주었다.

"당신은 이 주문을 꼭 따내려고 하지요? 만일 당신이 이스트만의 시간을 5분 이상 뺏으면 성공할 희망은 없다고 봅니다. 이스트만은 상당히 까다로운 사람이고, 대단히 바쁜 사람이니 빨리 끝내는 것이 좋을 것입니다."

아담슨은 말한 대로 할 작정이었다.

사무실에 들어서니 이스트만은 책상 앞에 앉아 산더미같이 쌓인 서류를 들여다보고 있었다. 한참 후 이스트만은 얼굴을 들고 안경을 벗더니 건축가와 아담슨 쪽으로 다가서며 말을 한다.

"안녕하세요? 그런데 두 분의 용건은?"

건축가의 소개로 인사가 끝나고, 뒤이어 아담슨이 이스트만에게 말했다.

"아까부터 저는 이 사무실의 훌륭함에 놀라고 있었습니다. 이와 같이 훌륭한 사무실에서 일을 한다는 것은 참으로 즐거운 일이겠습니다. 저는 실내 장식이 전문입니다만 지금까지 이렇게 훌륭한 사무실을 본 적이 없습니다."

이스트만이 대답한다.

"과연 말을 듣고 보니 이 사무실이 만들어진 당시의 일들이 생각납니다. 대단히 훌륭한 사무실이지요. 그 당시에는 나도 즐거웠으나, 요즘은 바빠서 몇 주간이나 이 사무실의 좋은 것을 잊고 있을 때가 있습니다."

아담슨은 벽 가까이 다가가서 그것을 만져보며 말했다.

"이것은 영국의 떡갈나무지요. 이태리 떡갈나무하고는 좀 나무결이 다릅니다."

그러자 이스트만은 대답했다.

"그렇습니다. 영국에서 수입한 것입니다. 재목에 대하여 잘 알고 있는 친구가 골라준 것입니다."

그리하여 이스트만은 사무실의 균형 색채, 손으로 조각한 장식, 기타 자기 자신이 생각해서 만든 곳 등 여러 가지를 아담슨에게 설명해주었다.

둘은 손질이 잘된 사무실의 구조를 돌아보다가 창가에 섰다. 이스트만이 사회 사업으로 자기가 세운 여러 가지 시설에 대해서 차분히 겸손하게 말을 꺼낸 것이다. 로체스터 대학, 종합병원, 같은 병원의 요양소, 우애 홈, 아동 병원 등의 이름을 들었다. 아담슨은 이스트만이 인류의 고통을 덜어주기 위하여 그 재력을 활용하고 있는 이상주의적인 방법에 대하여 마음속으로 찬의를 표한 것이다. 얼마 후 이스트만은 유리상자를 열고 그가 최초에 구했다고 하는 사진기를 꺼냈다. 어느 영국인으로부터 사들인 발명품이다.

아담슨은 이스트만이 장사를 시작할 무렵의 고생에 대하여 질문을 했다. 그러니 이스트만은 가난한 소년 시절을 회고하여, 과부의 어머니가 싸구려 하숙집을 경영하고 자기는 일당 50센트로 보험 회사에 근무하고 있었던 것을 실감있게 말하였다. 가난의 공포에 밤낮으로 시달린 그는 어떻게 해서든지 빈곤을 뚫고 나가 어머니를 싸구려 하숙집 경영의 중노동으로부터 해방시키자고 결심했다고 한다. 아담슨은 계속 질문을 하면서 유리 감광판의 실험을 하고 있을 당시의 이야기를 들었다. 사무실에서 하루 종일 일을 한 일, 약품이 작용하는 잠시 동안의 시간을 이용하여 수면을 취하면서 밤새도록 실험을 계속한 것, 어떤 때는 72시간 동안 잠잘 때나 일할 때나 옷을 입고 지낸 일 등 이스트만의 말은 그칠 줄을 몰랐다.

아담슨이 이스트만의 사무실에 들어간 것은 10시 15분이고, 5분 이상 걸리면 안 된다고 했다. 그러나 벌써 한두 시간 이상 경과하고 있었다. 그래도 이야기는 끝나지 않았다.

마지막에 이스트만이 아담슨에 대하여 이렇게 말했다.

"요전 일본에 갔을 때 의자를 사 와서 우리 집 현관 앞에 놓았습니다. 그러나 볕을 받아 칠이 벗겨져서 페인트를 사다 손수 칠을 했습니다. 어때요, 나의 페인트 칠 솜씨를 봐주지 않겠어요? —— 그러면 한번 저의 집에 와주세요. 점심 후 보여드리겠습니다."

점심 후 이스트만은 아담슨에게 그 의자를 보여주었다. 한 개에 1달러 50센트 이상 갈 것 같지 않는 의자로, 억만장자에게는 어울리지 않는 물건이지만 자기가 직접 페인트 칠을 했다는 것이 자랑스러웠던 것이다.

9만 달러가 되는 좌석의 주문은 과연 누구에게 떨어졌을까 —— 그것은 말할 것도 없다.

그 이후 이스트만과 아담슨은 평생의 친구가 된 것이다.

프랑스의 루앙 시에서 레스토랑을 경영하고 있는 그로드 모레는 이 원리를 활용하여 간부 종업원의 사직을 만류시킬 수 있었다. 이 종업원은 5년간 모레 씨와 21명의 종업원 사이에서 중요한 파이프 역할을 해온 여성이다. 모레 씨가 그녀로부터 등기우편으로 사표를 받았을 때의 충격은 컸다.

모레 씨는 다음과 같이 보고하고 있다.

—— 나는 매우 놀랐으나, 사실은 그보다 더욱 낙심했다. 나는 언제나 이 여성을 공정하게 대우해왔다고 믿고 있었고, 그녀의 희망은 될 수 있는 대로 들어주도록 노력해왔다. 종업원이라기보다는 친구로 생각하고, 그 결과 때로는 그녀의 호의를 믿고 일반 종업원에 대한 것보다 더 가혹한 요구를 강요하고 있었는지도 모른다.

물론 납득할 만한 설명이 없이는 이 사표는 받을 수 없었다. 나는 그녀를 불러 이렇게 말했다. "보렛드 여사, 당신의 사표는 받을 수 없습니다. 이해해주세요. 당신은 나에 대해서도, 회사에 대해서도 없어서는 안 될 사람입니다. 이 레스토랑을 잘 경영하는 데는 나의 노력은 고사하고 당신의 협력이 절대로 필요합니다." 더욱 나는 전 종업원 앞에서 같은 말을 되풀이했다. 다음에 그녀를 우리 집에 초대하여 가족 앞에서도 그녀에 대한 신뢰의 말을 되풀이했다.

보렛드 여사는 결국 사표를 거두었다. 나는 전보다 더 그녀를 신뢰하게 되었고, 그녀 또한 일을 잘 도와주고 있다. 지금까지도 나는 기회있을 때마다 그녀의 근무에 감사의 뜻을 표시하여, 그녀가 레스토랑에 얼마나 중요한 존재인가를 그녀 자신이 깨닫도록 하고 있다.

사람과 대화를 할 때는 그 사람 자신의 일을 화제로 하라. 그러면 상대는 몇 시간이라도 이쪽의 말을 들어준다 —— 이것은 대영제국의 사상 최고의 명민(明敏)한 정치가의 한 사람인 디스렐리의 말이다.

———————————

남에게 호감을 사는 원칙 ⑥
중요한 느낌을 주도록 한다 —— 성의를 다하여.

제 **3** 부

사람을 설득하는 12원칙

1 토론에 승리하는 유일한 방법은 토론을 피하는 것이다
2 상대의 의견에 경의를 표하고, 잘못을 지적하지 않는다
3 자기 잘못을 즉시 마음속으로 인정한다
4 조용하게 말을 한다
5 상대가 즉석에서 '예스'라고 대답할 수 있는 문제를 선택한다
6 상대에게 말을 시킨다
7 상대로 하여금 생각해내토록 한다
8 남의 입장이 된다
9 상대의 생각이나 희망에 대해서 동정을 갖는다
10 사람의 아름다운 심정에 호소한다
11 연출을 생각한다
12 대항 의식을 자격(刺激)시킨다

제1장
토론을 피한다

　제1차 세계 대전 직후의 일이다. 나는 어느 날 밤 런던에서 귀중한 교훈을 얻었다. 당시 나는 로드 스미스 경의 매니저를 하고 있었다. 로드 스미스 경은 대전 중, 팔레스티나 공중전(空中戰)에 혁혁한 무공을 세운 오스트레일리아의 하늘의 용사로, 종전 직후 30일간에 세계의 절반을 비행하는 위업을 달성함으로써 세상을 놀라게 한 인물이다. 당시로서는 전대미문의 시도로 일대 센세이션이 일어났다. 오스트레일리아 정부는 그에게 5만 달러의 상금을 주고, 영국 국왕은 그를 귀족으로 대우하여 대영제국의 화제의 주인공이 되었다. 어느 날 밤 그를 위하여 개최된 연회에 나도 참석하고 있었다. 모두가 테이블에 자리했을 때, 내 옆의 사람이 '하느님은 인간이 대충 다듬으면 마무리를 잘 해주신다.'는 인용 구절에 관계된 재미있는 말을 했다.

　그 사람은 이것은 성서에 있는 구절이라고 했다. 그러나 그것은 틀린 것이고, 나는 그 출전(出典)을 잘 알고 있었다. 그래서 나는 나의 중요한 감정과 우월감을 만족시키기 위하여 그가 틀렸다고 지적하여 미움을 산 것이다.

　"무엇이! 셰익스피어의 문구라고? 그럴 리가 없어! 말도 안돼! 성서의 말이야! 이것만은 틀림없는 것이라니까."

　그는 대단히 노한 얼굴로 그렇게 말했다. 그 남자는 나의 오른

쪽에 앉아 있었고, 왼쪽에는 옛날부터의 친구 프랭크 가몬드가 자리하고 있었다. 가몬드는 오랫동안 셰익스피어 연구를 한 사람이어서 가몬드의 의견을 듣기로 했다. 가몬드는 쌍방의 주장을 듣고 있더니, 테이블 밑으로 나의 발을 가볍게 차면서 말했다.

"데루, 네가 틀렸어. 저 사람 말이 맞아. 확실히 성서에서 나온 말이야."

그날 밤 연회 후 돌아오는 길에 나는 가몬드에게 말했다.

"프랭크, 그것은 셰익스피어의 말이야. 자네도 그것을 잘 알고 있지 않은가?"

"물론 그렇지. 〈햄릿〉의 제5막 제2장의 말이다. 그러나 데루, 우리들은 축하하는 자리에 초대받은 손님이잖아. 무엇 때문에 그 사람의 잘못을 증명해야만 되나. 증명을 하면 상대에게 호감을 살 것 같은가? 상대의 체면도 생각해줘야 하는 거야. 하물며 상대는 자네에게는 의견도 묻지 않았고 또 자네 의견 같은 것은 듣기도 싫은 거야. 토론할 필요가 어디 있어! 어떤 경우에도 날카로운 각도는 피하는 게 좋은 거야."

이 친구는 나에게 평생 잊지 못할 교훈을 준 것이다. 나는 재미있는 이야기를 들려 준 상대에게 불쾌한 생각을 하게 하고, 친구까지 끌어들여서 당혹하게 만든 것이다. 그때 토론 같은 것을 하지 않았다면 얼마나 좋았을 것인가!

원래 나는 대단히 토론을 좋아했기에, 이 교훈은 나에게 실로 적절한 것이었다. 젊었을 때 나는 세상의 모든 것에 대하여 형님과 토론을 했다. 대학에서는 논리학과 변론을 연구하고 토론회에 참가했다.

대단히 이론적이어서 증거를 눈 앞에 갖다대기 전에는 좀처럼 항복을 하지 않았다. 얼마 후 나는 뉴욕에서 토론과 변론술을 가르치게 되었다. 지금 생각하면 식은 땀이 나는 일이지만, 그 방면의 책을 저술할 계획을 한 적도 있다. 그 후 나는 모든 경우에 행하여지는 토론을 경청하고, 내 스스로도 참가하여 그 효과를 보아 온 것이다. 그 결과 토론에서 이길 수 있는 최선의 방법은 이 세상에서 꼭 하나밖에 없다는 결론에 도달했다. 그 방법이란——토론을 피하는 것이었다. 독사나 지진을 피하듯이 토론을 피하는 것이다.

토론이란 거의가 예외없이 쌍방이 자기 주장이 옳다는 것을 확신시켜야 끝나는 것이다.

토론에 이긴다는 것은 불가능하다. 만약 진다면 굴복하는 것이고, 가령 이겼다 해도 역시 지고 있는 것이다. 왜냐하면—— 가령 상대를 철저하게 굴복시켰다고 한들 그 결과는 어떻게 될까? 굴복시킨 쪽은 대단히 기분이 좋을 것이나, 굴복당한 쪽은 열등감을 갖고 자존심을 상하게 되어 분개할 것이다.

——'토론에서 져도 그 사람의 의견은 변하지 않는다.'

오래 전 일이지만, 나의 강습회에 페트리크 오페어란 남자가 참가했다. 교육은 없지만, 대단히 토론을 좋아했을 그 전에는 자가용차 운전 기사였다. 트럭의 세일즈맨이 되고자 해봤으나, 신통치가 않아서 강습회에 온 것이라고 했다. 두세 가지 질문을 해 보니, 언제나 고객에게 토론을 시도한다든가 반발하고 있었다는 것을 알 수 있었다. 팔려고 하는 트럭에 조금이라도 고객이 흠을 잡으면 굉장히 분격했다. 그리하여 토론하면 대체로 상대방에게 이길 수 있었다. 그는 그 후 다음과 같이 술회했다.

——"상대방의 사무실을 나설 때, 나는 '어때! 한 판 졌지!' 라고 독백을 한 것이다. 확실히 한 판 해치웠지만, 트럭은 한 대도 팔지 못했던 거요."라고.

나의 최초의 일은 페트리크에게 말하는 방법을 가르치는 것이 아니고, 그를 침묵케 하여 토론을 하지 않게 하는 것이었다.

그 오페어 씨가 지금은 뉴욕의 호와이트 모터 회사의 인기 세일즈맨이 되어 있다. 그 방법을 그의 말에 의하여 소개한다.

　―― 가령 지금 내가 세일즈하러 가서, 상대로부터 "호와이트의 트럭? 그것 못써. 그냥 줘도 거절이야. 살려면 ××사의 트럭을 사지."라고 말을 들었다고 치자. "지당한 말씀, 참으로 ××사의 트럭은 훌륭하지요. 그것을 산다면 틀림없을 겁니다. 회사도 일류요, 판매원들도 모두 좋은 사람들뿐이지요."라고 나는 대답한다.

여기에는 상대도 두말 못할 것이다. 토론의 여지가 없는 것이다. 상대가 ××사는 제일 좋다고 하고, 이쪽에서 맞습니다라고 대답했으니, 상대는 할 말이 없는 것이다. 이쪽이 동의하고 있는데 그 이상 "××사가 제일이다."고 하루 종일 말할 수만은 없는 것이다.

그래서 이번에는 화제를 바꾸어서 호와이트 사의 트럭의 장점에 대해서 말을 시작했던 것이다.

옛날의 나 같으면 이와 같은 것을 들으면 곧 화가 나서 ××사의 흠을 잡았을 것이다. 내가 화가 나면 화가 날수록 상대는 ××사의 편을 든다. 편을 들고 있는 동안 이쪽의 경쟁 상대의 제품이 더욱더 좋아보인다.

지금 생각해보니, 그렇게 해서 잘도 장사를 할 수 있겠다고, 내가 생각해도 불가사의해진다. 나는 오랫동안 토론과 시비로서 손해를 보고 있었던 것이다. 그러나 지금은 입을 꼭 다물고 있다. 덕택으로 장사는 번창하고 있다.

벤자민 프랭클린은 곧잘 다음과 같이 말하고 있었다.

　――"토론하든지 반박하든지 할 때는 상대에게 이길 때도 있을 것이다. 그러나 그것은 헛된 승리다――상대의 호의는 절대로 얻을 수 없는 것이니까."

그러니 여기서 잘 생각해주기 바란다. 이론 투쟁의 화려한 승리를 얻는 것이 좋으나, 또는 상대의 호의를 얻을 수 있는 것이

130

좋으냐——이 두 가지는 언제고 양립하지 않는다.

〈보스톤 트랜스크립트〉지에 언젠가 다음과 같은 장난기 어린 시가 실려 있었는데, 매우 의미심장하다.

여기 윌리엄 제에 영원히 잠들다／옳고도 바른 길을 걸어와서 잠들다／바르지 못한 길을 걸어온 자와 똑같이 잠들다

옳고 바른 토론을 아무리 해본들 상대의 마음은 변하게 못한다. 그점에서는 바르지 못한 토론을 하는 것과 다른 점이 없다. 소득세의 고문을 맡고 있는 프레데릭 파아슨즈란 남자가, 어느 때 세무 감사관과 한 시간에 걸쳐 토론을 하고 있었다. 9천 달러의 한 항목이 문제가 된 것이다. 파아슨즈의 주장은, 9천 달러는 사실상 회수(回收) 불능이므로 과세의 대상으로는 할 수 없다는 것이다.

"회수 불능이라고 ! 턱없는 소리 ! 당연히 세금의 대상이 되는 것이오."

감사관은 아무래도 승낙하지 않는다.

그때의 말을 파아슨즈는 나의 강습회에서 공개했다.

——그 감사관은 냉혹·교만하며 또 완고하여, 아무리 이유를 말하고 사실을 이야기해도 전혀 받아들이지 않는다. 토론을 하면 할수록 막무가내다. 그래서 나는 토론을 중지하고 화제를 바꾸어 상대를 칭찬하기로 했다.

나는 "참으로 당신의 일은 대단하군요. 이 문제 같은 것은 극히 사소한 것이며, 훨씬 더 중요하고도 어려운 일들을 하고 있겠지요. 나도 장사 때문에 조세(租稅)에 대해서 공부를 하고 있습니다만, 나는 책에서 얻은 지식에 불과합니다. 당신은 실제의 경험으로부터 지식을 얻고 있습니다. 나도 당신과 같은 직업에 종사했으면 좋았을 것이라고 생각할 때가 종종 있습니다. 반드시 좋은

공부가 될 것입니다."라고 했는데, 그것은 또한 나의 본심이기도 했다.

그러자 감사관은 여유있게 의자에서 앉음새를 고치더니, 자랑스럽게 자기 일에 대하여 긴 강의를 하는 것이다. 자기가 적발한 교묘한 탈세 사건의 말을 하는 도중 그 말씨도 점차 누그러졌다. 나중에는 자기의 아이들 일까지 나에게 말해주었다. 돌아갈 무렵, 그는 문제의 항목을 잘 생각해보고 2,3일 안에 회답을 주겠다고 말했다.

3일 후, 그는 나의 사무실에 와서 세금을 신고한 대로 결정했다고 전했다.

이 감사관은 인간의 가장 보편적인 약점을 나타내보인 것이다. 그는 중요한 감을 얻고 있었다. 그러나 자기의 중요감이 인정되어, 토론이 끝나고 자기 자신이 위대해보이니 금방 그는 생각이 깊은 친절한 인간으로 변한 것이다.

석가모니가 말하기를——"미움은 미움을 갖고는 영원히 없어지지 않는다. 사랑을 가지면 비로소 없어진다."고 했다.

오해는 토론으로는 영구히 풀어지지 않는다. 기분 전환, 외교성, 위로, 어루만짐, 그리고 상대의 입장에서 동정적으로 생각해 줌으로써 비로소 풀린다.

링컨은 어느 때, 동료와 종종 잘 다투는 한 청년 장교를 타이른 적이 있다.

"자기 향상을 마음먹고 있는 자는 다툼 같은 것을 할 여가가 없을 것이다. 다투고 난 결과 기분이 나빠지고, 자제심을 잃는 것을 생각하면 더욱 다툼은 할 수 없게 된다. 이쪽에 비슷한 이유밖에 없는 경우에는 아무리 중대한 일이라도 상대에게 양보할 것이다. 이쪽에 충분한 이유가 있다고 생각될 경우에도 작은 것이면 양보하는 것이 좋다. 좁은 길에서 개를 만났을 때 권리를 주장하여 물어 뜯기기보다는 개에게 길을 양보해주는 것이 현명한 것이다.

가령 개를 죽였다고 해도 개에게 물린 상처는 낫지 않는다.”

《편편록(片片錄)》이라는 제목의 작은 책자에, 서로 다른 의견에 말싸움이 생기지 않게 하는 방법이 제시되어 있다.

‘의견의 불일치를 환영하라’──‘두 사람의 인간이 있어 언제나 의견이 일치하면 그 중 한 사람은 없어도 될 인간이다.’라는 말을 명기해야 할 것이다. 미처 생각이 미치지 못한 점을 지적해주는 사람이 있으면 감사하지 않으면 안 된다. 이 지적은 중대한 실패를 미리 막는 구실을 만들어주는 것이다.

‘최초에 머리에 떠오르는 자기 방어의 본능에 억압되어서는 안 된다’──무엇에 화를 내는가, 그 나름으로 사람의 크기가 결정된다.

‘먼저 상대의 말에 귀를 기울여라’── 상대에게 의견을 말하도록 하고 마지막까지 듣는다. 반대를 한다든지, 자기 변호를 하든지, 논쟁을 하든지 하면 상대와의 사이에 장벽이 쌓일 뿐이다. 상호 이해의 교량을 놓는 노력이야말로 중요하며, 오해의 장벽을 쌓아올린다는 것은 지극히 어리석은 일이다.
‘의견이 일치하는 점을 찾아라’── 상대의 주장을 들었으면 먼저 찬성할 점을 채택하라.

‘솔직하라’── 자기가 틀렸다고 생각하는 점을 찾아 솔직하게 그것을 인정하고, 사과한다. 그러면 상대의 무장이 풀리고, 방어의 자세가 늦추어진다.

‘상대의 의견을 잘 생각해본다고 약속을 하고, 그 약속을 실행하라'——상대가 옳을지도 모른다. 자기의 주장을 통하게 하는 것이 급한 나머지, 나중에 "그때 말했는데도 이쪽의 주장을 들으려고 하지 않았잖느냐."라고 말하는 곤란한 처지에 놓이기보다는, 처음에 상대의 주장을 잘 생각해보겠다는 약속을 하는 편이 훨씬 일은 간단하다.

 '상대가 반대하는 것은 관심이 있는 것으로 대단히 감사해야 한다'——일부러 시간을 소비하며 반대 의견을 말해주는 것은 당신이 관심을 가진 같은 일에 대하여 관심을 갖고 있는 증거다. 그러므로 상대는 당신을 도우려 하고 있다고 생각하라. 그러면 토론의 적을 아군으로 변경시키는 것이 가능하다.

 '속단하는 행동을 피하고 쌍방이 충분히 생각하는 시간을 두어라'——예를 들어, 다음에 한 번 더 의논하여 문제점을 총정리해보자고 제안을 하라. 이 의논을 위하여 다음과 같은 질문을 자기 자신에게 해보는 것이다.
 상대방이 옳은 것이 아닐까? 적어도 그 일부분이라도 이론에 맞는 것이 아닐까? 상대의 주장에 정당성이나 장점은 없는 것인가? 나의 반론은 문제의 해결에 도움이 되는가, 아니면 그냥 가슴이 후련해지는 것만의 일이 아닌가? 또 나의 반론은 상대를 멀리하는 것이 되느냐, 아니면 가까이 하게 되느냐? 나의 반론은 선의의 사람들로부터 평가를 얻을 수 있나? 나는 승리할 것이냐, 아니면 패배하느냐? 승리한다고 치고 그 대가로 무엇을 잃느냐? 내가 반론을 하지 않으면 이 논쟁은 가라앉을까, 이 난관은 오히려 좋은 기회가 아니겠느냐?

 오페라 가수 장 피어스는 결혼한 지 50년이 되지만, 어느 날 다음과 같은 말을 해주었다.

　"우리들 부부는 옛날 한 가지 협정을 맺고, 아무리 화가 나는 일이 있어도 이것을 지켜왔다. '둘 중에 어느 쪽이 큰소리를 지르면 다른 한 사람은 아무 말을 하지 않고 그것을 듣는다.'는 약속이다. 왜냐하면 둘 다 큰소리를 지르면 당장에 의사소통은 막히고, 다음은 소음으로 공기만 진동할 따름이니까."

――――――――――

사람을 설득하는 원칙 ①

토론에 승리하는 유일한 방법은 토론을 피하는 것이다.

제2장
남의 잘못을 지적하지 않는다

데오도르 루즈벨트가 대통령이었을 당시, 자기의 생각하는 일이 100중 75까지만 정당하다면 자기로서는 그것이 바라는 것의 최고라고 남에게 털어놓았다. 20세기의 위인이 이와 같다고 치면 우리들은 대체 어떨까? 자기 생각이 55퍼센트까지 정당한 사람은 월 가(街)에 나가서 하루 100만 달러라도 벌 수 있다. 55퍼센트까지 정당할 자신마저 없는 사람이 다른 잘못을 지적할 자격이 과연 있는 것일까?

눈의 표정, 말투, 몸짓 등으로도 상대의 잘못을 지적할 수 있지만, 이것은 상대를 몹시 욕하는 것과 다름없는 것이다. 도대체 상대의 잘못을 무엇 때문에 지적하느냐 —— 상대의 동의를 얻기 위하여? 천만에! 상대는 자기의 지능, 판단, 긍지, 자존심에 따귀를 얻어맞고 있는 것이다. 당연코 되받아치려고 할 것이다. '생각을 달리하자'라고는 할 리가 없다.

제아무리 플라톤이나 칸트의 논리를 들려준다 해도 상대의 의견은 변하지 않는다 —— 상처를 입은 것은 논리가 아니라, 감정이기 때문이다.

"그럼, 당신에게 그 까닭을 설명하지요……."

이와 같은 서론은 금물이다. 이것은 "나는 너보다 머리가 좋다. 잘 타일러서 너의 생각을 고쳐 주마."라고 말하는 것과 같기 때문이다.

이것은 바로 도전(挑戰)인 것이다. 상대에게 반항심을 일으켜 전투 준비를 시키는 것이다.

남의 생각을 바꾸게 한다는 것은 가장 좋은 조건하에서도 어려운 일이다. 무엇이 좋아서 조건을 악화시키느냐, 자기 스스로 수족을 묶는 것과 다를 바 없는 것이다.

사람을 설득하고 싶으면 상대가 눈치채지 못하게 해야 한다. 누구도 알지 못하도록 교묘하게 해야 한다. 이것에 대하여 알렉산더 포드(1688~1744, 영국의 시인)는 말했다.

"가르치지 않는 척하며 상대를 가르치고, 상대가 모르는 일은 잊어버리고 있다고 말해준다."

또 300년 이전의 갈릴레이는 말했다.

"사람에게 무엇을 가르치지는 못한다. 스스로 깨닫도록 도와주는 것 뿐이다."

체스터필드 경(1694~1773, 영국의 정치가, 외교관)이 자식에게 준 처세훈(處世訓) 중에 다음과 같은 구절이 있다.

"가능한 한 남보다 현명해져라. 그러나 그것을 남에게 알려서는 안 된다."

그리고 소크라테스는 제자들에게 다음과 같이 되풀이해서 가르쳤다.

"내가 알고 있는 것은 단 하나뿐이다——그것은 내가 아무것도 모르고 있다는 것이다."

내가 어떻게 변한다 하더라도 소크라테스보다 현명할 수는 없다. 그러므로 남의 잘못을 지적하는 행위는 일체 하지 않기로 결심했다. 이 방침의 덕으로 많은 이득을 보고 있다.

상대가 잘못이라고 생각될 때에는——생각뿐만 아니라, 사실 그것이 명백한 잘못이었을 때도 이렇게 시작하는 것이 좋을 듯 싶은데 어떤가.

"실은 그렇게는 생각하지 않고 있었습니다만 —— 아마 나의 잘 못일 것입니다. 나는 가끔 잘못을 저지르지요. 잘못이었다면 고치고자 하니 한 번 더 사실을 잘 생각해봅시다."

이 '아마 나의 잘못일 것입니다. 나는 가끔 잘못을 저지르지요. 다시 한 번 사실을 잘 생각해 봅시다.'라는 문구에는 불가사의(不可思議=사람의 생각으로는 미루어 헤아릴 수 없이 이상하고 야릇함)한 효과가 있다. 이러한 겸손한 태도에 반대하는 사람은 아무도 없을 것이다.

몬타나 주의 비링그스에서 자동차 판매를 하고 있는 헤럴드레잉크라는 남자가 역시 이 방법을 응용했다. 그에 의하면, 자동차 판매는 정신적 피로가 크고, 고객의 불평에서 퉁명스럽게 되기 쉽다고 한다. 자기도 모르게 벌컥 성을 내어 상담은 깨어지고, 불쾌한 기분만 남는 일이 종종 있다는 것이다.

—— 이런 상태로 계속 가다가는 장래가 캄캄하다고 깨닫게 된 나는 새로운 방법을 사용하고자 생각했다.

예를 들면, 고객에게 이렇게 말해본다. "부끄러운 말씀이지만, 우리 점포에서도 지금까지 실수를 한 적이 몇 번 있습니다. 요번에도 무엇인가 잘못 생각하고 있는지 모르지요. 생각나는 점이 있으면 부디 말씀해주세요."

이로써 상대도 마음을 놓고 가슴속에 있는 말을 솔직히 털어 놓고, 마지막에는 사리에 밝게 결정을 해주는 것이다. 나의 '이해 있는 태도'에 대하여 오히려 고객으로부터 인사를 받을 때도 있었다. 새 차를 사고자 하는 친구를 점포까지 데리고 와서 소개해 준 사람도 두 사람이나 있었다. 경쟁이 심한 자동차 업계에서는 그와 같은 고객이 무엇보다도 반가운 것이다. 고객의 의견을 존중하고, 고객에게 소중하게 대한다는 것만이 심한 경쟁에서 승리할 수 있는 길이라고 나는 생각하고 있다.

"아마도 나의 잘못일 것입니다."라고 해서 곤란한 일이 일어날 염려는 절대 없다. 오히려 그것으로 논쟁이 끝나고 상대도 이쪽과 같이 관대하고 공정한 태도를 취하고자 자기도 잘못된 것인지도 모른다고 반성하게 된다.

상대가 명백하게 나쁘다고 알고 있을 경우 그것을 노골적으로 지적하면 어떤 사태가 발생하는지 그 좋은 예를 말해보자. 뉴욕의 젊은 변호사 S씨가 미국 최고 재판소의 법정에서 변호를 하고 있었다. 그 사건에는 상당한 액수의 금전과 중요한 법률 문제가 관련되어 있었다.

논전 도중, 재판관이 S씨에게 "해사법(海事法)에 의한 기한의 규정은 6년이었지."라고 했다.

그때의 상황을 S씨는 나의 강습회에서 다음과 같이 말했다.

——"일순간 법정은 물을 뿌린 것처럼 조용해지면서 차가운 공기가 감돌았다. 내가 옳다, 재판관이 틀린 것이다, 나는 그것을 지적했을 따름이다. 그러나 상대는 그것으로 나에게 호의를 가질 것인가?——아니다. 나는 지금까지도 내가 옳았다고 믿고 있다. 그때의 변론도 그 전까지는 좀처럼 없던 명변론이었다고 믿고 있다. 그러나 상대를 납득시키는 힘은 전혀 없었던 것이다. 잘못을 지적하여 인류의 유명 인사에게 창피를 주게 했다는 대 실책(大失策)을 범하고 만 것이다."

이론과 똑같이 움직이는 사람은 좀처럼 보기 힘들다. 대개의 사람들은 편견을 갖고 선입견, 질투심, 시기심, 공포심, 중상, 자존심 등에 침식되고 있다. 자기들의 주의, 종교, 머리 모양, 그리고 클라크 케이블이 좋다든가 싫다든가 하는 생각을 여간해서는 바꾸려 하지 않는다. 만일 사람의 잘못을 지적하고 싶으면 다음 문장을 읽고 난 후에 해주기를 바란다. 제임스 로빈슨 교수의 명저 《정신의 발달 과정》의 일절이다.

——우리들은 별로 대단치 않은 저항을 느끼지 않고도 자기의 생각을 바꾸는 경우가 왕왕 있다. 그러나 남에게 잘못을 지적당

하면 화를 내며 고집을 세운다. 실은 우리는 적당한 동기에서 여러 가지의 신념을 갖게 되는 것이다. 그러나 그 신념을 누군가가 바꾸려고 하면 우리는 앞뒤 생각도 없이 함부로 반대한다. 이런 경우 우리가 중시하고 있는 것은 명백하게 신념 그것이 아니고 위기에 처해 있는 자존심인 것이다…….

'나의'라는 아무것도 아닌 듯한 이 말이 실은 세상에서 제일 중요한 말이다. 이 말을 정확하게 아는 것이 사려분별(思慮分別)의 기본이 된다. '나의' 식사, '나의' 개, '나의' 집, '나의' 아버지, '나의' 나라, '나의' 하느님 —— 다음에 무엇이 붙어도 이와 같은 '나의'라는 말에는 같은 강한 뜻이 포함되어 있다. 우리는 나의 것이 되면 시계건 자동차건 또는 천문, 지리, 역사, 의학, 기타의 지식이라도 좌우간 그것이 비방당하면 몹시 화가 날 것이다……. 우리는 진실이라고 생각해온 것을 언제까지나 믿고자 한다. 그 신념을 흔들리게 하는 것이 나타나면 분개한다. 그리고 무엇인가 구실을 찾아내어 원래의 신념을 지키려한다. 결국 우리들의 소위 논쟁이란, 대개의 경우 자기의 신념을 고집하기 위한 논리의 근거를 찾으려는 노력에 시종하는 것이다.

고명한 심리학자 칼 로저스는 《인격의 형성》에서 다음과 같이 말한다.

—— 남을 진지하게 이해하기가 얼마나 어려우며, 또 얼마만큼 큰 가치가 있나를 짐작하기란 어렵다. 우리는 남에게 여러 가지를 듣지만, 그때 어떻게 반응할까? 상대가 말한 것에 대하여 이해보다 가치 판단을 먼저 해보는 것이 보통이다. 누군가가 무엇에 대하여 감상, 의견, 또는 신념을 말하면 그것을 들은 우리들은 즉석에서 "옳습니다.", "당치도 않다.", "엉뚱하다." 또는 "무리이다.", "잘못이다.", "심하다."라고 평가해버린다. 상대의 참뜻이 어디에 있느냐를 정확하게 이해하려고 노력하는 것은 좀처럼 드문 일이다.

어느 날 나는 인테리어 디자이너에게 사무실 커튼을 주문한 일이 있었다. 청구서가 왔는데, 숨이 막힐 만큼 놀랐다.

며칠 후 어느 부인이 왔을 때 그 커튼의 가격을 말하자, 부인은 의기양양하게 소리쳤다.

"아, 대단한 값이군요. 많은 벌이를 시켜준 것입니다."

실은 그녀가 말한 대로이다. 그러나 자기의 바보스러움을 폭로하는 따위의 사실에 대하여 좋아서 귀를 기울이려는 사람은 아마 없을 것이다. 역시 나도 많은 자기 변론을 했다. 좋은 것은 결국 싸다든가, 뛰어난 예술품은 특가품보다 비싼 것은 당연하다든가, 여러 가지를 늘어놓았다.

다음날 또 한 사람의 부인이 방문하여 커튼을 보더니, 자꾸만 그것을 칭찬하며 자기도 돈만 있으면 꼭 필요한 것이라고 했다. 그것에 대한 나의 반응은 전날과 전연 달랐다.

"실은 나도 이런 것을 살 돈이 없습니다. 아마도 바가지를 쓴 듯 합니다. 주문을 하지 않았으면 좋았다고 후회하고 있습니다."

자기의 잘못을 자기가 인정하는 것은 흔히 있는 일이다. 또 그것을 남에게 지적당했을 때 상대방의 태도가 상냥하고 능숙하면 깨끗하게 승복을 하고, 오히려 자기의 솔직한 마음가짐이나 넓은 마음에 긍지를 느낄 때도 있는 것이다. 그러나 상대가 그것을 억지로 무리하게 해서 승복시키려고 하면 그렇지는 않다.

남북전쟁 때, 전국에 이름이 알려진 호라스 그리그라는 편집장이 있었다.

이 사람은 링컨의 정책에 대하여 크게 반대를 부르짖고 있었다. 그래서 논박, 조소, 비난 등의 기사로 링컨의 의견을 바꿔보려고 몇 년간이나 노력을 기울였다. 링컨이 부스의 흉탄에 쓰러진 날에도 그는 링컨에 대하여 불손하기 그지없는 인신공격을 멈추지 않았다.

그래서 효과가 있었느냐?——물론 없었다. 조소나 비난으로써 의견을 바꾸려는 것은 불가능하다.

사람을 다루는 방법과 자기의 인격을 기르는 방법을 알려면 벤자민 프랭클린의 자서전을 읽으면 좋다. 읽기 시작하면 열중하게 되리란 것은 장담할 수 있다. 또 미국 문학의 고전에도 있다.

이 자서전에서 프랭클린은 어떻게 해서 토론을 즐기는 자기의 나쁜 버릇을 극복하여 유능하고 대인 관계가 원만하며, 외교적 수완에 있어서 미국의 일류의 인물이 될 수 있었나를 설명하고 있다.

프랭클린이 혈기 왕성한 청년 시절, 그의 친구 중에 퀘이커 교의 신자가 있었는데, 그 친구에게 아무도 없는 장소에서 호된 설교를 당했다.

“벤, 너는 못써! 의견이 다른 상대에게 꼭 따귀를 갈기는 것 같은 토론을 한다. 그것이 싫어서 너의 의견을 듣는 사람이 아무도 없어졌잖아! 네가 곁에 없는 것이 너의 친구들에게는 더욱 즐거운 거야. 너는 네가 가장 많이 알고 있다고 여기고 있어. 그래서 아무도 너에게는 말을 못하게 되는 거야. 사실 너하고 대화를 하면 불쾌해질 뿐이니, 다음부터는 상대하지 않겠다고 모두가 그렇게 다짐하고 있는 거야. 그러니 너의 지식은 언제까지나 지금보다 더 풍부해지리라는 희망은 없는 것이야——지금 그 보잘것 없는 지식 이상은 말이야.”

이 호된 비난을 순순히 받아들인 것이 프랭클린의 위대한 점이다. 이 친구가 말하는 것처럼 자기가 지금 파멸의 늪을 향하여 가고 있다는 것을 깨달았다는 것 역시 위대하고 현명했던 것이다. 그리하여 그는 뒤로 돌아섰다. 종래의 교만함과 완고하고 사리에 어두운 태도를 그 자리에서 던져버린 것이다.

그래서 프랭클린은 다음과 같이 말했다.

——나는 남의 의견에 정면으로 반대한다든가, 나의 의견을 단

정적으로 말하지 않기로 했다. 결정적 의견을 의미하는 따위의 말은, 예를 들면 '확실히' 또는 '의심의 여지도 없이'라는 말들은 일체 쓰지 않고, 대신 '나는 이렇게 생각하지만…….' 또는 '나는 그렇게 생각이 되는데…….'라고 하기로 했다. 상대가 명백하게 잘못된 주장을 해도 곧 그것에 반대하고 상대의 잘못을 지적하는 것을 중지했다. 그리고 '그런 경우도 있겠지만, 이런 경우에는 좀 사정이 다르다고 생각이 되는데…….'라는 식으로 하기로 했다.

그래서 지금까지의 방법을 시도해본 결과 상당한 이익이 있었다. 사람들과의 대화가 지금까지보다 훨씬 순조롭게 이루어졌다. 상냥하게 의견을 말하면 상대는 이내 납득했고, 반대하는 사람도 적어졌다. 나 자신의 잘못을 인정하는 것이 괴롭지 않게 되고, 또 상대의 잘못도 쉽게 인정시킬 수 있게 되었다.

이 방법을 쓰기 시작할 무렵 자신의 감정을 누르는 데 대단히 고생을 했지만, 나중에는 그것이 쉽사리 이루어져 습관으로까지 변했다. 아마 이 50년 가까이 내가 독단적인 말을 하는 것을 들은 사람은 아무도 없을 것이다. 새로운 제도의 설정이나, 옛제도의 개혁을 제안하면 모두가 곧 찬성해준 것도, 또는 시(市) 의회를 움직일 수 있었던 것도 주로 제2의 천성이 되어버린 이 방법의 덕택이라고 생각한다. 원래 나는 말재주가 없어서 결코 웅변가라고는 할 수 없었다. 말의 선택에 시간이 걸리고, 선택한 말도 적절하지 못할 때가 많았다. 그리고 대개의 경우 나의 주장을 통과시킬 수 있었던 것이다.

이 프랭클린의 방법이 과연 장사에도 쓸모가 있나 없나를 예를 들어보자.

노드캐롤라이나 주 킹스 마운틴의 캐스린 올렛드는 어느 제사 (製絲) 공장의 기술 주임으로 있는 여성이다. 그녀는 언젠가 나의 강습회에 참가하기 전과 후에서 문제의 취급하는 방법이 어떻게 달라졌나 하는 것을 다음과 같이 말했다.

──내가 맡은 일의 하나는 종업원이 털실을 증산하여 자기들의 수입을 늘리는 장려 제도와 작업 목표를 작성하여 그것을 관리 운영하는 것이다. 실의 종류가 두세 가지로 한정되어 있던 시대에는 지금까지의 제도로 잘 되고 있었다. 그러나 최근에는 업무가 확대하여 12종 이상의 실을 생산하게 되었다. 지금까지의 제도로는 임금을 공정하게 지불해서 증산 의욕을 높여주는 것이 어려워진 것이다. 그래서 나는 새로운 제도를 생각해냈다. 일정한 시간 내에 생산하는 털실의 등급에 따라 임금을 지불하기로 했다. 나는 이 새로운 제도를 갖고, 중역들을 설득하고자 대단히 의욕에 차서 회의에 임한 것이다. 먼저 나는 지금까지의 잘못을 상세하게 설명하고, 내가 고안한 제도가 해결책으로 가장 뛰어난 것이라고 당당하게 역설했다. 그러나 결과는 참패하고 말았다. 자기가 생각한 제도를 추진하는 데 급한 나머지 종전 제도의 결함을 순순히 시인하는 시간적 여유를 중역들에게 갖게 하는 배려에 결함이 있었던 것이다. 그래서 이 안은 폐기되었다.

이 강습회에 참가하여 나는 나의 잘못을 확실하게 알 수 있었다. 그래서 한 번 더 간부회의를 열게 하고, 이번에는 출석자들에게 문제점을 찾아달라고 했다. 다음으로 지적된 문제점에 대하여 토론하고 금후의 조치를 어떻게 하느냐 하고 여러 사람의 의견을 들었다. 그리고 적당한 시간이 지나서 제안을 하고, 거기에 대하여 토론하고 수정을 해가면서 굳혀간 것이다. 회의가 끝날 무렵 내가 생각해낸 제도 자체를 제시했을 때 전원이 찬성하는 데까지 이르게 된 것이다.

이 경험으로 나는 상대의 잘못을 곧바로 지적하는 방식은 효과가 없을 뿐만 아니라, 결국은 상대의 자존심을 상하게 하고, 여러 사람으로부터 경원당하여 말 상대도 되지 못하는 것이 고작이라고 깨달았다.

또 한 가지 예를 들어보자. 이와 같은 일은 세상에 흔하게 있을 것이다.

뉴욕의 어느 목재 회사의 세일즈맨 R·V·크로레는 다년간 거래처의 완고한 검사 계원들과 상대하여 토론하고, 그때마다 상대방의 말문을 막히게 만들었다. 그러나 그것으로 결코 좋은 결과는 얻지 못했다. 크로레의 말에 의하면, 목재 검사 계원들은 야구 심판같이 일단 판단을 하면 절대로 그것을 변경하려고는 하지 않는다는 것이다. 그는 토론에서는 승리했지만, 회사는 수천 달러의 손해를 입었다. 그는 나의 강습회에 참가하여, 지금까지의 방식을 바꾸어 토론은 일체 하지 않기로 결심했다. 그러면 어떤 결과를 얻었을까? 강습회에서 그가 말한 체험담을 들어보자.

어느 날 아침 사무실의 전화벨이 요란하게 울렸다. 먼저 발송한 한 차 분의 재목이 품질이 좋지 않아서 받을 수 없다는 어느 고객의 공장에서 불평을 해온 것이다. 하역을 중지시켜놓았으니 빨리 인수하러 오라는 것이다. 약 4분의 1정도 하역을 하고서 검사계가 이 재목들은 반 수 이상 불합격품이 섞여 있다고 보고했기 때문에 이와 같은 사태가 된 것 같다.

나는 곧 상대의 공장으로 가는 도중 가장 적절한 처리 방법을 생각해봤다. 이런 경우, 평소 같으면 다년간에 걸쳐 배워둔 목재에 관한 지식을 동원해서, 등급 판정 기준에 대해서 상대방의 검사 계원의 잘못을 지적했을 것이다. 그러나 이번에는 이 강습회에서 배운 원칙을 응용해보기로 생각했다.

그 공장에 도착하니 구입계와 검사계가 화가 난 얼굴로 당장 덤벼들 것 같은 상황이다. 나는 그와 같이 현장에 가서 좌우간 재목을 전부 하역하여서 보여달라고 하고, 지금까지 하던 대로 합격품과 불합격품을 선별하여 따로따로 쌓아달라고 부탁했다.

검사계가 선별하는 것을 한참 보고 있는 사이 그의 하는 것이 너무 엄격하여 판정 기준을 잘못하고 있는 것을 알았다. 문제의 재목은 백송재(白松材)로서 내 전문 분야였다. 그러나 나는 그의 하는 것에 대하여 이의를 말하지 않았다. 잠시 아무 말 없이 보고 있었으나, 조금씩 불합격의 이유를 묻기 시작했다. 그러나 상대의 잘못을 지적하는 따위의 태도는 결코 취하지 않고, 다음부터는 어떤 것을 보내야 만족할 수 있느냐를 알고자 한다고 했다.

상대의 처리에 일임하고 협조적이고 친절한 태도로 묻고 있는 동안에 상대의 기분도 가라앉고, 지금까지의 험악한 공기도 점차 가라앉았다. 내가 가끔 질문하는 조심성 깊은 질문이 상대에게 반성의 실마리를 준 것이다. 혹시 자기가 불합격품이라고 제끼고 있는 재목이 주문과 같은 등급의 것으로, 오히려 자기가 주문한 등급 이상의 기준을 적용하고 있는지도 모른다고 생각하게 된 것 같다. 나도 바로 그것을 말하고 싶었지만, 그런 내색은 조금도 보이지 않았다.

점차 그의 태도가 달라졌다. 드디어 그는 나에게 실은 백송재에 대해서는 별로 경험이 없다고 말하고, 하역하는 재목 하나하나에 대하여 질문을 시작했다. 나는 그 재목은 전부 지정등급에는 합격하고 있다고 설명하고 싶었으나, 그러지 않고 마음에 들지 않는 것은 기꺼이 되받겠다고 말했다. 드디어 그는 불합격품을 늘린 것에 대한 자책심을 갖게까지 된 것이다. 결국 그는 잘못은 자기 쪽에 있다는 것을 인정하고 처음부터 더 상품의 등급을 주문했어야 했다고 고백했다.

마침내 그는 내가 돌아오고 나서 한 번 더 검사를 하고는 모두 받아들이기로 하고 전액을 수표로 지불해주었다.

조그마한 마음가짐과 상대의 잘못을 지적하지 않는 마음씨 덕분에 이 예에서만도 150달러의 수익을 올리고, 그 외에 금전으로서는 바꿀 수 없는 선의(善意)까지 손에 넣을 수 있게 된 것이다.

마르틴 루터 킹(1926~1968, 미국의 흑인 해방 운동 지도자)은 평화주의자로 세상에 알려져 있었으나, 당시 미국에서 흑인으로서 가장 높은 계급까지 도달한 군인 다니엘 제임스 공군 대장을 숭배하고 있었다. 평화주의자가 군인을 숭배하는 모순을 지적당한 킹 박사의 대답은 이러하다.

"사람을 판단할 때 나는 나 자신의 주의·주장에 의하지 않고 그 사람 자신의 주의·주장에 의해서 판단하기로 한다——."

또 이와 비슷한 말이지만, 로버트 리 장군(1807~1870, 남북전쟁 시 남군 총사령관)은 남부 연맹의 대통령 제퍼슨 데이비스에 대하여 자기 부하 장교를 최대급의 찬사로 칭찬을 했다. 곁에서 듣고 있던 장교가 놀랐다.

"각하 지금 칭찬하신 인물은 사사건건 각하를 중상하고 있음을 모르고 계십니까?"

리 장군이 대답했다.

"물론 알고 있다. 그러나 대통령은, 나는 그를 어떻게 생각하고 있느냐고 물으시지는 않았다."

이 장(章)에서 말한 일들은 결코 새로운 것이 아니다. 1900년 전 그리스도는 '빨리 너의 적과 화해하라'고 가르치고 있다.

기원전 2200년 전의 옛날, 이집트 왕 아크토이가 그의 왕자에게 "사람을 납득시키려면 외교적이 되라."고 타일렀었다. 즉, 상대가 누구든지 토론을 해서는 안 된다. 상대의 잘못을 지적해 화를 내게 하는 짓은 말고, 모름지기 외교적 수법을 쓰라는 것이다.

사람을 설득하는 원칙 ②

상대의 의견에 경의를 표하고, 잘못을 지적하지 않는다.

제3장
자기 잘못을 인정한다

우리 집 부근에는 원시림이 있어, 이 숲속에서는 봄이 되면 혹 딸기가 흰 꽃을 피우고, 다람쥐들이 집을 지어 새끼를 기르고, 잡초들은 말의 키만큼 무성하다. 자연 그대로의 이 숲은 '포레스트 공원'이라고 불리우고 있다. 이 숲의 모습은 아마 콜럼버스가 아메리카를 발견했을 당시와 별로 다름없을 것이다.

나는 렉스라고 부르는 작은 보스톤 불독을 데리고 이 공원에 자주 산책을 간다. 렉스는 사람을 잘 따르며, 절대로 물지 않는다. 그리고 공원에서는 좀처럼 사람을 만나지 않기 때문에, 나는 렉스에게 목에 매는 쇠줄이나 입에 물리는 입 가리개도 없이 데리고 걷는다.

그런데 어느 날 공원 안에서 기마 경찰관을 만났다. 이 경찰관은 자기의 권위를 보이고 싶어서 좀이 쑤셨던 모양이다.

"입 가리개도 씌우지 않고 개를 놓아두다니, 무슨 짓이오! 법에 위반된다는 것도 모르오?"

경찰관에게 꾸지람을 듣고 나는 공손하게 대답했다.

"예, 잘 알고 있습니다. 그러나 저 개는 사람에게 위해(危害)를 끼치지 않으므로 괜찮다고 생각했습니다."

"생각했다! 생각했다는 또 무엇이오! 당신이 어떻게 생각한들 그것으로 법이 바뀌는 것은 아닐 것이오. 당신의 개는 다람쥐

나. 어린아이를 물지도 모르잖소. 오늘은 봐주지만 다음부터 이
런 일이 있으면 재판소에 가야 되오.”
　나는 다음부터 조심하겠다고 솔직하게 약속했다.
　나는 약속을 지켰다. 그러나 수일 후에는 개가 입가리개를 싫
어하고, 나도 구태여 씌우고 싶지 않아 ‘들키면 할 수 없지.’라고
각오를 했다. 당분간은 아무 일 없이 잘 지냈다. 그러나 어느 날
드디어 올 것이 오고 만 것이다. 나와 렉스가 언덕길을 뛰어가고
있는데, 난데없이 전방에 엄한 법의 수호자가 밤색 말을 타고 나
타났다. 나는 당황했으나, 렉스는 아무것도 모르고 곧바로 경찰
관 쪽을 향하여 달려갔다.
　점점 사태는 귀찮게 되어갔다. 나는 각오를 했던 터라, 경찰관
의 말을 기다리지 않고 선수를 쳤다.
　“마침내 현행범으로 들키고 말았군요. 내가 나빴습니다. 아무
할 말이 없습니다 —— 저번 주에 당신에게 두 번 다시 이런 일이
있으면 벌금이라고 주의를 들었으니까요.”
　“그래. 그러나 주위에는 사람도 없고, 이건 작은 개니까 자신도
모르게 풀어주고 싶은 게 인지상정일 거요.”
　경찰관의 말소리는 부드러웠다.
　“예, 말씀하신 대로 올시다. 그러나 법은 법이니까요.”
　“그러나 아마 이런 작은 개는 누구에게도 위해를 가하지는 않
을 거요.”
　경찰관은 그렇게 말하면서 되려 딴전을 편다.
　“아닙니다. 다람쥐를 물어버릴지도 모릅니다.”
　“그것은 당신의 지나친 생각이오. 그러면 이렇게 하면 어떨까
요——언덕 넘어 저쪽에 데리고 가서 풀어주는 거요. 그러면 내
눈에도 띄지 않으니, 그것으로 만사 해결된 것으로 하지요.”
　경찰관도 사람이다. 역시 자기의 중요한 감을 바라고 있었던
것이다. 내가 나의 죄를 인정했을 때, 그의 자부심을 만족시킬 수

있는 유일한 방법은, 나를 용서하고 도량이 넓다는 것을 보여 주는 것이었다.

그러나 만일 내가 발뺌을 하려고 했다면 —— 경찰관과 토론하면 어떻게 될 것인가는 독자도 잘 알고 있을 것이다.

경찰관과 맞상대하는 대신, 나는 상대가 절대 옳고, 내가 절대 나쁘다고 인정했다. 즉석에서 깨끗하게 성의를 다하여 인정했다. 그랬더니 서로 양보하기 시작하여, 나는 상대의 입장에, 상대는 나의 입장에서 대화를 하여 사건은 원만하게 해결된 것이다. 먼저는 법의 권위로 위엄을 부린 이 경찰관이 1주일 후에 보인 너그러운 태도에는 누구나 다 놀랐을 것이다.

자기가 나쁘다는 것을 알면 상대방에게 당하기 전에 자기가 자기를 당하게 해놓는 것이 얼마나 유쾌한 것이냐. 남의 비난보다 자기 비판 쪽이 훨씬 마음이 편한 것이다.

자기에게 잘못이 있다는 것을 알면 상대가 말하기 전에 자기가 먼저 말해버리는 것이다. 그러면 상대는 아무 할말이 없어진다. 10중 8, 9까지는 상대는 관대해지고, 이쪽의 잘못을 용서하는 태도로 나올 것이다 —— 나와 렉스를 용서한 경찰관같이.

상업 미술가 페르디난드 워렌이 이 방법을 써서 까다로운 상대의 마음에 들도록 한 일이 있다.

"광고나 출판용의 그림은 면밀하고 정확해야 하는 것이 중요하다."

워렌은 이렇게 전제를 하고 말을 시작했다.

—— 미술 편집자 중에는 주문한 일을 무턱대고 재촉하는 사람이 있다. 그런 때는 자칫 사소한 잘못이 일어나기 쉽다. 내가 알고 있는 미술 감독 중에 언제나 사소한 잘못을 발견하고 좋아하는 남자가 있다. 나는 이 사람의 비평 내용이 아니라, 비평하는 방법에 화가 났다. 최근 급한 일을 그에게 보낸 일이 있다. 조금 있으니 곧 자기 사무실까지 오라는 전화가 왔다. 불만이 있다는 것이

다. 사무실에 달려갔더니 생각처럼 그는 단단히 준비하고 기다리고 있었다. 나를 보더니 심한 혹평을 퍼부었다. 평소부터 연구하고 있던 자기 비판의 방법을 응용하는 기회가 온 것이다. 그리하여 나는 "만일 당신이 말하는 것이 사실이라면 이쪽이 틀린 것이 분명합니다. 대단히 면목없습니다. 당신에게는 오랫동안 신세를 지고 있으니 이 정도의 것은 충분히 알고 있어야 되는데, 정말 부끄럽습니다."라고 했다.

그랬더니 그는 금새 나를 응호하기 시작했다. "그야 그렇지만, 그리 큰 잘못도 아니야. 그냥 조금……." 그래서 나는 곧 대답했다. "어떤 잘못이라도 잘못은 중대합니다." 하고.

그가 무엇인가 말하려고 했으나, 나는 그것을 가로막았다. 유쾌하기 그지없었다. 자기 비판을 해본 것은 난생 처음이지만, 해보니 상당히 재미있었다.

나는 계속해서 "더욱 신중하지 않으면 안 되겠습니다. 지금까지 당신한테 많은 일거리를 받고 있었으니, 나로서는 당연히 최선을 다했어야 합니다. 이 일은 처음부터 다시 하겠습니다."라고 말했다.

그러자 그는 "아니야, 그렇게까지 수고를 끼치게 할 생각은 없어."라고 양보하고, 나의 그림을 칭찬하면서 조금만 고치면 된다는 것이다. 내가 저지른 잘못으로 손해가 발생한 것도 아니고, 결국은 하찮은 문제이니까 그렇게 신경 쓸 것까지는 없는 일이라고 했다.

내가 힘을 주어 자기 비판을 시작하자 상대의 기세가 꺾이고 만 것이다. 결국 그는 나를 점심 식사에 초대하게 되어 이 사건은 끝났다. 그리고 헤어질 때 그는 대금 수표와 다른 일거리의 주문까지 해주었다.

자기가 저지른 잘못을 인정하는 용기에는 어떤 종류의 만족감을 수반한다. 죄악감이나 자기 방어의 긴장이 풀릴 뿐만 아니라, 그 잘못으로 생기는 문제의 해결에도 도움이 된다.

 뉴멕시코 주 알바카키 시의 불루스 허베이는 언젠가 병으로 결근중인 종업원에게, 잘못으로 임금 전액을 지불해버렸다. 허베이는 그 종업원에 대하여 자기의 잘못을 설명하고, 다음 임금에서 파불된 전액을 공제한다고 말했다. 종업원은 그러면 생활에 곤란을 받으니 월부로 갚게 해달라고 애원했다. 그러자면 부장의 승인이 필요하다. 그러면 어떻게 되었는가? 허베이 자신에게 말하도록 하자.

 ──부장에게 이런 말을 하면 큰 벼락이 떨어질 것은 뻔하다. 이것저것 생각하다가, 결국 자신의 과오이니까 먼저 그 점을 부장에게 말하기로 마음먹었다. 부장에게 자기의 잘못을 인정하고 사실대로 처음부터 끝까지 일을 보고하자, 부장은 말을 거칠게 하며 인사부의 과오라고 했다. 나는 나의 과오라고 거듭 설명을 하니, 부장은 더욱더 화가 나서 이번에는 경리부의 부주의를 책망했다. 그랬더니 이번에는 나의 동료 두 사람을 비난의 대상으로 했다. 그때마다 나는 나 혼자의 책임이라고 강조했다. 드디어 부장은 나에게 이렇게 말했다. "좋아, 너의 과오다. 네가 책임지고 처리하도록!" 이렇게 해서 과오는 바르게 되고, 누구에게도 피해를 주지 않았다. 나는 책임을 회피하지 않고 용기를 가지고 난관에 대처한 만족감이 있었다. 이 일이 있고 난 후, 부장은 전보다 더 나를 돌봐주게 되었다.

 어떤 바보라도 자기 잘못의 변명 정도는 할 수 있다. 사실 바보들은 대개 이런 일을 하고 있다. 자기 과실을 인정하는 것은 그 인간의 가치를 높여주고, 자기 자신도 무엇인가 결백한 감이 들어 즐거운 것이다. 그 예로서, 남북전쟁 때 남군의 총사령관 로버트 리 장군의 전기에 기록된, 장군이 저지른 돌격 실패의 책임을

리 장군이 혼자서 짊어진 이야기이다.

피케트 장군의 돌격 작전은 서양 전사에서 그 예를 찾아볼 수 없을 정도로 혁혁한 것이었다. 피케트 장군은 씩씩한 군인으로 적갈색의 머리를 길게 길러, 그것이 어깨까지 닿을 듯했다. 이태리 전선의 나폴레옹같이 그는 매일 전쟁터에서 열렬한 연애 편지를 썼다. 운명의 날 오후, 그는 말을 타고 모자를 비스듬히 쓴 멋있는 모습으로 진격을 하자 그를 믿고 있는 부하들은 크게 갈채를 보냈다. 그들은 군기를 나부끼고 총검을 반짝이며 속속 장군의 뒤를 따랐다. 참으로 용감하고 장한 광경이었다. 이 당당한 진군을 바라보고는 적군 진지에서도 찬사와 감탄의 소리가 울렸다. 피케트 돌격대는 적탄을 무릅쓰고 산 넘고 강 건너 진격을 했다.

세메터리 릿지에 도착했을 때 갑자기 돌담 뒤쪽에서 북군이 나타나 피케트 부대에 맹렬한 일제 사격을 퍼부었다. 세메터리 릿지 언덕은 순식간에 총성의 바다로 화하여 무서운 수라장이 되었고, 얼마 후에 피케트 부대의 지휘관 중 살아 남은 사람은 단 한 사람이고, 5천 명 군사의 5분의 4를 잃은 것이다.

아미스데드 대장이 남은 병사를 이끌고 최후의 돌격을 감행했다. 돌담에 걸터앉아 칼 끝에 모자를 달고 큰소리로 "돌격! 돌격!" 하고 외쳤다.

돌담을 넘고 적중에 뛰어든 남군은 대 전투의 결과, 드디어 남군의 군기를 세메터리 릿지에 휘날렸다.

그러나 그것도 잠깐이었다. 그 잠깐의 시간이 남부 세력의 부질없는 정점이었던 것이다.

피케트의 돌격 작전—— 혁혁하고 장렬한 작전이었지만, 실은 그것이 남군 패배의 제1보였다. 리 장군은 실패한 것이다. 남군이 승리할 수 있는 희망은 사라진 것이다. 남부 연맹의 운명은 결정되었다.

완전히 낙심한 리 장군은 당시의 남부 연맹 대통령 제퍼슨 데이비스에게 사표를 내고, 자기보다도 젊고 유능한 인물을 임명할 것을 건의하였다. 만일 리 장군이 피케트의 돌격 작전 실패의 책임을 다른 곳에 전가하려고 하면 얼마든지 회피할 수 있는 여지가 있었다.

부하 사령관 중에 자기 명령에 불복종한 자도 있었다. 기병대도 돌격 시간까지 도착하지 못했다. 그 밖에 여러 가지 이유를 들 수도 있었다.

그러나 책임을 전가하기에는 그는 너무나 고상하고 결백한 인물이었다. 패전한 피케트 부대의 병사들을 단지 혼자서 전선으로 마중나간 리 장군은 끝까지 자기를 책망했다. 참으로 숭고한 태도였다. 그는 병사들을 향하여,

"이것은 전부 내가 잘못했기 때문이다. 책임은 나 한 사람에게 있다."라고 사과했다.

이런 말을 할 수 있을 정도의 용기와 인격을 갖춘 장군은 동서고금(東西古今)의 전사를 통하여 그리 쉽게 눈에 띄지 않는다.

앨버트 하버드는 매우 독창적인 저자이지만, 그만큼 국민의 감정을 자극한 작가도 드물다.

그 신랄한 문장은 몇 번인가 세상 여론의 맹렬한 반격을 받았다. 그러나 그는 보기 드문 '사람 다루기의 명수'였다. 적을 아군으로 바꿔버리는 일이 자주 있었다.

예를 들어, 독자로부터 심한 항의가 왔을 때 그는 곧장 다음과 같은 말을 했다.

"실은 나 자신도 지금은 예의 문제에 대하여 많은 의문을 갖고 있습니다. 어제의 나의 의견이 반드시 오늘의 나의 의견은 아닙니다. 귀하의 의견을 읽고 참으로 느낀 바가 많다고 생각합니다. 이곳에 오실 일이 있으면 반드시 저의 집에 들러 주셔요. 다시 한 번 서로의 의견 일치를 축하하고자 합니다."

이와 같은 마음가짐으로 대한다면 대개의 사람들은 아무말도 못하게 될 것이다.

자기가 정당할 때는 상대를 부드럽고 교묘하게 설득시켜야 한다. 또 자기가 잘못했을 때—— 잘 생각해보면, 자기가 잘못한 경우가 놀랄 정도로 많을 것이다—— 그때는 빨리 자기의 잘못을 깨끗이 인정하기로 하자. 이 방법에는 예상 이상의 효과가 있다. 또한 거북한 변명을 하기보다는 이쪽이 훨씬 유쾌한 기분이 된다.

속담에도 "지는 것이 곧 이기는 것"이라는 말이 있다.

사람을 설득하는 원칙 ③
자기 잘못을 즉시 마음속으로 인정한다.

제4장
조용하게 말을 한다

화가 났을 때 상대를 마음대로 짓누를 수 있으면 틀림없이 가슴이 후련할 것이다. 그러나 당한 쪽은 똑같이 가슴이 후련해질까? 싸울 듯이 짓눌림을 당하고도 기분 좋게 이쪽 생각대로 움직여 줄까?

우드로우 윌슨 대통령은 이렇게 말했다.

"만약 상대가 주먹을 쥐고 다가오면 이쪽도 지지 않고 주먹을 쥐고 맞이한다. 그러나 상대가 '서로 잘 의논해보는 것이 어떨까요? 그래서 만일 의견이 다르면 그 이유나 문제점을 알아냅시다.'라고 조용히 말을 하면, 의견의 다름은 생각보다 큰 것이 아니고 서로의 인내와 솔직한 마음과 선의를 가지면 해결된다는 것을 알 수 있다."

이 윌슨의 말을 누구보다도 잘 이해하고 있었던 것은 존 록펠러 2세다. 1915년의 록펠러는 콜로라도 주의 민중들로부터 많은 미움을 받고 있었다. 미국 산업사상 드물게 보는 대 파업이 2년에 걸쳐 콜로라도 주를 뒤흔들어, 록펠러가 주재하는 회사에 임금 인상을 요구한 종업원들이 극도로 날카로워져 있었다. 회사의 건물은 파괴되고, 급기야 군대가 발포 유혈 사태로까지 번졌다.

이와 같이 대립이 격화된 중에 록펠러는 어떻게든지 상대방을 설득하고자 생각했다. 그래서 그것을 해낸 것이다. 어떻게 해냈는지 그것을 소개한다.

그는 수주일간에 걸쳐 화해 공작을 한 후, 조합측의 대표자들을 모아놓고 말했다. 이때의 연설은 한 점 흠잡을 데 없는 훌륭한 것으로, 뜻밖의 성과를 거두었다. 록펠러를 둘러싸고 들끓고 있는 증오의 큰 파도를 잠잠하게 가라앉히고, 많은 동조자를 얻은 것이다. 록펠러는 그 연설에서 우정어린 태도로 사실을 잘 알 수 있게 설명했다. 그러니 많은 노동자들은 그렇게도 주장하던 임금 인상에 대하여 아무 말 없이 각자의 위치에 복귀한 것이다.

이때 연설의 첫부분을 인용해보자. 얼마나 그것이 우정이 넘쳐 있는가, 잘 음미해주기를 바란다.

록펠러는 조금 전까지도 그를 교수형에 처해도 시원치 않다고 생각하고 있던 사람들을 상대로 아주 우호적인 말씨로 조용히 말을 시작했다. 가령 자선 단체에 대해서 말할 때도 이와 같이 조용한 태도로는 하지 않을 정도였다.

"나는 이 자리에 서게 된 것을 대단한 영광으로 생각합니다."

"여러분의 가정을 방문하고 가족들을 만나고 왔으니, 우리들은 낯선 남남이 아니고 친구로서 만나고 있는 것입니다."

"우리들 서로서로의 우정."

"우리들의 공통된 이해 관계."

"내가 오늘 이 자리에 서게 된 것은 오로지 여러분의 호의의 선물이라고 생각합니다."

이와 같은 말이 그의 연설을 장식하고 있었다.

록펠러는 마침내 장황하게 입을 열었다.

——"오늘은 내 생애에 특별히 기념할 만한 날입니다. 이 대 회사의 종업원 대표와 간부 사원 여러분의 눈에 띄게 된 기회를 얻은 것은 나에게는 지금까지 없었던 영광이라고 생각됩니다. 그리고 나는 이 자리에 서게 된 것을 대단한 자랑으로 생각합니다. 이

회사는 앞으로 오랫동안 나의 기억에 남을 것이라고 확신합니다. 만약 이 모임이 2주일 전에 이루어졌더라면, 아마 나는 극소수의 여러분을 빼고는 대부분의 여러분과는 서로 얼굴도 모르고 지냈으리라고 생각합니다. 나는 저번 주에 남쪽 광구의 직장을 빠짐없이 방문하여, 그때 부재 중의 분들을 제외하고는 전부의 대표자들과 개별적으로 의논하고, 여러분의 가정을 방문하여 가족들과도 만났기에 우리들은 서로 모르는 남남이 아니고 친구로서 만나고 있는 것입니다. 이와 같은 우리들 서로의 우정에 비추어서 나는 우리들의 공동의 이해 관계에 대하여 여러분과 의논하고자 합니다.

　이 모임은 회사의 간부 사원과 종업원 대표 여러분들이 주선한 것이라고 듣고 있습니다. 간부 사원도 아니고, 종업원 대표도 아닌 내가 오늘 이 자리에 나오게 된 것은 오로지 여러분의 호의의 선물이라고 생각하고 있습니다. 나는 간부 사원도 종업원도 아닙니다만, 주주와 중역의 대표자라는 의미에서 여러분과 밀접한 관계가 있다고 생각합니다.”

　이것이야말로 적을 아군으로 만드는 방법의 견본이라고 할 수 있는 예일 것이다.

　만약 록펠러가 다른 방법을 취하여 토론을 한다든가, 사실을 방패삼아 잘못이 노동자 측에 있다고 변론하거나, 혹은 그들의 잘못을 이론적으로 증명하고자 했다면 대체 어떻게 되었을까? 그야말로 불을 기름에 가져다대는 결과가 되었을 것이다.

　상대의 마음이 반항과 증오에 차있을 때는 아무리 논리 정연하게 설명을 해도 설득을 시킬 수 없다. 아이를 꾸짖는 부모, 권력을 부리는 고용주나 남편, 잔소리 심한 마누라——이런 사람들은 사람은 자기의 마음을 바꾸려 하지 않는다는 것을 잘 알고 있어야 한다. 사람을 무리하게 자기 의견에 따르게 할 수는 없다. 그러나 부드럽고 격의없는 태도로 대화를 하면 상대의 마음을 바꿀 수 있게 된다.

앞에 말한 것 같은 뜻을 링컨은 벌써 100년 전에 말했었다.
——'한 갤런의 쓴 물보다는 한 방울의 꿀을 사용하는 것이 많은 파리를 잡을 수 있다.'라는 속담은 언제나 옳은 것이다. 사람에 대해서도 같은 말을 할 수 있다. 만일 상대를 자기 의견에 찬성시키고자 한다면 먼저 여러분이 그의 아군이라는 것을 알려야 한다. 이것이야말로 사람의 마음을 사로잡는 한 방울의 꿀이고, 상대의 이성에 호소하는 최선의 방법이라고.

경영자 중에서는 파업하는 쪽과 우호적이 된다는 것이 큰 이익이라는 것을 이해한 사람도 있다. 그 한 예를 들어보자.
호와이트 모터 회사의 2,500명 종업원이 임금 인상과 유니온 숍 제도(회사에 들어 가서 일정 기한이 지나면 노동 조합에 가입하는 제도) 도입을 요구하여 파업을 일으켰다. 사장 로버트 블레크는 노동자에 대하여 조금도 나쁜 감정을 표시하지 않고 되려 그들이 '평화적인 태도로 파업에 들어갔다'는 것을 클리블랜드 시상에서 칭찬을 했다.
피켓을 들고 있는 자들이 심심해하면 그는 야구 용구를 사와서 공터를 이용하여 야구를 하기를 권하고, 볼링을 좋아하는 사람을 위해 볼링장을 빌려주었다.
경영자측이 취한 이 우호적 태도는 충분히 보답되었다. 즉, 우정이 우정을 낳게 한 것이다. 노동자들은 청소 도구를 어디선가 빌려와서 공장 부근을 청소하기 시작했다. 한편에서는 임금 인상과 유니온 숍 제도의 실시를 위하여 투쟁하면서, 한편에서는 공장 주위를 청소하는 것이었다. 참으로 흐뭇한 광경이 아닌가. 격렬한 투쟁에 물든 미국 노동사상 일찍이 볼 수 없었던 정경이다. 이 파업은 1주일을 넘지 않고 타결되고, 쌍방에 아무런 나쁜 감정도 남기지 않았다.

　다니엘 웹스터는 비길 데 없는 당당한 풍채와 웅변에 능하여 자기 주장을 세우는 데 있어서는 그를 당해낼 변호사가 없었다. 그러나 어떤 격론을 벌일 때도 그는 극히 조용한 태도로 시작했다. 결코 고압적인 말버릇은 하지 않는다. 자기 의견을 상대에게 덮어 씌우려고 하지 않고 조용히 격의없는 태도를 보인다. 그것이 그의 성공에 큰 도움을 준 것이다. 노동 쟁의의 해결을 의뢰 받는다든가, 피고의 변호를 부탁받는 사람은 드물지만, 집세나 그와 같은 사람에게 이처럼 조용한 말솜씨가 얼마나 도움이 되는 가를 생각해보자.

　O·L·스트로브란 기사가 방세를 싸게 해주기를 바랐다. 그러나 집 주인은 소문난 고집쟁이였다. 다음은 그가 나의 강습회에서 공개한 이야기를 소개한다.

　——나는 계약 기간이 끝나는 대로 아파트를 비우겠다고 집 주인에게 통고의 편지를 보냈다. 그러나 사실은 비우기가 싫었다. 집세를 싸게만 해준다면 그대로 거기 있고 싶었다. 그러나 정세는 완전히 비관적이었다. 집을 빌리고 있는 다른 사람들도 모두 실패하고 그 집 주인처럼 취급 곤란한 사람은 없다고 이구 동성(異口同聲)으로 말하고 있었다. 그러나 나는 마음속으로 이렇게 생각했다——나는 강습회에서 사람을 다루는 방법을 배우고 있다. 집 주인에게 시험하여 그 효과를 시험해보자고.

　나의 편지를 받은 집주인은 이내 비서를 대동하고 찾아왔다. 나는 쾌활한 얼굴로 집주인을 맞고 호의를 표시했다. 집세가 비싸다고는 절대 말하지 않았다. 먼저 이 아파트가 대단히 마음에 든다고 말을 시작했다. 실제로 나는 '아낌없이 칭찬한 것'이다. 아파트의 관리에 대해서도 대단히 존경하며, 하다못해 1년쯤은 여기에 있고 싶지만 유감스럽게도 그것이 안 된다고 집주인에게 말했다.

집주인은 지금까지 집에 세든 사람들로부터 이와 같은 환영을 받은 적이 한 번도 없었던 모양이다. 완전히 기대가 달라진 모양이었다.

얼만가 있더니, 집주인은 자기의 고생을 조금씩 말하기 시작했다. 불평만 늘어놓는 세든 사람들——그 중에는 14통이나 불평의 편지를 보낸 사람도 있고, 또 모욕적인 편지도 몇 통 있었다. 집주인이란 책임으로 위층에 있는 남자의 코고는 소리를 중지시켜주지 않으면 계약을 파기하겠다고 한 사람도 있었다는 것이다. "당신처럼 이해해주는 분이 있어 준다는 것은 매우 반가운 일입니다."라고 하며, 내가 아무말도 하지 않았는데도 집주인이 먼저 집세를 좀 깎아주겠다고 했다. 나는 더 깎아 주기를 희망하고 있었으므로, 분명하게 내가 지불할 수 있는 금액을 말하자 집주인은 즉석에서 그것을 승낙해주었다.

그 외에도 그는 "방의 장식을 바꾸어주고 싶은데, 뭐 주문할 것이 없느냐."고 하면서 돌아갔다.

만일 내가 다른 세든 사람과 같은 방법으로 집세의 인하 운동을 했다면 역시 그들처럼 실패했을 것이다. 우호적이고 동정적인, 그리고 감사에 찬 태도가 이 성공을 가져온 것이다.

펜실베이니아 주 피츠버그 시의 딘 위드콕은 전기 회사의 부장이다. 어느 날 부하가 전주 끝에 장치한 기구를 수리하게 되었다. 이런 작업은 지금까지는 다른 부서의 담당으로 되어 있었다. 위드콕의 부서로 이관된 것은 극히 최근이다. 벌써 훈련은 끝냈지만, 실제로 손을 대는 것은 이번이 처음이다. 그래서 회사 전체가 이 첫 작업에 주목하고 있었다. 위드콕을 위시하여 그 밑의 과장 등, 거기에다 다른 부의 사람들까지 그 작업을 보러 나선 것이다.

승용차의 트럭이 많이 모이고, 여러 사람이 전주 끝 부분에서 작업하는 두 사람을 지켜보고 있었다.

그러는 중 지나가는 차에서 한 사람이 카메라를 들고 내려와 현장 사진을 찍기 시작했다. 전기 회사를 위시하여 일반적으로 공익 사업에 관계하는 자는 언제나 세평(世評)에 신경을 쓰고 있으며 위드콕도 이 과장된 정경이 사진을 찍고 있는 사람의 눈에 어떻게 비치느냐, 그것이 불안해졌다. 두 사람으로 할 수 있는 일에 몇십 명이란 사람이 모여 든 것이다. 위드콕은 그 카메라를 잡은 사람에게 다가갔다.

"우리들의 작업에 흥미를 갖고 있는 것 같군요."

"예. 그러나 우리 어머니에게는 흥미 따위의 문제가 아닐 것입니다. 어머니는 당신들 회사의 주권(株券)을 갖고 있으니까요. 이것을 보면 어머니도 깨달을 것입니다. 바보스러운 투자를 한 것을 알아차릴 것입니다. 전부터 어머니는 당신의 회사는 허비가 많다고 말하고 있었어요. 이것이야말로 좋은 증거입니다. 신문사도 아마 내가 촬영한 사진을 탐내고 있을 것입니다."

"확실히 그렇게 보일 겁니다. 나도 당신의 입장이라면 아마 같은 생각을 했으리라고 생각합니다. 그러나 이것은 특별한 예입니다……."

위드콕은 오늘의 작업이 자기 부서로서는 첫 작업이고, 그것 때문에 중역 이하 전 사원이 주목하고 있지만, 평소 같으면 두 사람으로 충분한 것이라고 설명했다. 이것을 들은 사람은 카메라를 집어넣고는 위드콕과 악수를 하며 친절한 서명에 사례를 했다.

딘 위드콕의 애교있는 응대 덕으로 회사는 귀찮은 사태를 모면하고, 불평을 미연에 방지할 수 있었던 것이다.

뉴햄프셔 주 리틀턴의 제럴드 윈은 역시 애교있는 응대의 덕으로 손해 배상 문제를 원만하게 처리할 수 있었다고 보고하고 있다.

――봄은 아직 이르고, 얼어붙은 대지도 아직 완전히 해빙되지 않을 때였는데 그 계절에는 드물게 많은 비가 내려 보통 때 같으면 배수로에서 빠져버리는 물이 예상 외의 코스를 따라내려가 최근 집을 신축한 부지까지 흘러들었다.

물 빠질 데가 없고, 집 토대(土臺)에 많은 수압이 작용하게 되었다. 물은 콘크리트로 된 지하실에 흘러들어 지하실의 난방 난로와 온수 히터가 못쓰게 되었다. 손해는 수리비만도 2천 달러가 넘었으나, 이런 종류의 손해에 대한 보험에는 들지 않고 있었다.

그러나 조사를 해보니, 이 분양지를 조성할 때 이런 종류의 손해를 방지하는 우수 배수관(雨水排水管)의 부설을 태만히 했다는 것을 알 수 있었다. 그래서 땅 주인에게 면회를 신청했다. 지주의 사무실까지 25마일의 자동차 속에서 나는 문제를 정리함과 동시에 카네기의 원칙을 생각하고는, 여기서 화풀이만 하면 본전은 물론 이자도 찾지 못하게 된다고 자신에게 타일렀다. 도착하여 나는 기분을 가라앉히고, 먼저 상대가 최근 휴가차 방문했다는 서인도 제도의 일을 화제로 삼았다. 다음에 기회를 봐서 수해에 의한 '적은 문제'를 들었다. 그랬더니 그는 즉시 문제의 처리에 알맞는 노력을 할 것을 약속해주었다.

2,3일 후 지주로부터 손해를 보상받음은 물론이고, 장래에 그와 같은 일이 일어나지 않도록 배수관을 부설한다는 전화를 받았다.

확실히 이 재해는 지주 측의 실수에 의한 것이지만, 만약 내가 애교있게 말을 잘하지 못했더라면 전액을 배상시킨다는 것은 대단히 어려운 일이었을 것이다.

나는 어릴 때 미주리 주의 시골 국민학교에 다니고 있었다. 그 당시 태양과 바람이 서로 힘 자랑을 하는 우화(寓話)를 읽은 적이 있다.

바람이 "내가 센 것이 틀림없다. 저기 외투를 입은 노인이 있

지. 나는 너보다 빨리 저 노인이 외투를 벗게 할 것이다."라고 하
며 뽐냈다. 태양은 잠시 구름 뒤에 숨었다. 북풍이 세차게 불었
다. 그러나 북풍이 불면 불수록 노인은 더욱더 외투로 몸을 감쌌
다.

바람은 마침내 힘이 다하여 불지 못하게 되었다. 그래서 태양
은 구름 사이로 얼굴을 내밀어 노인에게 부드럽게 미소를 보냈
다. 얼마 후 노인은 이마의 땀을 닦고, 외투를 벗었다. 태양은 부
드럽고 친절한 방법은 과격하고 우격다짐으로 하는 방법보다 훨
씬 효과가 있는 것이라고 북풍에게 타일렀다.

한 갤런의 쓴 물보다는 한 방울의 꿀을 사용하는 것이 많은 파
리를 잡을 수가 있다. 그것을 아는 사람들이 정답고 부드러운 우
정에 찬 행위의 효용을 헤아릴 수 없이 실증(實證)하고 있다.

메릴랜드 주 루사빌의 게일고너는 구입한 지 4개월도 안 된 새
차가 세 번째 고장이 나서 판매점에 몰고 왔다. 그때의 이야기를
들어보자.

—— 서비스 주임에게 교섭도 하고, 토론도 하고, 큰소리로 항
의를 해봐도 좀처럼 해결하기 힘들 것이라고 생각했다.

상품 진열장을 방문하고 점포 주인에게 면회를 청하여 점포 주
인 방으로 안내되었다. 나는 자기 소개를 마치고, 이 점포와 거래
가 있는 어느 친구의 권유로 최근에 차를 구입했는데 그 친구로부
터 듣기에는 이 점포는 서비스 만점이라고 들었다고 했다.

점포 주인은 나의 말을 만족스럽게 듣고 있었다. 그리고 나는
이 점포의 서비스 관리 부서와 자그마한 트러블이 있는 것을 말하
고 "귀 점포의 평판을 나쁘게 할지도 모르니 점포주로서 알아두
는 것이 좋을 것이라고 생각해 찾아왔노라."고 덧붙였다. 점포주
는 "잘 말씀해 주셨습니다."라고 인사하고, 곧 선처하겠다고 약
속해 주었다. 점포주 스스로 일을 돌봐준 것은 물론, 나의 차를

수리하는 동안에 다른 차를 빌려주기까지 했다.

이솝은 그리스의 왕궁에서 근무한 그리스의 노예이지만, 그리스도가 탄생한 600년이나 먼저 불후의 명작 《이솝 이야기》를 썼다. 이 교훈은 2500년 전의 아테네에서도, 또는 현재의 보스톤에서도, 버킹검에서도 같은 사실이다. 태양은 바람보다 먼저 외투를 벗게 할 수 있다——친절, 우애, 감사는 세상의 모든 노성(怒聲)보다도 쉽게 사람의 마음을 움직일 수 있다.

링컨의 명언 "한 갤런의 쓴 물보다 한 방울의 꿀을 사용하는 것이 많은 파리를 잡을 수 있다."를 마음에 새겨두기 바란다.

사람을 설득하는 원칙 ④
조용하게 말을 한다.

제5장
'예스'라고 대답할 수 있는 문제를 선택한다

사람과 대화를 할 때, 처음부터 서로의 의견이 다른 문제를 취해서는 안 된다. 우선 서로의 의견이 일치하고 있는 문제부터 시작해서, 그것을 강조하면서 말을 진행한다. 서로가 같은 목적을 향해서 노력하고 있다는 것을 상대에게 이해시키고, 다른 점은 다만 그 방법만이라고 강조하는 것이다.

처음부터 상대에게 '예스'라고 말할 수 있는 문제만을 취하고, 될 수 있는 한 '노'라고 말하지 않도록 한다.

오버스트리트 교수는 이렇게 강조한다.

"상대가 일단 '노'라고 말을 하게 되면 그것을 취소시킨다는 것은 그렇게 쉬운 일은 아니다. '노'라고 말한 이상 그것을 뒤집는다는 것은 자존심이 허락하지 않는다. '노'라고 말해버리고 후회할 경우도 있을지 모르지만, 그렇게 되었다 해도 자존심을 상하게 할 수는 없는 것이다. 말을 한 이상, 어디까지나 그것을 고집한다. 그러니 처음부터 '예스'라고 말할 수 있는 방향으로 화제를 가져가는 것이 대단히 중요하다."

말솜씨가 뛰어난 사람은 먼저 상대방에게 몇 번이고 '예스'라고 말을 하도록 한다. 그러면 상대의 심리는 긍정적인 방향으로 움직이기 시작하는 것이다. 이것은 마치 공을 칠 때 공이 있는 방향으로 도는 것과 같은 것으로, 그 방향을 바꾼다는 것은 꽤 어려운 것이다. 반대 방향으로 되돌리려면 그것보다도 훨씬 힘이 드는 것이다.

이런 심리적인 움직임이 아주 확실한 형태를 가진다. 인간이 진심으로 '노'라고 할 때는 단지 그 말을 입으로만 말하는 것이 아니고, 동시에 여러 가지의 일을 하고 있는 것이다. 각종의 분비선, 신경, 근육 등의 전 조직을 동원해서 다같이 거부 태세를 공고하게 한다. 그리고 대개의 경우 매우 적게 후회를 한다든가, 또는 후퇴할 준비를 한다. 그것이 확실하게 알 정도의 큰 동작으로 나타날 때도 있다. 즉, 신경과 근육의 전 조직이 거부 태세를 취하는 것이다. 그러나 '예스'라고 할 경우에는 이런 현상은 전혀 일어나지 않는다. 신체의 조직이 자진해서 사물을 받아들이려는 태세가 되어 있는 것이다. 그런 까닭에 처음에 '예스'라고 많이 말하게 하면 할수록 이쪽이 생각하고 있는 대로 인도하기가 쉬워지는 것이다.

사람에게 '예스'라고 말하게 하는 이 기술은 매우 간단하다. 그렇지만 이 간단한 기술이 별로 쓰이지 않는다. 처음부터 반대하는 것으로 자기의 중요감을 만족하고 있는 것같이 생각되는 사람이 종종 있다. 학생이나, 고객이나, 그 밖에 자기의 자식, 남편 또는 아내라도 처음에 '노'라고 말을 시키면 그것을 '예스'로 바꾸게 하기에는 대단한 지혜와 인내가 필요하다.

뉴욕의 그리니치 저축 은행의 출납 계원 제임스 에버슨은 이 '예스'라고 말하게 하는 기술을 사용하여, 하마터면 놓칠 뻔한 고객을 멋지게 붙잡았다.

에버슨 씨의 말을 소개해보자.

——이 남자는 예금 구좌를 개설하기 위하여 왔습니다. 나는 용지에 필요한 사항을 기입하여 주도록 했습니다. 대개의 질문에는 자진해서 대답을 해주셨지만, 질문에 따라서는 대답을 하지 않으려고 합니다.

나는 인간 관계를 공부하기 이전 같았으면, 이 질문에 대답해 주시지 않으면 이쪽도 구좌를 개설해드릴 수 없다고 확실하게 말했을 것입니다. 부끄러운 말이지만, 사실 나는 지금까지 그런 방법을 쓰고 있었습니다. 그리하여 상대를 굴복시키는 것은 확실히 유쾌한 일입니다. 은행의 규칙을 방패삼아 자기의 우위(優位)를 상대에게 표시하는 것이 됩니다. 그러나 그런 태도는 일부러 은행까지 와주신 고객에게 호감이나 중요감은 절대로 갖게 할 수 없습니다.

나는 상식에 맞는 태도를 취해보기로 결심했습니다. 은행측의 희망이 아니라 고객측의 희망에 대해서 말하자고, 그리하여 처음부터 고객에게 '예스'라고 말할 수 있도록 해보자고 생각했습니다. 그래서 나는 고객에게 순순히 마음에 들지 않는 질문에는 구태여 대답을 할 필요가 없다고 말했습니다. 그리고 이렇게 첨부했습니다——"예를 들어 예금을 하고서 당신에게 만일의 경우가 일어나면 어떻게 하겠습니까? 법적으로 가장 가까운 친척이 수취할 수 있도록 하지 않으시렵니까?" 하고.

그는 '예스'라고 대답했습니다.

나는 또 그런 경우 우리들이 신속하게 수속을 할 수 있도록 당신의 가장 가까운 사람의 성함을 알아두는 것이 좋다고 생각하지 않습니까? 라고 물었습니다.

그는 역시 '예스'라고 대답했습니다.

우리 은행 쪽 때문이 아니고 고객을 위한 질문이라는 것을 알게 되니 고객의 태도는 일변했습니다. 그 자신에 관해서 일체의 일을 말한 것은 물론, 나의 권유에 응하여 그의 어머니를 수취인으로 하는 신탁 구좌를 설정하자 어머니에 대한 질문에도 기꺼이 대답해주었습니다.

그가 처음의 문제를 잊고 결국 내가 말하는 대로 된 것은 처음부터 그에게 '예스'라고만 말을 하게 하는 방법의 이득이라고 생각됩니다.

웨스팅 하우스 사의 세일즈맨 조셉 에리슨의 이야기이다.

—— 나의 담당 구역에 우리 사의 제품을 꼭 팔고 말겠다는 상대가 있었다. 나의 전임자는 10년간 그를 쫓아다녔으나 실패했다. 나도 이 구역을 인계받고 3년간 다녀봤지만, 역시 실패했다. 그로부터 또 10년 쫓아다니고 난 후 겨우 몇 대의 모터를 팔 수 있었다. 나는 만약 그 모터의 성능이 좋으면 다음에는 꼭 수백 대의 주문을 맡게 될 것이라고 기대하고 있었다.

성능은 분명 좋은 것이 틀림없었다. 3주 후에 나는 의기 양양하게 그를 찾아갔다.

그러나 뜻밖에도 거기 사장은 "에리슨, 자네 회사의 모터는 필요없어!"라고 거절했다.

나는 놀라서 "대체 어떻게 된 영문입니까?"하고 물었다.

그는 "당신 회사의 모터는 과열되어 함부로 손도 못 대겠다."고 말했다.

변명해봐도 소용없다는 것은 오랜 경험으로 잘 알고 있었다. 나는 상대에게 '예스'라고 말하도록 해보려고 생각했다.

그래서 나는 "스미스 씨, 당신이 그렇게 말씀하시는 것은 지당합니다. 참으로 과열된다면 그런 모터를 더 사주십사고 하는 쪽이 무리지요. 협회에서 정한 기준보다 더 과열되지 않는 제품을 고르는 것이 당연합니다. 그렇지요?" 라고 했다.

그는 물론 그렇다고 대답했다. 최초의 '예스'를 얻은 것이다.

다음에 나는 "협회의 규격으로 모터의 온도가 실내 온도보다 화씨 72도까지는 높아지는 것은 인정받고 있지요?"라고 했다.

그는 또 '예스'라고 대답했다. 그리고 "그렇지만 그 모터는 그보다 더 열이 난다."고 덧붙였다.

거기에서 나는 "그러면 공장 내의 온도는 몇 도 정도입니까?"

라고 물어보았다. 그의 대답은 75도 정도일 것이라고 했다.

그러나 거기에서 나는 또 "그러면 공장 내의 온도를 75도라고 하고, 거기에 72도를 합하면 147도가 됩니다. 147도의 뜨거운 물에 손을 넣으면 화상을 입겠지요?"라고 물었다.

그는 또 '예스'라고 말하지 않을 수 없었다.

"그렇다면 모터에는 손이 닿지 않도록 조심하지 않으면 화상을 입게 되네요?"라고 내가 묻자, 그는 "자네 말대로다."고 하고 자기 잘못을 시인했다. 그로부터 한참 동안 우리들은 잡담을 하고 있었으나, 얼마 후 그는 다음 달 분으로 약 3만 5천 달러의 모터를 내게 주문했다.

토론을 하면 손해를 본다. 상대의 입장에서 일을 생각하는 것은 토론을 하는 것보다 더욱 흥미있고, 비교가 되지 않을 정도의 이익이 있다. 생각해보니 나는 상당히 오랫동안 토론으로 막대한 손해를 본 것이다.

캘리포니아 주 오클랜드 시에서 카네기 교실의 스폰서를 하고 있는 에디 스노는 어느 점포 주인으로부터 '예스'를 연달아 말하지 않으면 안 되도록 시켜서, 그 점포 단골이 되어버린 이야기를 해주었다. 에디는 활을 사용하는 사냥을 시작해서 그 지방의 활을 취급하는 점포에 꽤나 많은 돈을 주고 용구를 사들였다. 어느 때 동생이 찾아왔으므로, 그 점포에서 활과 화살 한 벌을 빌려 동생과 함께 사냥을 하려고 생각했다. 그러나 점원은 "우리 점포는 대여는 하지 않습니다."하고 거절했다. 그래서 또 다른 점포에 전화를 걸었다. 그때의 형편을 에디는 이렇게 들려주었다.

—— 전화를 받은 상대방은 대단히 호인 같은 느낌이다. 대여의 신청에 대한 응답은 먼저의 점포와는 전혀 달랐다. "대단히 죄송합니다마는 우리 집은 대여가 경제적이 아니라서 하지 않고 있습니다." 그리고 지금까지 대여를 해본 경험이 있나 없나를 묻는다.

“있어요……몇 년 전에.” “그때는 아마 25달러인가 30달러 정도 대여료를 지불하지 않았습니까?” “예스.” “돈은 활용을 잘해서 쓰는 것이 중요하지요?” “예스.” 그 다음, 전화의 상대는 부속품 모두를 합해서 34달러 95센트의 활 세트가 있다는 것, 따라서 대여료에 4달러 95센트만 더 내면 완전한 세트를 살 수 있다는 것을 나에게 설명했다. “대여를 지불한다고 생각하면 구입하는 것이 더 좋다고 생각되지 않습니까?” 여기서도 나는 ‘예스’라고 대답하고 결국 활 세트를 구입하게 되었다. 그 뒤에 물건을 인수하려고 점포에 갔을 때 다른 물품도 몇 개 구입하고, 그 후부터 이 점포의 단골이 되었다.

인류의 사상에 대변혁을 가져오게 한 아테네의 철인 소크라테스는 사람을 설득하는 데 있어서는 고금을 통하여 제1인자이다.
소크라테스는 상태의 잘못을 지적하는 짓은 결코 하지 않았다. 소위 ‘소크라테스식 문답법’으로 상대로부터 ‘예스’라는 대답을 얻어내는 데 주안점을 둔 것이다. 먼저 상대가 ‘예스’라고 하지 않으면 안 될 질문을 한다. 다음 질문에서도 ‘예스’라고 말하도록 하며, 점차 ‘예스’를 거듭하여 대답하게 한다. 상대가 알아차릴 때는 처음에 부정하고 있던 문제에 대하여 자기도 모르는 사이에 ‘예스’라고 답하고 만 것이다. 상대에게 잘못을 지적하고 싶으면 소크라테스를 생각하여 ‘예스’라고 대답하도록 해본다.
중국의 옛날 속담에 “연한 것은 곧잘 강한 것을 이긴다.”는 말이 있다. 5천 년의 역사를 가진 민족에 적합한 명언이 아닌가!

사람을 설득하는 원칙 ⑤
상대가 즉석에서 ‘예스’라고 대답할 수 있는 문제를 선택한다.

제6장
상대에게 말을 시킨다

상대를 설득시키려고 자기 혼자만 열심히 말하는 사람이 있다. 그러나 상대에게 충분히 말을 하게 해야 한다. 상대의 일은 상대가 잘 알고 있다. 그러므로 상대로 하여금 말하게 하는 것이다.

상대가 하는 말에 이의가 있어도 참지 않으면 안 된다. 상대가 하고파 하는 말이 남아 있는 한 이쪽에서 무엇이라고 말해도 소용이 없다. 큰 마음먹고 참을성 있게, 더욱 성의 있게 들어 준다. 그리하여 마음내키는 대로 말을 시키는 것이다.

이 방법을 상업에 응용하면 어떻게 될까? 하는 수 없이 그 방법을 택해야만 했던 한 남자의 체험담을 이용하여 설명해본다.

미국 굴지의 자동차 회사가 내장용 직물들을 1년분 구입하려고 하고 있었다. 세 회사의 대 메이커들이 견본을 제출했다. 자동차 회사 중역들은 그 견본을 음미한 후 메이커 측에 각각 통지를 내어, 최종적 설명을 듣고 계약을 하겠으니 지정한 날에 방문해주도록 알렸다.

그 중 한 메이커의 대표자 R씨가 심한 후두염을 앓으면서도 찾아왔다. 다음은 R씨의 말이다.

—— 내가 설명할 차례가 돌아왔는데 말을 하고파도 말이 나오지 않았다. 쉰 목소리조차 나지 않을 정도였다. 어느 한 방에 안내되니, 거기에는 사장을 위시하여 각 부문의 책임자들이 빙 둘

러 서 있었다. 나는 일어서서 말을 하려고 했으나, 목은 끼익하는 소리가 날 뿐이다.

그래서 나는 종이에 "목을 다쳐서 소리가 나지 않습니다."라고 써서 제출했다.

그것을 본 사장이 "그러면 대신 내가 설명해주지." 하고 말했다. 그리고 나의 견본철을 펴들더니 장점을 칭찬하기 시작했다. 따라서 활발한 의견이 각 책임자로부터 나온다. 사장은 나를 대변하고 있으니 자기도 모르게 나의 편이 되어버린 것이다. 나는 그냥 미소짓거나 고개를 끄덕이는 몸짓을 하면 되게 되었다.

이 색다른 회담의 결과, 나는 50만 야드의 직물 주문을 받았다. 금액으로 160만 달러, 나에게는 난생 처음인 큰 거래였다.

그때 만일 내가 후두염을 앓지 않았다면 도저히 그 주문은 받을 수 없었을 것이다. 나는 그때까지 장사의 방법에 있어서 대단히 잘못된 생각을 갖고 있었다. 자기가 말하기보다 상대에게 말하도록 하는 쪽이 이익이 큰 경우가 있다는 것을 그때까지는 미처 모르고 있었으니까.

자기가 말하는 것보다 남에게 하고 싶은 대로 말을 시키는 것은 사업에 국한하지 않고 가정에서도 효과가 있다.

바바라 윌슨 부인과 딸 롤리 사이는 급속도로 악화되어 있었다. 롤리는 조용하고 침착한 아이였으나, 부모의 말을 잘 듣지 않으려는 반항적인 10대가 되어버렸다. 부인은 이 딸에게 설교도 하고, 위협도 하고, 벌을 주기도 했으나 전연 효과가 없었다. 롤리의 경우는 이렇다.

―― 어느 날 롤리는 내가 만류하는 것도 듣지 않고, 집 안의 정리도 하지 않고, 친구집에 놀러갔습니다. 롤리가 돌아왔을 때 전처럼 큰소리로 야단을 치고 싶었으나 기력조차 없었습니다. "롤리, 대체 너는 어째서 그러냐?"하며 슬픔을 참지 못하고 말했습

니다.

롤리는 그 모습을 보더니 조용한 말로 물었습니다. "어머니, 꼭 알고 싶어요?" 내가 말하라고 고개를 끄덕이니, 롤리는 처음에는 주저하더니 곧 시원하게 말을 하기 시작했습니다. 지금까지 나는 딸 아이의 말에 귀를 기울여주는 일은 거의 없었습니다. 명령만 했습니다. 어쩌다 롤리가 자기의 생각이나 느낌을 말하면 이내 그 말을 가로막고 명령만 했습니다. 나는 지금에 와서 겨우 알게 되었습니다. 롤리는 어머니로서의 나를 필요로 하고 있었습니다. 지금까지는 딸이 하는 말에 귀를 기울여주어야 할 때에 나 혼자만 말을 하고 있었습니다. 딸의 말에는 전연 귀를 기울여주려고 하지 않았던 것입니다.

그 후부터 롤리가 나에게 할 말이 있다고 생각될 때는 마음껏 말하도록 했습니다. 딸은 자기 가슴속에 있는 모든 것을 말해줍니다. 그 결과 나와 롤리 사이는 대단히 원만해졌습니다. 롤리는 유순하며 잘 협력해주고 있습니다.

얼마 전 〈뉴욕 헤럴드 트리뷴〉 지의 경제란에 '경험있는 우수한 인물'을 구하는 광고가 나 있는 것을 보고, 찰스 큐베리스란 사람이 응모했다. 수일 후에 그에게 면접 통지서가 왔다. 면접 전에 그는 윈 가(街)에 가서 그 회사의 설립자에 대하여 상세하게 조사를 했다. 면접 때 그는 "이와 같은 훌륭한 업적이 있는 회사에서 일할 수 있다면 영광이라고 생각됩니다. 듣자니 28년 전 맨손으로 이 회사를 창시하셨다고 하는데, 사실입니까?" 하고 사장에게 물었다.

대체적으로 성공자라고 일컫는 사람은 젊었을 때 걸어온 가시밭길을 회상하기 좋아한다. 이 사람도 예외는 아니었다. 불과 450달러의 자금과 독자적인 아이디어만으로 발족한 자신의 고생담을 장황하게 이야기하기 시작했다. 일요일과 공휴일도 쉬지 않고 모든 장애물과 싸워 드디어 현재의 지위를 구축하자, 지금은 원 가의 일류인들이 자기의 성공담을 듣기 위해 찾아온다고 했다.

그는 확실히 자랑할 만한 가치를 지닌 성공한 인물이며, 그 얘기를 듣게 하는 것이 매우 즐거운 듯했다. 고생담이 끝나고 그는 큐베리스 씨의 이력에 대하여 간단한 질문을 한 후, 부사장을 불러 "이 분은 틀림없이 이 회사를 위해 도움이 되는 인물이라고 생각한다."라고 말했다.

큐베리스 씨는 상대의 업적을 조사하는 수고를 한 것이다. 상대에게 관심을 표시한 것이다. 그리고 상대에게 말을 시켜서 좋은 인상을 준 것이다.

이 이야기와는 반대의 입장이 되지만, 캘리포니아 주 세클라멘트 시의 로이 브레돌레는 역시 상대에게 이야기를 시켜서 우수한 세일즈맨을 채용할 수가 있었다. 그 상황을 브레돌레는 다음과 같이 말한다.

──자기의 회사는 작은 브로커로서, 의료비의 회사 부담이나 건강 보험, 연금과 같은 특전이 없었다. 사원은 한 사람 한 사람이 독립한 대리인이다. 구인(求人) 모집도 규모가 큰 동업자 같이 화려한 방법을 쓰지 않는다.

면접에 응해온 리처드 프라이어라는 사나이는 이쪽에서 요구하는 데 안성맞춤의 경험자였다. 먼저 부사장이 면접을 하고 프라이어가 담당하게 될 일에 수반되는 불리한 점을 털어놓고 설명을 했다. 그때문인지 사장실에 들어올 때의 프라이어의 얼굴빛은 밝지 못했다. 나는 이 회사의 이점은 사원이 각기 독립하고 있는 대리인으로 취급되며, 따라서 각자가 사장이라고 말했다.

내가 말한 이점에 대하여 프라이어는 자기의 의견을 말하기 시작하더니, 자기가 한 말에 끌려서 처음에 갖고 있던 부정적인 생각이 점차 자기 마음속에서 사라진 것이다. 그는 나에게 말하고 있다기보다는 오히려 자기 자신을 설득하고 있는 듯 생각되었다.

나는 말을 가로막고 싶은 충동을 몇 번이나 받았으나, 그것을 참고 있는 동안 면접이 끝날 무렵에는 그는 자기를 설득하여 결국 우리 회사에서 일할 기분이 된 것이다.

내가 좋은 듣는 쪽이 되어 프라이어에게만 말하도록 한 것이 주효하여 그는 이 회사의 이점과 결점을 공평하게 마음속에서 계산하여 결론에 도달한 것이다. 이리하여 나는 그를 채용하고, 그는 우리 회사의 유능한 사원으로 활약하고 있다.

친구들 사이에서도 상대의 자랑을 듣기보다는 자기 자랑을 말하고 싶어한다. 프랑스의 철학자 라 로시푸코의 말에 이런 것이 있다.

──"적을 만들고 싶으면 친구에게 승리하는 것이 좋다. 하지만 아군을 얻으려면 친구가 승리하도록 해주는 것이 좋다."

그 이유인즉, 사람은 누구나 친구보다 우수할 때는 중요감을 갖고, 그 반대의 경우에는 열등감을 갖고 선망이나 질투를 하는 까닭이다.

뉴욕 시의 인사과 직원 중에서 헨리에타는 압도적으로 인기가 높았다. 그러나 처음엔 그렇지 않았다. 인사과에 들어간 당시에는 동료 중에 단 한 사람의 친구도 없었다. 그것은 그녀가 매일 같이 사무상의 자랑거리를 득의 만면하여 선전하고 돌아다녔기 때문이다.

"나는 자신이 담당한 일을 훌륭하게 하고 있었으며, 또 그것이 자랑이었습니다."라고 헨리에타는 강습회에서 보고했다.

"그러나 동료는 나의 자랑에 기뻐해주기는커녕 반발을 사고 있었던 것 같습니다. 나는 동료들로부터 호감을 사고 싶었습니다. 그래서 이 강습회에 참가하여 잘 생각해본 결과, 자기 일에 대하여 이야기하는 것은 될 수 있는 대로 적게 하고, 동료의 말에 귀를 기울이기로 했습니다. 동료들도 각기 자랑하고 싶은 이야기가 얼마든지 있고, 그것을 말하는 것이 나의 자랑을 듣는 것보다 훨씬 흥미있는 일이라고 생각되어, 지금은 이야기하는 시간이 되면 동료들에게 '재미나는 이야기를 들려줘요.'라고 듣는 쪽이 되도록 노력하고 있습니다. 자신의 이야기는 묻지 않는 이상 말을 하지 않기로 했습니다."

사람을 설득하는 원칙 ⑥
상대에게 말을 시킨다.

제7장
생각해내도록 한다

사람으로부터 억압당한 의견보다는 자기가 생각해낸 의견 쪽을 우리들은 훨씬 중요시한다. 그렇다면 남에게 자기 의견을 강압하려는 것은 대체로 잘못이라고 할 수 있다. 암시를 주어서 결론을 상대에게 생각해내게 하는 것은 상당히 현명한 일이다.

이런 예가 있다. 나의 강습회에 참가한 필라델피아의 아돌프 젤츠의 말인데, 자동차 판매의 부진으로 직원들이 완전히 의기가 소침해지고 있어서 그들을 격려하기 위해 판매 회의를 열어 그들의 요구를 주저말고 발표하도록 권했다. 그들의 요구 사항을 흑판에 기입한 후 직원들에게 이렇게 말했다.

"여러분의 요구는 전부 들어주기로 한다. 그 대신 나도 여러분에게 요구가 있다. 나의 요구를 여러분이 어떻게 충족시켜 줄 것인가, 그 결심을 들려달라."

직원들은 즉석에서 대답했다. 충성을 맹세하는 자가 있는가 하면, 정직·적극성·낙천주의·팀워크를 약속하는 사람, 1일 8시간의 실지 근무를 말하는 사람, 그 중에는 14시간 노동도 거절하지 않는 사람도 있었다. 회의는 용기와 새로운 감격으로 끝나고, 그 후 판매 성적은 경이적으로 약진했다고 한다.

젤츠는 이렇게 말했다.

"세일즈맨들은 나하고 일종의 도의적 계약을 맺은 것이다. 내가 그 계약에 따라 행동하는 한, 그들도 그와 같이 행동하려고 결심할 것이다. 그들의 희망이나 의견을 들어준 것이 기사 회생(起死回生)의 묘약이 된 것이다."

사람에게 억압당하고 있다든가, 명령받고 있다고 생각하는 것은 누구나 싫은 것이다. 그보다는 자주적으로 행동하고 있다고 생각하는 쪽이 훨씬 바람직한 것이다. 자기의 욕망이나 희망을 남이 들어주는 것은 반가운 일이다.

유진 위슨의 예를 들어 생각해보자. 그는 이 진리를 터득하기까지는 수수료만도 수천 달러 손해를 봤다. 위슨은 직물 제조업자에게 의장(意匠)을 공급하는 스튜디오에 밑그림을 파는 것을 사업으로 하고 있었다. 그는 뉴욕 일류의 디자이너를 3년간 매주마다 방문하고 있었다. 위슨이 말하기를,

"그는 언제나 만나주기는 했지만 결코 사주지는 않는다. 나의 스케치를 열심히 보고 반드시 '안 되겠는데요 위슨 씨, 오늘 것은 아무래도 마음에 들지 않습니다.'라고 한다."

150회나 실패를 거듭한 후 위슨은 생각을 달리 할 필요가 있다고 느꼈다. 그래서 그는 사람을 움직이게 하는 법에 대한 강습회에 1주일에 한 번 출석할 결심을 했다. 그리하여 새로운 사고 방식을 배우게 되어, 새로운 열성으로 분발한 것이다.

그는 새로운 방법을 시험하기 위해 미완성의 그림을 몇 장 갖고 상대의 사무실에 달려 간 것이다.

"실은 여기 미완성의 스케치를 갖고 왔습니다만, 이것을 어떻게 마무리해야 당신에게 필요하게 되겠습니까? 지장이 없으시면 가르쳐주시기 바랍니다."

그렇게 말하고 부탁을 하자 디자이너는 스케치를 아무 말 없이 보고 있더니, 얼마 후 "위슨 씨, 2, 3일 맡아둘 터이니 한번 와주세요."라고 한다.

3일 후 위슨은 또다시 디자이너를 방문하여 여러 가지 의견을

듣고는 스케치를 갖고 와서 주문하는 대로 마무리를 했다. 그 결과는 물론 전부 받아주게 된 것이다.

그 이후 이 디자이너는 많은 스케치를 위슨에게 주문하게 되었다. 디자이너의 아이디어에 따라서 그려졌음은 말할 것도 없다.

"몇 년간이나 판매에 실패한 것도 무리가 아니라고 겨우 알게 된 것이다. 그때까지 나는 나의 의견을 강제로 판매하려고 한 것이다. 지금은 거꾸로 상대에게 의견을 말하게 하고 있다. 상대는 자기가 디자인을 창작하고 있는 줄 안다. 사실 그와 같은 것이다. 그러니 이쪽에서 강제로 판매할 필요가 없다. 상대가 매입하는 것이다."

위슨은 이렇게 말한다.

데오도르 루즈벨트가 뉴욕 주지사로 있을 때, 훌륭하고도 대담한 행동을 보인 적이 있었다. 정치 보스들과 사이좋게 하여 그들이 제일 싫어하고 있는 개혁을 단행한 것이다.

그때의 방식을 소개해보자.

중요한 지위를 보충할 때 그는 보스들을 초청하여 후보자를 추천토록 했다. 루즈벨트는 그것에 대하여 다음과 같이 설명하고 있다.

―― 보스들이 최초에 들먹이는 인물은 대부분 당에서 보살펴주지 않으면 안 되는 쓸모없는 인간이다. 나는 그런 인물을 시민들이 용납하지 않을 것이니 안 될 것이라고 한다.

두 번째로 그들이 추천한 인물도 어차피 당의 앞잡이로 좋지도 않고 나쁘지도 않은 공무원 퇴직자다. 나는 보스들에게 좀더 시민이 납득할 만한 적임자를 찾아달라고 부탁한다.

세 번째는 그럭저럭 합격에 가깝지만, 좀더 좋은 인물을……

나는 보스들의 협력에 감사하며 한 번 더 생각을 바꿔달라고 부탁한다. 그러면 네 번째 쯤에는 나의 마음에 있는 인물과 일치한다. 그래서 그들에게 감사하고 그 사람을 임명하게 된다. 즉, 그들에게 생색을 내게 해줄 따름인 것이다. 최후에 나는 그들에게 "당신들을 기쁘게 하기 위해서 이 인물을 임명합니다만, 다음은 당신들이 나를 기쁘게 해줄 차례지요."라고 말해준다.

사실 그들은 루즈벨트를 기쁘게 해주었다. 그들은 문관(文官) 근무법안이라든가, 독점 세법안 등 개혁안을 지지해준 것이다.

요는 루즈벨트의 방식은 상대에게 상의를 하여 될 수 있는 대로 그들의 의견을 들어주고, 그것이 자기의 발안(發案)인 양 상대방에게 인정토록 하여 협력하게끔 하는 것이다.

상대의 발안이라고 생각하게 하여 이쪽에 협력시키는 방법은 사업이나 정치의 세계만이 아니라, 가정에서도 효과가 있다. 오클라호마 주 다르사의 폴 데이비스가 이것을 응용한 이야기를 소개하기로 한다.

──전날 우리 집에서는 지금까지 없었던 최고의 휴가 여행을 즐겼다. 나 자신은 게티즈버그 또는 필라델피아의 독립관, 수도 워싱턴 등 명소 유적을 찾고자 했다. 바레 포지, 제임스 타운, 그리고 식민 시대를 그대로 재현한 윌리엄즈버그의 거리들은 전부터 내가 동경하고 있었던 곳이다.

3월경 아내 낸시는 여름 휴가의 계획으로 미국 서부의 뉴멕시코, 애리조나, 캘리포니아, 네바다 등 각 주의 명소를 순례해 보고 싶다고 나에게 말했다. 벌써 몇 년 전부터 꿈꾸고 있던 여행이라고 한다. 그러나 이 두 가지 방안을 같이 실행할 수는 없었다.

딸아이 앤은 중학교에서 미국 역사의 과정을 막 끝내고 자기 나라의 역사에 흥미를 갖고 있었다. 그래서 내가 "어때, 여름 방학에 네가 학교에서 배운 역사에 관계 있는 곳을 방문해보면."했더니 딸은 두말 없이 찬성이다.

그리고 2, 3일 후의 일이다. 저녁 식사 때 집안 식구가 다 모인

자리에서 아내 낸시는 여름 휴가에는 가족 전부가 동부의 각 지방을 여행하고 싶다고 말한다. 특히 딸 앤에게는 훌륭한 공부도 되고, 그외 사람에게도 뜻 있는 여행이 된다고 말한다. 전원이 찬성한 것은 말할 것도 없다.

이와 같은 심리를 응용하며 모 X선 장치 제조업자가 브룩클린의 큰 병원에 자기 회사의 제품을 매매한 것이다. 이 병원은 증축중이며, 미국 유일의 X선과를 창설하려고 했다. 각각 자기 회사 제품의 성능 설명서를 첨부하여 X선 장치를 매매하려고 들이닥치는 세일즈맨의 무리들 때문에 X선 담당인 L박사는 몹시 골머리를 앓고 있었다.

그 중에는 교묘한 업자가 있었다. 그는 다른 업자와는 비교가 안 될 정도로 교묘하게 사람의 심리를 잡았다. 다음과 같은 편지를 L박사에게 보낸 것이다.

저희 회사에서는 최근 X선 장치의 최신형을 완성하였습니다. 지금 막 제1회의 제품이 사무실에 도착했습니다. 물론 금번의 제품도 완전한 것이라고는 결코 생각하고 있지 않습니다. 앞으로 더욱 개량하는 데 노력하고자 합니다. 그러하므로 대단히 폐가 되리라고 생각합니다만, 한번 선생님의 검사와 확인을 받고서 개량 방법에 대하여 의견을 들려주시면 더없는 행운이라고 생각됩니다. 대단히 다망하신 줄 생각되기에 회보주시면 언제든지 마중할 자동차를 보내도록 준비하고 있습니다.

강습회에서 L박사는 이때의 이야기를 이렇게 들려주었다.

―― 이 편지는 뜻밖이었다. 뜻밖인 동시에 기쁘기도 했다. 나는 그때까지 X선 장치 제조업자로부터 의견을 들려달라는 경우는 한 번도 없었다. 이 편지는 나에게 중요감을 준 것이다. 그 주에는 매일 밤 약속이 있었으나, 그 장치를 검사하고 확인하느라고 어느날 밤의 약속을 취소했다. 그 장치는 보면 볼수록 마음에 들

었다.

나는 그것을 강제로 매입한 것은 아니다. 병원을 위해서 그 장치를 매입하게 한 것은 나의 마음이 자발적으로 움직였기 때문이다. 그 장치의 우수한 점에 반해서 계약을 체결한 것이다.

우드로우 윌슨이 대통령 재임 중 에드워드 하우스 대령은 국내와 외교의 여러 문제에 대하여 많은 영향력을 갖고 있었다. 윌슨은 중요 문제의 상담 상대로 하우스 대령을 장관들 이상으로 신임하고 있었다.

대령은 어떤 방법으로 대통령의 신임을 얻을 수 있었나? 다행히도 대령 자신이 아서 스미스에게 그것을 털어놓고, 스미스는 그것을 〈세터데이 이브닝 포스트〉 지에 기고하고 있다.

── 하우스 대령은 대통령에 대해서 다음과 같이 말한다.

"대통령을 모시게 되고부터 알게 된 일이지만, 그를 어떤 생각으로 유도하려면 그것을 아무런 잡념없이 그의 마음속에 심어주고 관심을 갖도록 하는 것이 제일 좋은 방법이었다. 즉, 그가 자주적으로 그것을 생각했다고 마음먹게 하는 것이다. 처음에 나는 우연한 일로 이것을 알게 되었다. 어느 날 백악관으로 대통령을 방문하고, 어떤 문제에 대하여 토론을 했다. 그는 아마도 반대인 것 같았다. 그러나 수일 후에 만찬회 석상에서 그가 발표한 의견이 전에 내가 대통령에게 말한 것과 꼭 같았다. 이것에는 나도 놀랐다."

거기에서 하우스 대령이 "그것은 대통령의 의견은 아니지요. 원래는 나의 의견입니다."라고 반박했을까? 대령은 결코 그렇게는 말하지 않았다. 연기가 한층 앞서 있었다. 대령은 명분보다 실속을 바란 것이다. 그 의견은 어디까지나 대통령의 의견이라고 대통령 자신에게도 또 다른 사람에게도 알렸다. 대통령에게 명예를 준 것이다.

우리들의 교섭 상대는 모두 윌슨 같은 사람이라는 것을 생각하고 하우스 대령의 방법을 많이 이용해야 될 것이다.

수년 전의 일로 캐나다의 뉴브란즈위크 주에 사는 한 남자가 이 방법을 써서 나를 고객의 한 사람으로 만들고 말았다. 그때의 이야기는 이렇다. 나는 낚시와 뱃놀이를 겸해서 뉴브란즈위크에 갈 계획을 세워서 교통 공사에 문의 편지를 발송했다. 이쪽의 주소·성명이 리스트에 실렸는지 곧 산장이나 안내소로부터 무수한 안내서와 팜플렛이 쇄도했다. 대체 어느 것이 좋은지 전혀 알 수가 없었다. 그러나 그 중 어느 산장에서 온 안내장이 아주 마음에 드는 것이 있었다. 그 안내장에는 옛날 그 선장에 숙박한 일이 있는 뉴욕 거주 인사들의 성명과 전화 번호가 일렬로 적혀 있고, 그 사람들에게 전화로 그 산장의 모양을 문의해달라고 씌어 있었다.

나는 그 명부 중에 아는 사람의 성명도 있다는 것에 놀라웠다. 나는 즉각 이 사람에게 전화를 걸어 문의했다. 그리고 그 산장에 예약을 신청한 것이다. 다른 산장에서는 나에게 억지로 자기 안내소에 오라고 했지만, 이 산장의 주인은 나의 마음을 그쪽으로 향하게 한 것이다. 그의 승리였다.

2500년 전에 중국의 현인 노자(老子)가, 현대에도 통용되는 다음과 같은 말을 남기고 있다.

"강이나 바다에 수를 헤어릴 수 없는 많은 개울물이 모이는 것은 몸을 낮게 도사리는 까닭이다. 그러므로 강이나 바다는 모든 개울물에 군림할 수 있는 것이다. 똑같이 현자는 사람 위에 서려면 사람 밑에 몸을 두고, 사람 위에 서도 사람은 그 무게를 느끼지 못하고, 사람 앞에서도 사람 마음을 상하게 하지 않는다."

사람을 설득하는 원칙 ⑦

상대로 하여금 생각해내도록 한다.

제8장
남의 입장이 된다

　상대는 잘못되어 있을지도 모르지만, 그 자신은 자기가 잘못이라고는 결코 생각하지 않고 있다. 그러니 상대를 비난해 보아야 소용이 없다. 비난이란 어떤 바보라도 할 수 있는 것이다. 이해하도록 노력을 해야 된다. 현명한 사람은 상대를 이해하려고 노력한다.

　상대의 생각, 행동에는 각각 상당한 이유가 있을 것이다. 그 이유를 찾아내지 않으면 안 된다──그러면 상대의 행동, 나아가서는 상대의 성격에 대한 열쇠까지도 잡을 수 있게 된다.

　참으로 상대의 입장이 되어 보아야 한다. "만일 내가 상대였다면, 과연 어떻게 생각하고 어떻게 반응했을까?"라고 자문 자답해 본다.

　이것을 해보면, 화를 내어 시간을 낭비하는 것은 어리석은 짓이다. 원인에 흥미를 가지면 결과에도 동정을 갖게 되는 것이다. 더욱 사람을 다루는 방법이 한 단계 익숙해지는 것이다.

　케네스 구드는 그의 저서에서 이렇게 말하고 있다.

　"자기 스스로 반성해보고, 자기에 대한 강렬한 관심과 자기 이외의 사람에 대한 적당한 관심과를 비교하고, 다음으로 그 점에 대해서는 인간은 모두가 똑같다고 생각하면 모든 직업에 필요한 원칙을 파악할 수 있다. 즉, 사람을 다루는 비결은 상대의 입장에 동정하고 그것을 같이 잘 이해하는 것이다.”

뉴욕 주 헴프스데드의 샘 더글라스는 가끔 아내에게 이렇게 말했다.

“당신은 잡초를 뽑고, 비료를 주며, 매주 두 번씩이나 잔디를 깍는다든지 대단한 시간을 잔디 손질에 소비하고 있으나, 4년 전 이사 올 당시와 비교해서 보기에는 조금도 좋아진 것 같지 않군.”

당연히 이 말에 아내는 낙심하여 그날 밤의 공기도 갑갑하게 되었다.

강습회에 참가하고서야 더글라스는 자기가 너무나 어리석었다는 것을 비로소 알게 되었다. 아내가 정원의 손질을 얼마나 즐겁게 하고 있었나, 또는 그 일 하는 것을 한 마디라도 칭찬을 했으면 얼마나 좋아했을까, 전연 생각해보지도 않았던 것이다.

어느 날 저녁 식사 후에 아내로부터 잡초를 뽑는데 거들어달라는 부탁을 받고 일단 거절했으나, 생각을 고쳐 더글라스는 아내를 따라 정원에 나가서 풀뽑기를 거들었다. 한 시간 가까이 풀뽑기를 하는 동안에 두 사람 사이에는 많은 대화가 오고 갔다.

그 후 더글라스는 가끔 정원의 손질을 거들게 되었고, 꼭 콘크리트로 다져놓은 것같이, 정원을 이렇게 훌륭하게 잔디를 자라게 한 솜씨는 대단한 것이라고 아내를 칭찬하였다. 기껏 잡초뽑기 일이지만, 더글라스는 아내의 입장에서 생각해보는 것을 배웠기 때문에 부부 사이가 지금까지보다 원만하게 되었다고 말하는 것이다.

J·S·니렌버그 박사는 그의 저서 《사람과 교제하는 법》에서 다음과 같이 기술하고 있다.

‘자기의 의견만 말하는 것이 아니라, 상대의 의견도 존중하는 데서 대화는 트인다. 먼저 대화의 목적, 방향을 분명히 해 놓고, 상대방의 입장이 되어서 대화를 진행시키며 상대의 의견을 받아들이면 이쪽의 의견도 상대는 받아들이게 된다.’

우리 집 부근에는 공원이 있다. 나는 언제나 거기에 가서 기분 전환을 꾀한다. 나는 평소부터 떡갈나무에 대하여 경건(敬虔)에 가까운 애정을 품고 있으나, 그 나무가 운 나쁘게도 계절마다 산불에 타는 것을 보면 슬퍼서 못 견딘다. 산불의 원인은 담배 꽁초가 아니다. 대개는 원시 생활을 동경하여 공원을 찾아온 소년들이 숲속에서 소시지나 계란을 요리한 뒤의 부주의로 인한 것이다. 때로는 큰불이 되어 소방차가 출동하지 않으면 안 될 때도 있다.

'모닥불을 엄금함. 위반자는 처벌함.'이란 푯말이 공원의 한쪽에 세워져 있으나, 별로 사람들의 눈에 띄지 않는 장소이기에 그 효과에 큰 기대를 할 수 없다. 기마 경찰관이 공원의 경계에 임하도록 되어 있으나, 별로 엄중하게 단속하지 않으므로 산불은 근절되지 않는다.

어느 날 나는 불을 발견하고는 경찰관에게 달려가서 곧 소방서에 알려주도록 말을 했다. 그러나 놀란 것은 담당 구역이 아니므로 할 수 없다는 냉담한 대답이었다. 그 이후 나는 공원에 말을 타고 산책할 때는 공원 보안관이 된 기분으로 행동했다. 그러나 처음에는 유감스럽게도 소년들의 입장에서 생각해보려고는 하지 않았다. 숲속에서 모닥불을 발견하면 굉장히 화를 내게 되고, 정의감에 불타서 나도 모르게 잘못된 방법을 취했다. 소년들의 곁에 달려가서 모닥불을 피우면 처벌되니 그만두라고 위협하듯이 화를 내며 명령하였다. 그래도 듣지 않는 경우에는 경찰관에게 체포를 요청하겠다고 위협했다. 소년들의 입장 같은 것은 조금도 생각지 않고 그저 나의 기분대로 행동하는 데 그쳤다.

그 결과는——소년들은 나의 명령대로 했다. 내심으로는 화를 내며 억지로 명령대로 따른 것이다. 내가 보이지 않으면 그들은 또 모닥불을 지필 것이다. 큰불이 나서 공원이 몽땅 타버렸으면 속이 시원하겠다고 생각하고 있었는지도 모른다.

그 당시를 생각하면, 지금에 와서는 나도 조금은 인간 관계를 이해하게 되고, 겨우 상대의 입장에서 사물을 생각할 수 있게 되었다. 지금 같으면 아마 다음과 같이 말할 것이다.

"제군들, 대단히 기쁜 모양이군. 맛있는 음식은 뭐냐? 나도 소년 시절에는 너희들처럼 야외에서 요리를 장만하는 것이 즐거웠단다 —— 지금도 그렇다. 그러나 너희들도 잘하고 있으리라고 생각하지만, 여기서 모닥불을 피우는 것은 위험하지. 너희들이야 설마 불을 내지는 않겠지만, 그 중에는 부주의한 아이들도 없지 않으니까. 너희들의 모닥불 피운 장소를 보고, 또 여기서 모닥불을 피우고 끄지도 않고 집에 돌아가버린다. 그러면 그 불이 마른 잎에 번져 큰불이 나는 거란다. 여간 주의하지 않으면 이 공원은 벌거숭이가 되고 말 것이다. 여기서 모닥불을 피우면 처벌받게 되어 있지만, 너희들의 즐거워하는 표정을 보는 것은 기분이 좋은 일이야. 그 대신 모닥불 가까이 있는 낙엽은 전부 먼 곳으로 밀어내어주려무나. 그리고 돌아갈 때는 꼭 잊지 말고 많은 흙을 덮어 불을 잘 꺼야 한다. 이 다음부터 모닥불을 피울 때는 이 언덕 너머의 모래땅에서 해다오. 거기 같으면 걱정없으니까……자, 여러분들 아무쪼록 유쾌하게 놀아요."

같은 일이지만, 이와 같이 한다면 그 효과는 판연히 다르다. 소년들도 협력할 기분이 난다. 불평 불만도 없다. 강제도 아니다. 그들의 체면도 서는 것이다. 그들의 입장을 생각해보는 것으로 나에게도 그들에게도 기분 좋은 결과가 얻어지는 것이다.

오스트레일리아의 뉴사우스 웰즈 주에 사는 엘리자베스 노바크 부인은 신용 대부로 구입한 자동차 대금의 지불이 6개월이나 밀려 있었다. 그 경우는 이러했다.

—— 어느 금요일에, 이 차의 신용 대부를 담당하고 있는 남자로부터 심술궂은 전화가 걸려왔다. 월요일 아침까지 122달러를 준비할 수 없으면 규정에 의해 조치한다는 것이다. 주말이라서

돈을 구하기 어려웠다. 그냥 월요일 아침을 맞이한 나에게 이내 전화가 걸려왔다. 최악의 사태를 각오했지만, 보기 흉한 모습을 해서는 안 된다고 생각하고, 먼저 상대방의 입장에서 사태를 관 망해보기로 했다. 그래서 귀찮게 굴어서 미안하게 되었다고 먼저 사과를 하고, 나처럼 몇 번이나 지불을 늦추는 고객은 최저의 부류에 속하리라고 말했다. 그랬더니 그제야 상대의 말씨가 갑자기 부드러워지면서 "당치도 않습니다."라고 하더니, 고객 중에는 실로 난폭하고 예의에 벗어난 자도 있고, 거짓말을 한다든가 피해 다니는 사람들까지도 있다며 예를 들면서 말해주었다. 나는 그의 말에 귀를 기울이고, 그가 속시원히 고민을 털어놓을 수 있도록 놓아두었다. 얼마 후 그는 내가 부탁도 하지 않았는데 지금 곧 전액을 지불하지 않아도 된다고 말하면서 월말까지 20달러를 지불하고, 나머지는 형편이 되는 대로 지불해주면 된다고 했다.

남에게 무엇을 부탁할 때는 먼저 눈을 감고 상대의 입장에서 그 일을 잘 생각해보아야 될 것이다. '어떻게 하면 상대는 그것을 하고자 할까?'라고 생각해본다. 이 방법은 귀찮기는 하다. 그러나 이것으로 아군은 불어나며 더욱 좋은 결과가 쉽게 얻어지는 것이다. 하버드 대학의 드남 교수는 이렇게 말하고 있다.

"나는 남과 면접할 경우에는, 먼저 이쪽에서 말할 것을 충분히 생각하고, 거기에 대해서 상대는 무엇이라고 대답할 것인가 확실한 짐작이 설 때까지는 상대방의 집 앞을 두 시간이든 세 시간이든 왔다갔다 하면서 집에는 들어가지 않는다."라고.

이 책을 읽고, 상대의 입장에 서서 사물을 끝까지 똑똑하게 판단할 수 있는 방법을 터득한다면 이 책은 당신의 생애에 획기적인 역할을 하게 될 것이다.

사람을 설득하는 원칙 ⑧
남의 입장이 된다.

제9장
동정을 갖는다

　구론(口論＝마주대고 입으로 논쟁함)이나 나쁜 감정을 소멸시키고, 상대에게 선의를 갖고, 당신의 주장을 얌전하게 듣게 하는 마술의 문구를 들춰내보자.

　"당신이 그렇게 생각하는 것은 지당합니다. 만약 내가 당신이었다면 저 역시 똑같이 생각했을 것입니다."

　이렇게 말을 시작하는 것이다.

　아무리 심술 사나운 사람이라도 이렇게 대답을 하면 순해지는 것이다. 더욱 상대의 입장이 되면, 당연히 상대와 같은 생각을 하게 되니까 이 문구에는 100퍼센트의 성의가 담길 것이다. 가령 우리가 카포네와 똑같은 정신과 육체를 가지고 태어나서, 똑같은 환경에서 자라고, 똑같은 경험을 쌓았다고 하면 카포네와 조금도 다름없는 인간이 되어 카포네와 같은 짓을 할 것이다.

　우리들이 뱀이 아닌 유일한 이유는, 우리들의 양친이 뱀이 아니었기 때문이다.

　우리들의 인격은 자신이 직접 형성한 부분은 극히 적다. 따라서 우리가 접촉하는 상대가 아무리 초조해하고, 편벽(偏僻)하고, 비굴하며, 사리를 분별 못 하는 사람이라 해도 그 책임의 모두를 본인에게 돌릴 수는 없다. 마음 아프고 가엾게 생각해야 할 것이다. 동정을 해주어야 될 것이다. 그리고 이렇게 생각한다.

‘만일 하느님이 자비를 베풀지 않았다면 이 상대가 나 자신의 모습일 것이다. ’

우리들이 접촉하는 상대의 4분의 3은 전부가 동정에 허기져 있을 것이다. 그것을 주는 것이다. 그리하면 틀림없이 호감을 살 것이다.

《어린 풀 이야기》의 저자 루이자 메이 올코트의 이야기를 나는 라디오에서 방송한 적이 있다. 물론 나는 그녀가 메사추세츠 주의 콩고드에 살고 있었다고 방송해버린 것이다. 그것도 한 번도 아닌 두 번이나 말해버렸으니, 언어 도단이다. 당장 날카로운 비난의 편지 또는 전보가 속속 날아들었다. 분개하고 있는 사람이 대다수였으나, 그 중에는 모욕을 하고 있는 사람도 있었다. 메사추세츠 주의 콩고드에서 자라고, 필라델피아에 살고 있는 오래된, 나쁜 습관을 가지고 있는 듯한 어느 여성은 특히 대단히 화가 난 태도였다. 만일 내가 올코트 여사는 식인종이었다고 해도 그 이상 화를 낼 수는 없었을 것이다. 나는 편지를 읽으면서 ‘하느님 고맙습니다. 이 여자와 결혼하지 않아서 참으로 다행입니다. ’라고 마음속에서 말했다. 나는 지리적인 잘못이지만, 그녀는 예의상의 큰 잘못을 저지르고 있는 것이다. 첫머리에 그렇게 써서 답장을 해주고 싶었다. 그러나 그런 것은 어떤 바보라도 할 수 있다──바보들은 대개 그렇게 한다는 것을 알게 되었다.

나는 바보가 되기는 싫었다. 그래서 그녀의 적의를 호의로 바꿔보려고 결심했다. 말하자면 일종의 장난이다. 나는 나 자신에게 타일렀다──“만일 내가 그녀였더라도 역시 그녀처럼 생각되었을 것이다.”

그래서 나는 상대의 입장을 이해하려고 노력했다. 그 후 필라델피아에 갔을 때, 그녀에게 전화를 걸어 다음과 같은 대화를 했다.

나——아직 뵈온 적은 없습니다만, 데일 카네기란 사람입니다. 얼마 전 내가 올코트 여사에 관한 방송을 할 때, 메사추세츠하고 뉴햄프셔를 잘못 말해서 예상치도 않은 과오를 범한 것을 알고 계실 줄 압니다. 그래서 사과를 드리고자 합니다. 친절하게도 편지까지 해주셔서 정말 무엇이라고 인사를 드려야 좋을지 모르겠습니다.

그녀——아아, 이것 참 실례했습니다. 그런 편지를 드리게 되어서……. 아마 제가 어떻게 되었던 모양이죠. 나야말로 사과해야 됩니다.

나——아니, 당신이 사과할 필요는 조금도 없습니다……. 국민학교 학생이라도 알고 있을 것을 잘못 말했으니까요. 우선 다음 날 일요일 방송에서 사과는 했습니다만, 당신에게는 직접 사과하고자 합니다.

그녀——나는 메사추세츠의 콩고드에서 태어났습니다. 원래 우리 집은 메사추세츠에서도 오래된 집안으로, 나는 내가 태어난 주를 대단히 자랑으로 여기고 있습니다. 그래서 당신의 방송을 듣고, 나도 모르게 그런 편지를 쓰고 말았습니다. 대단히 부끄러운 일이라고 생각합니다.

나——아니 부끄러운 것은 저 자신입니다. 제가 잘못했다고 해서 별반 메사추세츠의 명예에 흠이 나는 것은 아니지만, 나는 참으로 마음아팠습니다. 참으로 잘 알려주셨습니다. 이후에도 아무쪼록 잘 지도해주시기 바랍니다.

그녀——그와 같은 실례의 편지를 드렸는데도 조금도 화를 내지 않으시니 참으로 훌륭한 분이라고 생각됩니다. 나야말로 잘 부탁드립니다.

이렇게 내가 그녀에게 사과하고 그녀의 입장에 동정을 하자 그녀도 나에게 사과하고, 나의 입장에 동정해주었다. 나는 일시적으로 일어나는 화를 참은 보람이 있었다고 생각하고 맑은 기분이 되었다. 상대를 굴복시키기보다 상대에게 호감을 갖도록 하는 것이 훨씬 유쾌한 것이다.

역대의 대통령들은 매일 귀찮은 인간 관계의 문제에 직면하게 된다. 데프트 대통령도 그 예에서 벗어나지 않았다. 그는 경험에 의해서 나쁜 감정을 중화(中和)하는 데는 동정이 절대적인 힘을 갖고 있다는 것을 알게 되었다. 데프트의 저서《봉사의 윤리학》속에는 흥미 있는 실례를 들어, 어떻게 하여 남의 반감을 누그러 뜨렸나를 기술하고 있다. 그 한 구절을 소개하자.

―― 워싱턴에 사는 한 여성이 그녀의 아들을 어느 지위에 앉히기 위하여 6주간이 넘도록 매일 나에게 찾아오고 있었다. 그녀의 남편은 정계에서도 다소 이름이 통하는 사람이다. 그녀는 많은 상하 양원의 의원들을 자기 편으로 끌어들여 맹렬한 운동을 계속하고 있었다. 그러나 그 지위는 전문적인 기술을 필요로 함으로, 나는 부(部) 또는 국(局)의 책임자의 추천에 따라 다른 사람을 임명했다. 그녀로부터는 즉각 원망의 편지가 왔다. 내가 마음만 먹으면 문제없이 그녀를 기쁘게 해줄 수 있었을 텐데, 그것을 해주지 않은 것은 배은망덕이라고 했다. 내가 특히 관심을 갖고 있던 법안을 통과시키기 위해 그녀는 그 지방에서 선출된 국회의원 전원을 설득시켜 그 법안을 지지해주도록 했음에도 불구하고 은혜를 원수로 갚게 했다고까지 지적했다.

이와 같은 편지를 받게 되면 누구나 화를 참지 못하고 그 무례함을 벌하고자 할 것이다. 그래서 곧 반박의 편지를 쓴다. 그러나 현자(賢者)는 그 같은 편지를 이내 띄우지 않는다. 책상 서랍에 넣어 자물쇠를 채워두고 2, 3일 지나서 꺼낸다. (그런 편지는 2, 3일 늦어도 지장이 없다.) 냉각 기간을 두고 다시 읽어보면 우체통에 넣을 기분이 없어진다. 나는 이와 같은 현자의 방법을 취했다. 나는 다시 그녀에게 가능한 범위 내에서 정중한 편지를 쓰고 그녀의 실망은 충분히 짐작하지만 실지 그 인사는 내 마음대로 할 수 없으며, 전문적 기술을 가진 자가 아니면 될 수 없기 때문에 국장의 추천에 따르지 않을 수 없었다며 양해해달라고 적었다. 또 그녀의 아들은 현재의 직위에 있어도 그녀의 기대에 충분히 보답할 수 있으니 많은 노력을 해주기를 바란다고 강조해 두었다. 이 답장으로 그녀는 기분을 고쳐서 그런 무례한 편지를 쓰게 되어 할 말이 없다고 사과했다.

그런데 내가 임명하기로 결정한 사람의 발령이 좀 늦어졌다. 그러는 사이에 이번에는 그녀의 남편으로부터 편지가 왔다. 자세히 보니 전의 편지와 같은 필적이었다. 그 편지에는 2일 이후, 그녀는 실망이 커서 신경쇠약이 되고, 위암 증상이 나타나서 현재 빈사 상태라고 씌어 있었다. 자식을 임명해주면 그녀의 병도 나을 것이나 그렇게는 할 수 없었다. 나는 또 한 번 편지를 쓰지 않으면 안 되었다. 이번에는 그녀의 남편에게 썼다. 진단이 오진(誤診)이기를 빌며, 또 그녀의 병에는 동정하지만 이 인사는 변경할 수 없다고 했다. 그때는 이미 사령장을 내고 있었다. 편지를 받고 2일 후 나는 백악관에서 음악회를 개최하였다. 그런데 제일 먼저 우리 부부에게 인사한 것은 그들 부부였다——편지에 의하면 그 아내는 요 며칠 전까지 임종의 자리에 누워 있어야 하는데…….

J. 멘검은 오클라호마 주 다루사의 엘리베이터·에스컬레이터 보수 회사의 사원이었다. 회사는 다루사에서는 유수의 호텔과 엘리베이터의 보수 계약을 맺고 있었고, 최저 8시간이 걸리는 수리가 필요하게 되었다. 호텔 지배인은 손님에게 불편을 주지 않게 하기 위해서 한 번에 2시간 이상 에스컬레이터 사용을 중지해서는 곤란하다고 했다.

이 수리를 할 수 있는 제1급의 정비사를 겨우 확보했을 때 멘검은 곧 이 호텔 지배인에게 전화를 걸어, 수리에 소요되는 시간에 대해서는 아무런 언급도 없이 다음과 같이 말을 했다.

"지배인님, 당신네 호텔은 바쁘니까 에스컬레이터 사용 중지 시간을 최소한 줄이려는 기분은 충분히 알고 있습니다. 그러니 될 수 있는 한 그 희망에 따르도록 하겠습니다만, 에스컬레이터 상태로 보아 지금 완전하게 보수해두지 않으면 손상이 심해져서, 다음부터는 더 오랜 시간 동안 사용 중지를 하지 않으면 수리도 불가능하게 됩니다. 며칠간씩 에스컬레이터가 중지하여 손님에게 불편을 끼치게 되면 곤란하지요?"

며칠씩이나 에스컬레이터가 중지하는 것에 비하면 8시간 쪽이 훨씬 나은 편이라서 지배인도 승낙하지 않을 수 없게 되었다. 말하자면 지배인의 기분에 동정하는 것으로, 멘검은 쉽게 원망을 듣지 않고 지배인을 자기 생각에 따르게 할 수 있었다.

미주리 주 센트루이스의 피아노 여교사 조이스 노리스는 10대 소녀의 손톱을 자르게 한 경험을 다음과 같이 이야기했다. 그녀의 피아노 교습생 바베트는 보통 사람보다 월등하게 손톱을 기르고 있었다. 이것은 피아노 연습에 큰 문제가 된다.

──그 긴 손톱이 피아노 연습에 장해가 되는 것은 명백했으나, 레슨 전에 둘이서 말할 때는 이 손톱에 대해서는 전연 언급하지 않았습니다. 레슨을 그만두겠다고 말해도 곤란하고 또 언제나 자랑으로 여기고 손질을 열심히 한 것을 잃기 싫어하는 소녀의 기분도 알고 있었으니 말입니다.

첫 번째의 레슨이 끝나고 적합한 때라고 생각한 나는 그녀에게 이렇게 말했습니다. "얘, 바베트. 너의 손은 참 아름답고 손톱도 훌륭해요. 그러나 네가 희망하는 만큼의 피아노 솜씨를 얻으려면 손톱을 좀더 짧게 잘라봐요. 그것만으로 얼마나 빨리, 얼마나 쉽게 피아노를 칠 수 있게 되는지 아마 깜짝 놀랄 거예요. 한번 잘 생각해봐요." 나의 말에 그녀는 얼굴을 찡그리며 반발의 기세를 보였습니다. 나는 그녀의 어머니에게도 말을 하여 딸의 손톱의 아름다움을 칭찬했습니다. 어머니도 역시 부정적인 반응을 표시했습니다. 어머니도 바베트의 아름답게 메니큐어한 손톱을 귀중하게 여긴 모양입니다.

그 다음날 아침에 바베트는 두 번째 레슨을 받으러 왔습니다. 놀랍게도 그녀의 손톱은 깨끗하게 잘려 있었습니다. 나는 "잘 결심했어요."라고 그녀를 칭찬하고, 또 그것을 그녀에게 권해준 어머니에게도 인사를 했습니다. 그러나 어머니의 대답은 뜻밖이었습니다. "아네요, 나는 관여하지 않았어요. 바베트 자신이 한 일입니다. 누가 권했는지요. 좌우간 이 애가 손톱을 짧게 한 것은 이번이 처음입니다."하고 말하는 것이었습니다.

노리스 부인은 바베트를 위협해서 손톱을 길게 한 소녀에게 피아노를 가르칠 수는 없다고 말하지는 않았다. 오히려 부인은 바베트의 손톱은 대단히 아름답고, 그것을 자르는 것은 바베트에게 있어서는 대단한 희생이라고 동정하는 기분을 상대에게 전한 것이다. 노리스 부인의 말은 다음과 같은 뜻이 된다—— '나는 당신에게 동정을 하고 있습니다. 손톱을 자르는 것은 매우 괴로운 일이었을 것입니다. 그러나 결국 그것으로 당신의 음악 기능은 향상될 것입니다.'

S·휴로크는 미국에서는 일류 음악 매니저였다. 그는 반세기 가까운 동안에 살리아 핀, 이사도라 던컨, 파브러브 등 세계적인 예술가들과 교제를 해왔다. 예술가들을 잘 움직이려면 그들의 보통이 아닌 개성에 대한 동정이 절실히 필요하며, 그것을 그는 무엇보다도 먼저 배웠다고 말한다.

그는 살리아 핀의 매니저로 3년간 일했으나, 이 대가수에게는 언제나 감당 못할 정도로 애를 먹었다.

예를 들면, 살리아 핀은 밤무대에 서게 되어 있는데도 오후쯤 전화로 "기분 나쁘고 목의 상태가 좋지 않으니 오늘 저녁에는 노래할 수 없다."라고 하는 일이 가끔 있었다. 휴로크는 흔히 있는 일이므로 결코 반대하지 않았다. 매니저는 예술가하고 토론하는 것은 아무 소용이 없다는 것을 잘 알고 있는 것이다. 급히 살리아 핀이 묵고 있는 호텔로 달려가서 자꾸만 동정을 해보인다. "안 됐군요. 물론 오늘 저녁에는 노래를 안 하는 것이 좋지요. 취소합시다. 무리하게 노래해서 평판이 나빠지기보다는 2천 달러의 계약을 취소하는 것이 훨씬 당신에게 덕입니다."

그러면 살리아 핀은 한숨을 쉬며 "조금 있다가 다시 와보세요. 5시경에는 출연할 수 있나 없나를 알 수 있을 겁니다."라고 한다.

5시가 되어 또 호텔에 달려가서 아까처럼 동정을 표시하고, 무리를 하지 말라고 권하면 살리아 핀은 "조금만 더 있으면 좋아질지 모릅니다. 한 번 다시 와주세요."라고 대답한다.

결국 7시 30분 개막 직전이 되어서 살리아 핀은 겨우 출연을 승낙한다. 단 사전에 청중에게 감기로 음성이 좀 상했다고 양해를 구하는 조건이 붙어 있다. 휴로크는 그 정도의 분위기를 충분히 알고 있어서 청중에게 그렇게 전했다고 살리아 핀을 속이고는 무대에 서게 한다. 이 이외에는 방법이 없는 것이다.

아서 게이츠 박사의 유명한 저서 《교육 심리학》에 이렇게 씌어 있다.

'사람은 일반적으로 동정을 바라고 있다. 어린아이는 상처를 보이고자 한다. 때로는 동정을 구하고 싶어 자기 스스로 상처를 만들기도 한다. 어른들도 마찬가지다 —— 상처를 보이고, 재난이나 병 이야기를 한다. 특히 수술을 받았을 때의 이야기 같은 것은 상세하게 말을 하고자 한다. 불행한 자신에 대하여 자기 연민(憐憫)을 느끼고 싶은 기분은 정도의 차가 있을 뿐 누구에게도 있는 것이다.'라고.

사람을 설득하는 원칙 ⑨
상대의 생각이나 희망에 대해서 동정을 갖는다.

제10장
아름다운 심정에 호소한다

나는 미주리 주(州)에서 자랐는데 근처에 유명한 도적, 제시 제임스가 살았던 농원이 있었다. 이 농원에는 그 당시 제시의 아들이 살고 있었다.

나는 그 아들의 아내로부터 제시가 열차나 은행을 습격했을 때의 상황이며, 빼앗은 돈을 인근의 가난한 농부들에게 나누어준 이야기를 들었다.

제시 제임스도 쌍권총의 클로레, 알 카포네 등의 갱의 '대부'와 같이 자기는 이상주의자라고 생각하고 있었던 것 같다. 모든 사람은 자기 자신을 훌륭한 몰아적(沒我的) 인물이라고 생각하고자 한다.

미국의 대 은행가요, 미술품 수집가로서도 유명한 J·P·모르건은 인간의 심리를 분석하여 "보통 사람들의 행위에는 두 가지의 이유가 있다. 하나는 그럴 듯하게 윤색된 이유, 또 하나는 진실의 이유다."라고 말한다.

진실의 이유는 남이 이러쿵저러쿵 말하지 않아도 본인은 알고 있는 것이다. 인간은 누구나 이상주의적 경향을 가지며, 자기의 행위에 대해서는 아름답게 윤색된 이유를 붙이고자 한다. 그러므로 상대의 생각을 바꾸는 데는 이와 같은 아름다운 이유를 붙이고자 하는 마음에 하소연하는 것이 유효하다.

이것을 상업에 응용하면 어떻게 되는가. 펜실베이니아 주(州)의 그레놀덴에서 아파트를 경영하고 있는 해밀튼 파렐의 경험에서 생각해보자. 파렐의 아파트에, 계약 기간의 4개월 전에 아무래도 이사를 해야 한다고 하는 남자가 있었다. 다음은 파렐이 나의 강습회에서 공개한 이야기다.

—— 이 일가(一家)는 나의 아파트에서 겨울을 나고 있었다. 겨울은 1년 중에서 가장 경비가 많이 드는 시기다. 가을이 될 때까지는 아마도 새로운 입주자는 없을 것이다. 즉 나로서는 가을까지의 집세 수입이 없어지는 것이다. 나는 화가 났다.

보통 때 같으면 나는 계약서를 내보이면서, 무리하게 이사를 하려면 계약 기간 전부의 집세를 내고 가라고 위협했을 것이다. 마음만 먹으면 할 수 있는 일이고, 차라리 그렇게 해버릴까 하고 생각했다.

그러나 그렇게 떠벌리지 않고 다른 좋은 방법은 없을까? 하고 생각하면서 다음과 같이 말을 해봤다.

"말씀은 잘 알았습니다만, 나는 아무래도 당신이 이사를 한다고는 생각지 않습니다. 오랫동안 이 장사로 고생을 해서 사람을 보는 눈이 있습니다. 당신은 약속을 저버리는 사람 같지는 않다고 보고 있습니다. 이것만은 내기를 해도 좋다고 생각됩니다."

나는 계속하여 말하다가 이렇게 결론지어 말했다. "그런데 한 가지 부탁이 있습니다만, 이 문제는 이것으로 덮어두고, 2, 3일 후에 다시 한 번 생각해보지 않으시렵니까? 그래도 정 기분이 바뀌지 않는다면 당신 생각대로 합시다. 나의 판단이 잘못이었다고 단념하는 수밖에는 방법이 없습니다. 아무래도 당신은 약속을 어기는 사람이 아니라고 굳게 믿고 있으나, 서로가 사람이니까 잘못 생각할 때도 있을 것입니다."

수일 후, 그 남자는 자기 스스로 집세를 지불하러 왔다. 그는 부인과 잘 상의해서 이사를 취소하기로 한 모양이다. 결론은 역시 계약을 실행하는 것이 인간으로서 제일 중요한 일이라고 생각한 모양이다.

노스크리프 경(1865~1922, 영국의 신문업자)은 언젠가 공개하고 싶지 않은 자기 사진이 신문에 게재(揭載)된 것을 발견하고 그 신문의 편집장에게 편지를 썼다. 그러나 '내 마음에 들지 않으니 그 사진은 신문에 발표하지 말아다오.'라고는 쓰지 않았다. 그는 더 아름다운 심정에 호소한 것이다. 누구나가 지니고 있는 어머니에 대한 존경과 애정에 하소연하여 '그 사진은 신문에 싣지 말아주세요——어머니가 대단히 싫어하니까.'라고 쓴 것이다.

록펠러 2세도 그 아이들의 사진이 신문에 나는 것을 막기 위하여 인간의 아름다운 심정에 호소했다. 나는 "아이들의 사진을 신문에 발표하는 것은 찬성하지 않는다."라고 하지 않고, 어린 아이들을 상심시키지 않으려는 만인 공통의 심정에 호소했다——"당신들도 어린아이를 갖고 있기에 알고 있겠지만, 너무 세상이 떠들어대는 것은 아이들에게는 가엾은 일입니다."라고.

사일러스 커티스는 유명한 〈새터데이 이브닝 포스트〉 지와 〈레이디스 홈 저널〉 지의 창시자이지만, 메인 주(州)의 가난한 집에서 태어나 거대한 부(富)를 이룩한 입지전(立志傳)의 대표적 인물이다. 처음에 그는 다른 사와 동등한 원고료를 지불할 능력이 없었다. 하물며, 일류 작가에게 지불할 만한 원고료가 없어서 상대의 아름다운 심정에 호소하기로 했다. 예를 들면 당시의 유행 작가 올코트 여사에게는 꼭 원고를 써달라고 부탁하고 100달러의 수표를 그 작가에게 건네지 않고 그녀가 열심히 지지하고 있는 자선단체로 보내어 성공했다.

독자들 중에는 "그런 수법은 노스크리프나 록펠러, 또는 감상

주의 작가에게는 잘 통할지 모르나, 까다로운 상대로부터 빌려
준 돈을 받아내는 경우에도 과연 통용될까?"라고 의문을 표시하
는 사람도 있을 것이다.

옳은 말이다. 쓸모없는 경우도 있을 것이고, 사람에 따라서는
통용되지 않을지도 모른다. 만일 당신이 이상의 방법을 알고 있
고 그 결과에 만족하고 있다면 구태여 이런 방법을 쓸 필요는 없
다. 그러나 그렇지 못하면 한번 이것을 시험해보는 것이 어떨
까?

다음 이야기는 제임스 토마스란 남자가 나의 강습회에서 발표
한 체험담인데 꽤 흥미가 있다.

모(某) 자동차 회사에서 수리 대금을 지불하지 않으려는 고객이
6명이나 있었다. 청구액 전부에 대해서 승낙을 않는 사람은 없었
으나, 각각 그 일부가 부당하다는 것이다. 회사는 수리할 때마다
사인을 받고 있었으므로, 절대로 틀림없다고 믿고서 그대로 고객
에게 청구한 것이다. 그것이 잘못의 시초였다.

즉, 수금 계원은 다음과 같은 방법으로 미불금을 받으려고 했
으나, 과연 그것이 옳은 일이었을까?

1 단골 개개인을 방문하고는 청구서를 전하고, "몇 달이 지났
으니 이번 달에는 지불해주십시오."하고 정면으로 부딪쳤다.

2 청구서는 절대로 틀림이 없다──따라서 틀린 것은 고객
쪽이라고 확실히 설명했다.

3 자동차에 대한 일은 회사가 고객보다 훨씬 더 잘 알고 있다
──그러니 토론의 여지는 없다고 설명했다.

4 그 결과는──심한 논쟁이 되었다.

이런 방법으로는 고객이 계산을 지불할 것인가 아닌가는 생각

해보면 누구나 알 것이다.

수금계는 조사한 결과, 문제의 고객은 모두 평소에는 지불을 잘 하는 고객이라는 것을 알게 되었다. 어딘가 잘못이 있는 것이다. 수금의 방법에 무엇인가 근본적인 잘못이 있을 것이다. 지배인은 토마스를 불러서 이 문제를 해결하도록 명령했다.

토마스가 취한 수단은 다음과 같았다.

1. 지체되고 있는 수리 대금에는 한 마디도 하지 않고, 단지 지금까지 회사의 서비스 상태를 조사하고자 방문했다고 말했다.

2. 상대방의 말을 전부 들어보지 않고는, 나로서도 어떻게 해야 좋을지 모르겠다고 확실하게 전하여, 회사측에도 잘못이 있을지도 모른다고 했다.

3. 내가 알고자 하는 것은 당신의 차에 관한 것으로, 당신의 차는 당신이 가장 잘 알고 있고, 당신이야말로 당신의 차에 대한 권위자라고 했다.

4. 상대에게 말을 시키고, 상대가 바라고 있는 대로 동정과 흥미를 갖고 귀를 기울였다.

5. 얼마 후, 상대가 냉정해진 것을 알고 그의 공정한 판단에 호소했다. 즉 그의 아름다운 심정에 매달린 것이다. "우리들이 폐를 끼쳐 대단히 미안합니다. 수금계의 태도에 대하여 대단히 기분이 상했으리라 생각합니다. 참으로 부당한 이야기입니다. 회사를 대표하여 깊이 사과합니다. 말씀을 듣고 당신의 공정하고 관용한 인격에 완전히 감동했습니다. 실은 부탁이 있습니다. 이것은 당신이 아니면 할 수 없고, 당신이 가장 잘 알고 있는 일입니다. 다른 것이 아니라, 이 청구서입니다. 이것을 당신께서 정정해주시면 나도 안심이 됩니다. 당신이 우리 회사의 사장이 된 기분으로 정정해주십시오. 모든 것을 믿고, 정정하신 대로 처리할 수 있도록 해주십시오."

이것은 보기좋게 주효(奏效)했다. 6명의 고객 중에 단 한 명만은 어디까지나 회사측의 잘못이라고 주장하고 일부 대금을 지불하지 않았으나, 나머지 5명은 모두들 기분좋게 전액을 지불해주었다. 더욱 대서특필할 만한 것은, 그 후 회사는 2년간에 걸쳐 이 6명의 고객으로부터 각각 새 차의 주문을 맡을 수 있었던 것이다.

토마스는 여기에 대해서 이렇게 말을 했다.

"상대의 신용 상태가 불분명할 때는, 그를 훌륭한 신사로 보고, 그런 짐작으로 거래를 해보면 틀림없다고 나는 경험으로 알고 있다. 요는 사람은 누구나가 정직하고 자기 의무를 다하고자 생각하고 있다. 여기에 대한 예외는 비교적 적다. 사람을 속이는 자라도 상대에게 신뢰받고, 정직하고, 공정한 인물이라고 인정을 받게 되면 좀처럼 부정한 짓은 할 수 없게 된다."

사람을 설득하는 원칙 ⑩
사람의 아름다운 심정에 호소한다.

제11장
연출을 생각한다

몇 년 전의 이야기지만 〈필라델피아 이브닝 브르턴〉 지에 대하여 굉장한 중상 문제(重傷問題)가 발생했다. 악의가 있는 소문이 유포(流布)된 것이다. 그 신문은 대부분이 광고뿐으로, 기사가 얼마 되지 않아 독자들은 흥미를 잃고 있었으며, 그로 인해 광고를 내어도 효과가 별로 없다고 하는 것이 그 소문이었다. 빨리 대책을 강구해서 그 소문을 근절시키지 않으면 안 된다.

그래서 이런 방법이 취해졌다.

〈브르턴〉 지는 평소 1일분의 지면에서 기사를 전부 뽑아내어 그것을 분류해서 한 권의 책으로 출판했다. 그 책은 ‘1일’이라는 제목으로 307페이지나 되며, 아무래도 2달러 이상의 가격이 될 것으로 여겨졌다. 그런데 그것을 단 2센트에 팔기 시작한 것이다.

이 책은 〈브르턴〉 지에 재미있는 읽을거리가 다수 게재되어 있다는 사실을 효과 100퍼센트로 알린 것이다. 참으로 멋진 연출 솜씨라고 하지 않으면 안 된다. 단순히 숫자를 예로 든다든가 말로써는 며칠이 걸려도 할 수 없는 일을 단번에 해치운 것이다.

현대는 연출(演出)의 시대다. 다만 사실을 말해서만은 충분치 않다. 사실에 움직임을 주고 흥미를 첨부해서 연출을 하지 않으면 안 된다. 흥행적인 수사법을 쓸 필요가 있다. 영화, 라디오, 텔레비전 등 모두가 이 방법을 쓰고 있다. 사람의 주의력을 끌려면 이것은 무엇보다도 유효하다.

쇼 윈도의 장식을 전문으로 하는 사람이면 연출의 효과라는 것을 충분하게 알고 있을 것이다. 예를 들어 새로운 쥐잡는 약의 제약 회사가 소매점의 쇼 윈도에 살아 움직이는 쥐 두 마리를 진열한 일이 있다. 쥐를 쇼 윈도에 넣어서 선전한 주(週)에는 매상이 보통 때의 5배도 넘었다고 한다.

텔레비전 선전에는 극적 효과를 이용하는 것을 많이 볼 수 있다. 텔레비전을 보면서 시험관 안에 든 산(酸)의 색깔이 금방 변하는(그러나 다른 회사 제품의 약으로써는 변하지 않는다.) 제산약(制酸藥)의 광고, 더러워진 내복을 금세 깨끗하게 하는(그러나 다른 상표의 것은 깨끗해지지 않는다.) 비누나 세제의 광고, 또는 회전 길이나 커브 길을 쉽게 달리며, 말로 듣기보다는, 비교도 안 될 정도로 발군(拔群)의 조종성을 납득시켜주는 자동차의 화면 텔레비전에 비치는 즐거운 얼굴은 모두가 각 상품의 만족감을 생생하게 표시하는 것이다. 이런 것은 모두 광고하는 상품의 이점을 극적으로 연출한 것으로, 사실상 시청자들에게 그 상품을 사도록 하는 효과를 갖고 있다.

사업에 한정하지 않고 생활 전반에 걸쳐 극적 연출은 활용할 수 있다. 그리고 간단하다. 버지니아 주 리치몬드에서 NCR(내셔널 금전등록기) 사의 판매부 소속의 짐 이멘스는 극적 연출로 판매에 성공한 예를 다음과 같이 들려주었다.

―― 지난 주 나는 근처의 식료 잡화점을 찾아갔으나, 그 점포에서 사용하고 있는 금전등록기는 대단히 구식이었다. 나는 점포 주인에게 말했다. "당신의 점포에서는 손님 한 사람이 카운터에 올 때마다 돈을 버리고 있는 것이나 다름없어요." 그리고 실지로 한 줌의 동전을 마루에 던져보였다. 이것을 본 주인은 갑자기 나의 말에 귀를 기울였다. 이 경우 말만의 설명으로도 점포 주인의 관심을 끌기는 했겠지만, 동전이 마루에 떨어지는 소리는 즉시

그의 손을 멈추게 하는 박력을 가진 것이다. 그것으로 나는 이 점포의 구식 금전등록기를 전부 신제품으로 대체하는 주문을 받은 것이다.

이 방법은 가정 생활에도 응용된다. 옛날 남성은 연인에게 프로포즈를 할 때 그냥 사랑의 말을 하는 것 외에 무릎을 꿇는다. 그것으로 자기의 사랑의 고백이 진심이라는 것을 연출한 것이다. 이런 프로포즈를 하는 남자는 지금은 없지만, 사랑의 고백을 하는 남자는 지금도 그 장소에 알맞는 로맨틱한 분위기를 조성하는 데 마음을 쓴다.

또 극적인 연출은 어린이에게도 주효한다. 앨라배마 주 버킹검의 J·B·판트는 다섯 살 난 사내아이와 세 살 난 계집아이가 놀고 난 다음에 어질러놓은 장난감을 정돈하지 않는 것에 골탕을 먹고 있었으나, '기차 놀이'를 생각해냈다. 삼륜차를 기차로 하고, 사내아이 조이가 기관수가 되어 여동생 자네트의 짐차를 끄는 것이다. 저녁 때가 되니 자네트는 자기 짐차에 석탄이라고 가정한 장난감을 가득 싣고 "출발! 출발!"을 외치며, 오빠가 운전하는 '기관차'에 끌려서 차고에 돌아온다. 이것으로 방은 정돈되고, 설교도 말다툼도 위협도 없이 목적이 달성된 것이다.

인디애나 주(州) 미샤와카의 카스린 울프는 직장에서 발생한 문제로 상사와 상담하지 않을 수 없게 되었다. 월요일 아침에 부장에게 면회를 신청했으나, 부장은 바빠서 안 된다고 했다. 그러면 주말까지 면회 약속을 받아달라고 비서에게 부탁하니, 부장의 일정이 짜여져 있어 어렵지만 어떻게 해보겠다고 했다.

그리하여 어떻게 되었나? 울프는 다음과 같이 설명한다.

"결국 그 주에는 기다리기만 하고, 비서에게 물어도 부장을 만나지 못하는 이유만 말할 뿐이었습니다. 그럭저럭 금요일 아침이 되었으나 아무런 연락도 없었습니다. 어떻게 해서든지 그 주 내에는 만나야만 되겠기에 어떻게 하면 만날 수 있을까? 필사적으로 생각했습니다.

결국 내가 생각해낸 방법은 이와 같습니다——먼저 편지를 부장님 앞으로 띄워 '부장님이 금주 언제나 바빴다는 것은 잘 압니다. 그러나 꼭 말씀드리지 않으면 안 될 일이 있습니다.'라고 쓰고, 그 편지에 요점만 기입하면 되는 회답 용지와 내 이름을 기입한 봉투를 동봉했습니다. 반송을 의뢰한 회답 용지는 다음과 같은 것이었습니다.

다음과 같이 회답합니다.
다음
◇ 면회 일시　　　월　　일 오전　　시　　분
　　　　　　　　　　　　오후
◇ 면회 시간　　분간

이 편지를 오전 11시에 부장실의 미결 서류함에 넣어두었습니다. 오후 2시 나는 편지통에 가봤더니 내 앞으로 된 봉투가 들어 있었어요. 부장은 손수 그 '회답 용지'에 기입하여 그날 오후 10분간 면회해줄 것을 전해준 것입니다. 나는 부장과 면회하고, 더욱이 1시간 이상 상담을 하고는 문제를 해결할 수 있었습니다.

만일 내가 이와 같은 극적인 연출을 생각해내지 못했으면 아마 지금까지도 부장을 면회할 수 없었을 것입니다."

제임스 보인턴은 방대한 시장 조사 보고서를 제출해야만 했다. 모(某) 일류 콜드크림 제조 회사가 제품 가격을 인하(引下)하느냐 인하하지 않느냐에 대해서 시급하게 자료가 필요하다고 했다. 조사의 결과를 정리해서 그는 그것을 의뢰자에게 가지고 갔다. 이 의뢰자는 업계의 거물이며, 더욱이 상당히 까다로운 타입이었다.

보인턴이 처음 보고서를 가지고 갔을 때는 큰 실패였다. 여기서 보인턴 씨의 말을 소개해보자.

──처음에 나는 조사 방법에 대해서 쓸데없는 토론을 하고 말았다. 토론의 결과 나는 상대를 굴복시켜 울분을 달랠 수는 있었으나, 시간이 없어서 장사는 되지 않았다.

두 번째 방문시는, 나는 숫자의 표나 자료 등에는 구애됨이 없이 조사한 사실을 극적으로 연출해보였다.

그의 사무실에 들어가니 그는 전화를 걸고 있었다. 그 동안에 나는 가방 속에서 32개의 콜드크림 용기를 꺼내서 그의 책상 위에 진열했다. 그가 알고 있는 한도 내의 제품, 즉 그의 경쟁 상대의 제품 전부이다.

각 용기에는 조사 결과를 기입한 표가 붙어 있다. 각각의 표가 그 크림의 매매 상태를 간단 명료하게 그리고 극적으로 말해준다는 기도이다.

이 효과는 실로 눈부셨다. 첫 번째와 같은 토론이 생길 여지가 전연 없었다. 그는 하나하나 그 용기를 집어들고 거기에 붙은 표를 읽었다. 그와 나 사이에는 활기에 찬 대화가 오가고, 질문도 극히 가벼운 것 뿐이었다. 그는 상당히 흥미를 느낀 것 같았다. 10분간의 회담 약속이 20분이 되고 40분, 1시간이 되어도 우리들은 계속 대화하고 있었다.

나는 먼저와 같은 사실의 자료를 제공했지만, 이때는 연출 효과를 겨냥한 점이 다른 것이었다. 흥행적 수법이 이와 같은 효과가 있을 줄은 몰랐다.

사람을 설득하는 원칙 ⑪
연출을 생각한다.

제12장
대항 의식을 자격(刺激)시킨다

찰스 슈와브가 담당하고 있는 공사중에 업적이 오르지 않는 공장이 있었다.

슈와브는 공장장을 불러 물었다.

"당신은 상당한 수완가라고 생각하고 있는데, 생각보다 성적이 오르지 않는 것은 무슨 까닭이오?"

"저도 그것을 모르겠습니다. 겁도 주고, 달래기도 하고, 칭찬도 하며 모든 수단을 강구해봤으나, 직공들은 도무지 일을 열심히 하지 않습니다."

바로 그때 낮 근무 조와 밤 근무 조의 교대 시간이 되었다. 슈와브는 분필을 손에 쥐더니 낮 근무 직공을 보고 물었다.

"딩신 조는 오늘 몇 번이나 주물을 부었소?"

"6번입니다."

슈와브는 아무 말 없이 마룻바닥에 '6'이라고 쓰고 나가버렸다. 밤 근무조가 들어와서 이 글자를 보고 그 뜻을 낮 근무조의 직공에게 물었다.

"사장이 이 공장에 온 거야. 오늘은 몇 번 주물을 부었느냐고 묻기에, 6번이라고 했더니 '6'이라고 쓰고 간 거야."

슈와브는 다음날 아침에 또 왔다. 밤 근무조가 '6'을 지우고 큰 글씨로 '7'이라고 써 놨었다.

낮 근무조가 출근해보니 마룻바닥에 '7'이라고 크게 씌어 있었다. 밤 근무조 쪽이 성적을 올린 것으로 되어 있었다. 낮 근무 조는 대항 의식에 불타서 열심히 일을 하여 퇴근시에는 '10'이라고 쓰고 있었다. 이리하여 이 공장의 능률은 빠른 속도로 올라간 것이다.

업적이 불량했던 이 공장은 얼마 후 다른 공장을 압도하고 생산율에서는 제1위를 점했다.

여기에 대해서 슈와브 자신의 말을 소개한다.

——"일에는 경쟁심이 중요하다. 집요한 돈벌이 경쟁이 아니고, 남보다 우월하고자 하는 경쟁심을 이용한 것이다."

우월하고자 하는 욕구, 대항 의식, 지지 않으려는 정신, 사나이의 기질에 호소하는 법이다.

지지 않으려는 정신이 자격(刺激＝자극을 받아 격동함)을 받지 않았다면 데오도르 루즈벨트도 대통령이 되지 못했을 것이다. 스페인과의 전쟁에서 돌아온 그는 바로 뉴욕 주지사로 선출되었다. 그러나 반대파는 루즈벨트에게는 법적으로 주의 거주민 자격이 없다고 들고 나왔다. 여기에는 그도 놀라서 사퇴하겠다고 말했다. 그러자 토마스 프라트가 그에게 호통을 쳤다.

"당신이 그래도 산 주안힐 전선의 용사란 말인가? 비겁자！"

루즈벨트는 버티고 싸울 결심을 했다. 그 후의 일은 역사가 말하는 대로다. 루즈벨트의 지지 않으려는 정신을 자격한 이 한 마디는 그의 일생을 바꾸게 한 것은 물론, 미합중국의 역사에도 중요한 영향을 준 것이다.

"인간인 이상, 누구에게나 공포심은 있는 것이다. 그러나 용감한 자는 공포심을 누르고 전진하여 때로는 죽음에 이르는 경지도 있지만, 반드시 최후의 승리를 쟁취하는 것이다."

이것은 고대 희랍의 국왕 친위대의 '모토'이다. 공포심을 극복하는 기회 이상으로, 우리들을 분발하게 하는 것이 이 세상에 있을까 ?

알 스미스가 뉴욕 주지사로 있을 때, 유명한 씽씽 형무소 소장에 적당한 사람이 없어 곤란한 때가 있었다. 형무소 내부가 부패하여 대단한 악평이 일어났다. 스미스는 씽씽 형무소를 지배할 수 있는 강력한 인물이 필요했다. 인선(人選) 결과, 뉴햄프턴의 루이스 로즈가 특별히 선정되었다.

로즈를 불러 스미스는 "어때, 자네 씽씽 형무소를 보살펴주지 않겠나 ? 상당한 경험이 있는 사람이 아니고는 배겨내지 못할 거야."라고 쾌활하게 말했다.

로즈는 난처해했다. 씽씽의 소장이 된다는 것은 생각을 해봐야 된다. 정치 세력의 방향 여하에 따라 어떻게 될지 모르는 지위인 것이다. 소장은 자칫하면 바뀌어진다. 임기가 단 3개월이란 예도 있다. 멍청하게 맡는 것은 위험하다고 로즈는 생각했다.

그가 주저하고 있는 것을 보고 스미스는 몸을 뒤로 젖히고 웃으면서 이렇게 말했다.

"대단한 일이라서 마음이 내키지 않는 것도 무리가 아니라고 생각하네. 실제로 큰일이야. 웬만한 인물이 아니면 근무할 수 없을 거야."

로즈는 당장에 부임하여 크게 분발했다. 그리고 명소장(名所長)으로서의 그의 이름을 모르는 사람이 없을 정도가 되었다. 그의 저서《씽씽의 2만년》은 수십만 부가 팔렸다. 라디오 방송으로도 나갔다. 그의 저서에서 자료를 얻은 영화가 몇 편이나 제작되었다. 그의 수인 대우 개선론(囚人待遇改善論)은 형무소에 기적적인 개혁을 일으켰다.

파이어스턴 고무 회사의 창시자, 하베 파이어스턴은 이렇게 말한다.

"급료만 주면 사람이 모이고, 인재가 확보된다고는 할 수 없다.

승부의 정신을 주입시키는 것이 필요한 것이다.”

　또 위대한 행동 과학자 프레데리크 하츠버그가 여기에 찬동하고 있다. 하츠버그는 공장 노동자로부터 회사 중역에 이르기까지 모든 계층의 사람들 수천명의 자기 일에 대한 태도를 연구했다.

　일에 대한 의욕을 가장 강하게 일으키는 요건으로 이 행동 과학자가 발견한 것은 무엇이었는가? —— 돈? 좋은 노동 조건? 많은 수당? 모두 아니다. 최대의 요건은 일 그 자체였던 것이다. 일이 재미가 있으면 누구라도 그 일을 하고자 하며, 훌륭하게 해내겠다는 의욕을 불태운다.

　성공자는 모두가 승부를 좋아한다. 자기 표현의 기회가 주어지는 까닭이다. 마음껏 수완을 발휘하여 상대에게 승리하는 기회, 이것이 여러 가지의 경주나 경기를 성립시킨다. 우위를 점하고 싶은 욕구, 중요감을 얻고자 하는 소원과 희망, 이것들을 자격시키는 것이다.

사람을 설득하는 원칙 ⑫
대항 의식을 자격(刺激)시킨다.

제 **4** 부

사람을 바꾸는 9원칙

1 먼저 칭찬한다
2 잘잘못에 대해 간접적으로 주의를 준다
3 자기의 잘못을 먼저 말한 후에 상대에게 주의를 환기시킨다
4 명령하지 말고 의견을 구한다
5 체면을 세워준다
6 사소한 일이라도 모두 아낌없이 진심으로 칭찬한다
7 기대를 건다
8 격려하여 능력에 자신을 갖게 한다
9 즐겁게 협력시킨다

제1장
먼저 칭찬한다

나의 친구가 어느 때 쿠리지 대통령의 초대를 받고, 주말을 백악관에서 보냈다.

그가 대통령 집무실에 들어서니, 대통령은 비서에게 이렇게 말했다.

"오늘은 잘 어울리는 옷을 입고 왔군. 참으로 너는 미인이야."

평소 말이 없는 쿠리지가 이 정도의 겉치레 말을 한다는 것은 드문 일이다. 혀를 찔린 그 아가씨는 가슴이 두근두근하여 얼굴이 새빨개졌다. 그러자 대통령은,

"그렇게 어려워할 것 없어요——다만 기분을 좋게 해주려고 한 말이니까, 그런데 다음부터는 문장의 띄우는 표시와 끝나는 표시에 좀더 조심해주기를 바라네."라고 했다.

그의 방식은 좀 노골적이었는지 모르지만, 인간 심리에 대한 이해의 정도는 칭찬할 만하다. 우리들은 칭찬을 받은 후에는 듣기 싫은 말도 크게 싫다고는 느끼지 않는다.

이발사는 면도날을 쓰기 전에 비누칠을 한다. 1896년 멕킨레가 대통령 선거에 입후보했을 때, 이 이발사의 방법을 그대로 본땄다. 어느 유명한 공화당원이 선거 연설의 원고를 쓰고는 일대의 명연설이라고 의기양양해서 멕킨레에게 읽어주었다. 들어보니 잘된 곳도 있지만, 전체로는 쓸 것이 못 되었다. 이대로라면 비난의

폭풍이 일어날지도 모른다. 멕킨레는 이 사람의 자존심을 상하게 하고 싶지 않았으며, 그 열의를 존중해주지 않으면 안 되었다. 그런데 이 연설에 대해서는 '노'라고 말하지 않으면 안 된다. 그는 이 어려운 일을 보기좋게 해결한 것이다.

"대단히 잘 됐어. 훌륭한 연설문이야. 이 정도의 연설문을 쓸 수 있는 사람은 아마 없다고 생각하네. 적합한 경우에 사용하면 100프로의 효과가 있을 것이네. 그러나 이번 경우에는 조금 서툴다고 생각되지만―― 물론 자네 입장으로서야 이보다 더 훌륭한 것이 없겠지만, 나는 대통령의 입장에서 생각을 해봐야하기 때문이지. 어때―― 나의 취지에 따라서 다시 한 번 써줄 수 없을까? 다 되었으면 나에게 보내주기 바라네."

그러자 상대는 납득하여 멕킨레가 말하는 대로 고쳐 썼다. 그리고 그 후 유능한 변호사로서 대활약을 한 것이다.

에이브라함 링컨의 연설 중에서 두 번째로 유명한 것을 소개해보자. (가장 유명한 것은 빅스비 부인에게 쓴 것인데, 그녀의 5명의 아들의 전사를 애도한 편지이다.) 링컨은 이 편지를 대단히 바쁘게 쓴 것 같다. 그러나 그것은 1962년의 경매 때에는 1만 2천 달러에 매매되었다. 1만 2천 달러라고 하면 링컨이 50년 일해서 저축한 금액보다 많다.

이 편지는 남북 전쟁에서 북군이 가장 고전할 때인 1863년 4월 26일에 쓴 것이다. 북군은 작전이 어긋나서 18개월간이나 계속해서 패배했었다. 사상자의 수만 늘어나서 국민들은 온통 먹구름에 쌓여 있었다. 탈주병은 수천 명에 이르고, 공화당 상원 의원까지도 링컨을 퇴진시키려고 했다. 링컨이 "지금 우리들의 운명은 파멸의 늪에 다다르고 있다. 하느님의 도움도 믿을 수 없고 한줄기 희망의 빛조차도 볼 수 없다."라고 탄식한 최악의 시기에 씌어진 편지이다.

이 편지는 국가 운명이 한 장군의 어깨에 걸려 있을 위급한 때에 링컨이 어떻게 이 완고한 장군의 생각을 바꾸게 했나, 그 동안의 사정을 말하고 있다.

또 이 편지는 그가 대통령 취임 이후에 쓴 편지 중에서 가장 격렬한 것이었다. 더욱이 후커 장군의 중대한 과실을 책망하기 전에 그를 칭찬한 점은 빠뜨릴 수도 없다.

이 과실은 중대했다. 그러나 링컨은 그런 표현은 전혀 하지 않고 있다. 될 수 있는 한 신중하고 외교적으로 하려고 마음을 쓰고 있다. "귀관의 방식에 대해서 만족하다고는 생각되지 않는 점이 약간 있습니다."라고 하는 점이다. 참으로 말이란 하기에 달린 것이다.

다음은 후커 장군에게 보낸 편지다.

나는 귀관을 포토맥 전선의 지휘관으로 임명했습니다. 물론 나는 확신을 가지고 그것을 결정했습니다만, 귀관이 취한 방식에 대하여 만족하다고는 생각되지 않는 점이 약간은 있다는 것을 생각해주기 바랍니다.

나는 귀관이 용맹하고 우수한 군인이란 것을 확고하게 믿고 있습니다. 물론 나는 그와 같은 군인을 좋아합니다. 귀관은 또한 정치와 군사 문제를 혼동하지 않는 인물이라고 확신합니다. 그것은 올바른 일입니다. 귀관은 대단한 자신을 갖고 있습니다. 절대로 필요하다고는 할 수 없으나, 대단히 존중할 만한 일이라고 생각합니다.

귀관에게는 야심적인 의욕이 있습니다. 정도를 넘지 않으면 대단히 좋은 것입니다. 그러나 귀관이 반사이드 장군 지휘하에 있을 때 귀관은 무공을 조급하게 서두르다가 명령을 위반하고는 독자적 행동을 취하여, 국가와 명예로운 장군에 대하여 과실을 범했습니다.

듣는 바에 의하면 귀관은 정치와 군사에 있어서 독재자의 필요를 역설하고 있는 모양입니다만, 물론 나는 그것을 알고도 귀관을 지휘관에 임명했습니다. 그러나 그것은 결코 귀관의 의견에 동의한 결과는 아닙니다.

독재권을 인정하려면 그것으로 성공한다는 보증이 서 있어야만 합니다. 내가 귀관에게 희망하는 것은 먼저 군사적으로 성공하는 것입니다. 그러기 위해서는 독재권을 시험해도 좋다고 생각하고 있습니다.

이 후에도 정부는 전력을 다하여 다른 지휘관같이 귀관도 원조합니다. 귀관의 언동의 영향을 받아 군대 내부에서 상관을 비난하는 풍조가 일고, 언젠가 그것이 귀관 자신에게도 미치지 않을까 하고 나는 우려하고 있습니다만, 가능한 한 귀관을 원조하여 그와 같은 사태의 발생을 막고자 합니다.

그와 같은 경향이 나타나면 귀관이라 해도, 또는 나폴레옹인들 우수한 군대를 만드는 것은 불가능할 것입니다. 경거망동(輕擧妄動)을 엄격하게 삼가해주십시오. 경거망동을 삼가하여 최후의 승리를 얻을 수 있도록 전력을 다해주십시오.

우리들은 쿠리지도, 멕킨레도, 링컨도 아니다. 우리들이 알고자 하는 것은 이 방법이 일상 생활에서 일어나는 일들에 어떤 효과를 가져올 것인가 하는 것이다. 그러면 필라델피아의 와크 건설 회사의 고오 씨의 예를 들어보자.

와크 사에서는 어느 건축 공사를 청부맡고, 지정 기일까지 완성하고자 공사를 서두르고 있었다. 만사가 잘 진전되고 있었으나, 준공 한 발 앞에서 돌연 건물의 외부 장식에 사용하는 청동 세공의 하청업자로부터 기일 내에 납품할 수 없다는 통지가 왔다. 큰일이다. 얼마나 손해를 볼지 모른다. 단지 한 사람의 업자 때문에 공사 전체가 허사가 될 판이다.

장거리 전화를 걸고 큰 소동을 피워봤지만, 좀처럼 결정이 나지 않는다. 그래서 고오 씨가 호랑이굴 속에 들어가는 역할을 맡고, 뉴욕으로 달려갔다.

고오 씨는 그 회사의 사장실에 들어가서 먼저 이렇게 말했다.

"브룩클린에는 당신과 같은 성을 가진 사람은 한 사람도 없네요."

"그래요? 나도 그것은 모르고 있었습니다."

사장이 놀라는 것을 보고 고오 씨는 설명을 시작했다.

"오늘 아침 이곳에 도착하여 먼저 당신 주소를 알려고 전화 번호부를 들춰봤습니다. 그랬더니 브룩클린의 전화 번호부에는 당신과 같은 성을 가진 사람이 한 사람도 없었습니다."

"그래요! 지금까지 모르고 있었습니다."

이렇게 말하고 사장은 열심히 전화 번호부를 들여다봤다.

"그래 귀한 성이니까요. 나의 조상은 200년 전쯤 화란에서 뉴욕으로 건너왔어요."

그는 자랑스러운 듯이 자기 가족과 선조의 이야기를 했다. 그것이 끝나고 고오 씨는 상대 공장의 규모나 설비에 대해서 칭찬을 했다.

"참으로 굉장한 공장입니다. 잘 정돈되어 있고, 청동 공장으로서는 일류입니다."

"나는 이 사업에 일생을 걸었습니다. 조금은 자랑해도 된다고 생각합니다. 어떻습니까, 공장을 견학하시지 않겠습니까?"

공장을 견학하면서 고오 씨는 그 시설 또는 제도를 칭찬하고, 다른 업자에게서는 볼 수 없는 우수한 것이라고 했다. 그가 귀한 기계를 보고 감탄을 하니, 사장은 그 기계는 자기가 발명한 것이라고 만족하게 여기며 상당한 시간을 들여서 그 기계를 조작해보였다. 게다가 점심도 함께 하자고 하며 놓아주지를 않았다. (그때까지 고오 씨는 한 마디도 용건에 대해서 언급하지 않았다는 것에 관심

을 가져주기 바란다.)

그런데 점심 식사가 끝나고 나니 사장은 이렇게 말을 시작했다.

"자, 그러면 사업 이야기로 넘어갑시다. 물론 당신이 찾아온 목적은 충분히 알고 있습니다. 당신과 이렇게 즐거운 이야기를 하리라고는 예상하지 못했습니다. 다른 주문은 늦추어도 당신네 일은 꼭 기한을 지킬 테니, 안심하고 돌아가 계십시오."

고오 씨 쪽에서는 아무것도 부탁하지 않았는데도 목적은 완전히 달성된 것이다. 약속대로 제품이 도착하여 건물이 예정 기일 내에 완성되었음은 물론이다.

만일 고오 씨가 세상에 흔히 있는 강경책을 썼다고 하면 과연 어떤 결과가 되었을까?

뉴저지 주 포드 몬마스에 있는 어느 연방 신용 조합의 지점장 도로시 루브류스키 여사는 부하의 능률을 향상시킨 경험에 대해서 다음과 같이 말했다.

──"우리 지점에서 최근 출납계 견습생을 한 사람 채용했습니다. 이 아가씨는 손님 다루는 데 여간 능하지 않았고, 게다가 정확하고 빨랐습니다. 그러나 폐점 후 장부 결산이 문제가 되었습니다.

출납 계장이 와서 이 아가씨는 즉각 면직시켜야 된다고 했지요. '이 아가씨는 장부 결산이 늦어, 그 때문에 전체의 일이 지연되고 맙니다. 아무리 가르쳐주어도 이해를 못 합니다. 그만두게 하는 수밖에 없습니다.'라며 여간 굳은 표정이 아니었지요. 그 다음날 나는 이 아가씨의 일 솜씨를 보고 있었습니다만, 통상 업무는 빠르고도 정확했습니다. 거기에다 손님 다루기도 참으로 일품이었습니다.

장부 결산만 어째서 그렇게 늦는가, 그 이유를 나는 이내 알게 되었습니다. 폐점 후 나는 그녀 곁에 가서 말을 해봤습니다. 그녀는 안절부절 못하여 어색한 행동을 하는 것이었습니다. 나는 먼저 그녀의 손님 처리에 찬사를 보냈습니다. 그리고 나는 그녀에게 '장부 맞추기의 차례를 함께 연습해볼까요?'라고 했습니다. 이미 내가 믿고 있다는 것을 아는 그녀는 이 말을 순수하게 받아들이고, 극히 짧은 시간 내에 장부 맞추기의 작업 순서를 마스터한 것입니다. 그 이후 그녀에게는 아무런 문제도 없었습니다."

이와 같이 먼저 상대를 칭찬해두는 것은 치과 의사가 먼저 국부 마취를 하는 것과 흡사하다. 물론 다음에 이빨 치료를 받지만 마취 때문에 아픔은 느끼지 않을 것이다.

사람을 바꾸는 원칙 ①
먼저 칭찬한다.

제2장
간접적으로 주의를 준다

찰스 스와프가 어느 날 정오에 공장을 돌아보다가 수명의 종업원들이 담배를 피우고 있는 모습을 목격했다. 그들의 머리 위에는 '금연'이란 게시가 씌어 있었다. 이때 스와프는 그 게시판을 가리키며 "너희들은 저 글자를 읽지 못하나?"라고 했을까? 스와프는 그렇게는 절대 말하지 않았다. 그는 그 사람들의 곁으로 다가가서 종업원 한 사람 한 사람에게 담배를 나눠주며 "자, 모두 밖에 나가서 피우고 오게."라고 했다. 말할 것도 없이 그들이 규칙을 지키지 않아서 나쁘다고 자각하고 있는 것을 스와프는 알고 있었으나, 그에 대해서는 한 마디도 하지 않고, 오히려 담배까지 나눠주며 체면을 세워 주었으니 그들에게 진정으로 존경을 받는 것은 당연한 이야기다.

존 워너메커도 이것과 같은 방법을 썼다. 워너메커는 하루에 한 번은 필라델피아의 자기 점포를 둘러보기로 했는데, 어느 날 한 고객이 카운터 앞에서 기다리고 있는 것을 발견했다. 누구도 그 부인을 못 본 것이다. 점원들은 저쪽 구석에 모여 무엇인가 열심히 지껄이며 웃어대고 있었다. 워너메커는 아무 말도 하지 않고는 조용히 판매장으로 들어가서 주문을 받고, 그 물건의 포장을 점원에게 부탁하고 그냥 나와버렸다.

공직에 있는 사람들은 선거민의 상담에 잘 응해주지 않으면 가끔 불평을 듣는다. 확실히 그들은 바쁘기도 하지만, 쉽게 만나지 못하는 이유 중의 하나는 그 비서들이 상사를 위해서 너무 많은 방문객과 만나지 않도록 배려하기 때문이다. 플로리다 주 오클랜드 시의 시장을 여러 해 동안 지내고 있는 칼 렝크포드는 자기에게 면회를 청하는 사람들에게는 쾌히 그 희망이 이루어지도록 부하 직원들에게 지시하며 '문호 개방(門戶開放)'이 자기의 방침이라고 공언하고 있었다. 그러나 시민들이 시장에게 면회를 청하면 언제나 비서나 그 외 직원들이 미리 사절을 하는 것이었다.

시장은 이 문제의 해결책으로 시장실의 출입문을 없앴다. 이것으로 시장의 진의(眞意)가 간접적으로나마 부하 직원들에게 전해지고, 시민에게 공개 행정이 실시되게 된 것이다.

사람의 기분이나 태도를 바꾸려고 할 경우, 극히 적은 말 한 마디의 잘못으로 성공과 실패의 갈림길이 될 때가 있다.

사람을 비판할 때 먼저 칭찬을 해주고, 다음에 '그러나'라는 말을 집어넣고 비판적인 것을 말하는 사람이 많다. 예를 들어 아이에게 공부를 시키려고 할 경우 흔히 다음과 같이 말한다.

"조니, 아버지나 어머니는 너의 이번 학기 성적이 올라서 참으로 콧대가 높아졌다. '그러나' 대수를 좀더 공부했다면 성적은 더 향상되었을 거라고 생각한다."

이 경우 '그러나'라는 한 마디가 귀에 들릴 때까지는 조니는 격려를 받고 기분이 좋아졌으리라. 그런데 '그러나'라는 말을 듣자마자 지금의 칭찬한 말이 과연 본심에서 나온 것이냐 아니냐를 의심하게 된다. 결국 처음의 칭찬이 비판하기 위한 서론에 지나지 않았나라는 생각이 든다. 신뢰감이 약해지며, 공부에 대한 조니의 태도를 바꾸려는 의도도 실패로 그친다.

이 실패는 '그러나'라는 말을 '그리고'로 바꾸면 당장 성공으로 전환할 수 있다.

"조니, 아버지나 어머니는 너의 이번 학기 성적이 올라서 참으로 콧대가 높아졌다. '그리고' 다음 학기도 같은 방법으로 공부를 계속하면 대수도 다른 과목과 같이 성적이 향상되리라고 생각된다."

이렇게 말하면 조니는 처음의 창찬의 말 뒤에 비판이 없으니 순순히 귀를 기울일 것이다. 간접적으로 알려진 것이 되고, 그 결과는 그는 기대에 보답코자 노력할 것이다.

간접적으로 주의를 주는 방법은 직접 비판되는 것을 강력하게 반발하는 신경질적인 사람들에게는 놀랄 만한 효과가 있다. 로드 아일랜드 주 운소케트의 마지 제이코프라는 여성이 주택을 증축하러 온 단정치 못한 일꾼들에게 뒷정리를 시킨 이야기를 들려주었다.

공사가 시작된 최초의 2, 3일 제이코프 부인이 직장에서 돌아오니 정원에는 나무 토막들이 여기저기 흩어져 몰골이 사나웠다. 그녀는 불평을 하고 싶었으나, 일꾼들이 자기를 위한 좋은 일을 해주므로 역정을 내고 싶지 않았다. 그래서 일꾼들이 돌아간 후 아이들과 함께 나무 토막을 주워모아, 깨끗하게 정원 구석에다 쌓아두었다. 다음날 아침, 현장 감독을 가까이 불러서 말했다.

"어제는 뒷처리가 참으로 잘돼 깨끗하게 정돈이 되고, 이웃집에서도 불평이 없어 여간 기쁘게 생각하고 있지 않습니다."

그러자 그날부터 일꾼들은 자연적으로 뒷처리를 하게 되었고, 일을 마치면 감독이 와서 뒷처리를 한 정원을 점검해 달라는 것이 하나의 일과로까지 되었다.

명 설교자로 알려진 헨리 비처 목사가 죽은 것은 1887년 3월 8일이었다. 그 다음 일요일에는 비처 목사의 후임으로 라이만 아보트가 교회에 초빙되어 첫 설교를 하게 되었다. 그는 열심히 설교의 원고를 쓰고 세심한 주의를 기울여서 자구(字句)의 수정을 거듭했다. 다 된 후에 그것을 먼저 아내에게 읽어주었다. 원고를 그대로 읽어내려가는 듯한 연설은 대개 재미가 없지만, 이것도 역시 그 예(例)에서 벗어나지 못했다. 그러나 그의 아내는 현명했다.

"재미없어요. 틀렸어요. 듣고 있는 사람이 잠들 겁니다. 꼭 백과 사전을 읽는 것같이 딱딱해요. 오랫동안 설교를 했으면 그런 것쯤은 알만 할 텐데, 좀더 인간적으로 자연스럽게 할 수 없을까요? 그런 것을 읽으면 창피를 당합니다."

아내는 이렇게 생각은 했지만 결코 말하지 않았다. 만일 그랬으면 큰일이 벌어졌을 것이다.

"북미 평론에 내시면 반드시 좋은 논문이 될 것입니다."

그녀는 단지 이렇게 말했을 뿐이었다. 즉, 칭찬과 동시에 연설에는 적합하지 않다는 것을 간접적으로 비친 것이다. 그러자 그에게도 그 아내의 뜻이 좋게 전달되었다. 그는 고심의 원고를 찢어버리고는 메모조차 없이 훌륭한 설교를 해내었다.

사람을 바꾸는 원칙 ②
잘잘못에 대해 간접적으로 주의를 준다.

제3장
자기 잘못을 인정한다

나의 조카 중에 조세핀 카네기라는 아가씨가 있다. 캔자스 시티의 부모 곁을 떠나 나의 비서로 뉴욕에 온 것이다. 그녀는 3년 전에 시골에서 고등학교를 마친 19세의 처녀로, 직장 생활의 경험은 전혀 없었다. 지금에 와서 그녀는 드물게 볼 수 있는 우수한 비서라고 할 수 있지만, 처음에는 실수만 하고 있었다. 어느 날 나는 그녀에게 잔소리를 하려고 했다. 그러나 생각을 고쳐 나 자신에게 이렇게 말했다.

"잠깐 기다려라, 데일 너는 조세핀보다 배나 연상이 아니냐. 거기에다 일의 경험도 그녀의 몇만 배도 더 가지고 있잖은가. 그녀에게 너와 같은 능력을 기대한다는 것부터가 무리이다——그렇다고 너의 능력도 별로 뛰어나지도 않은데, 첫째 너는 19세 때 어떤 일을 하고 있었는지 생각해봐라. 마찬가지로 실수만 저지르고 있었지 않았느냐."

정직하게, 그리고 공평하게 생각해보니 당시의 나보다 타율이 더 높다(야구로 비교하면)는 결론에 도달했다——나보다 타율이 더 높다고, 칭찬할 것은 못 되지만…….

그 이후, 그녀에게 잔소리를 할 때는 다음과 같이 하기로 했다.

"조세핀, 이것은 안 되겠어. 그러나 내가 지금까지 저지른 실수에 비하면 이 정도는 아무것도 아니지만. 처음에는 틀리는 게 당연한 거야. 경험을 쌓아야만 비로소 틀리지 않게 되는 거야. 내 젊었을 때에 비하면 지금의 네쪽이 훨씬 나은 거다. 나도 상당히 실수를 한 적이 많아서 네게 잔소리를 할 생각은 없지만, 어때, 이같이 해보면…….”

사람에게 잔소리를 할 경우 겸허한 태도로 ‘자기도 결코 완전하지 못하고, 실패를 잘 하지만’이라고 전제하고 상대의 잘못을 환기시켜주면 상대는 그토록 불쾌한 생각은 하지 않게 된다.

캐나다의 마니드바 주 브랜돈의 기사 E·데이리스톤은 새로 고용한 비서에게 편지를 타이프시켜보니 1페이지에만도 꼭 두세 군데의 잘못이 있어 곤란하게 되었다. 이 문제의 처리에 대하여 데이리스톤은 다음과 같이 얘기했다.

── 기술자의 예에서 벗어나지 않고 나도 문장이나 철자에 대해서는 자신이 없어서 몇 년 전부터 철자의 어려운 낱말을 써넣은 단어장을 만들어 갖고 다닌다. 미스 프린트를 지적하는 것만으로는 이 비서에게 잘 읽어본다든가, 사전을 찾는 습관을 길들이는 것은 될 것 같지가 않다고 깨닫고, 별도의 방법을 쓸 것을 결심했다. 어느 날 이 비서가 타이프한 편지를 보니 앞에 말한 대로 미스 프린트가 있었다. 그래서 나는 그녀에게 다음과 같이 말했다.

“이 단어는 아무래도 철자가 의심스럽다고 생각이 되는데, 실은 이 단어는 나도 언제나 애를 먹는 거야. 그래서 나는 이 단어장을 조사해보는 거야. (이때 그 페이지를 열고 그녀에게 보인다.) 아, 여기 있군. 나는 단어의 철자에는 상당히 신경을 쓰고 있지. 세상 사람들이 우리의 편지를 보고 우리들을 판단하는 것 같아서. 편지에서 철자의 틀린 단어가 있으면 우리들의 기술에도 어딘가 결함이 있는 것 같은 인상을 주게 되거든!”

그녀가 단어장을 만들었는지 만들지 않았는지는 알 수 없으나, 이 일이 있고 난 후부터 그녀의 미스 프린트는 눈에 띄게 줄었다.

독일 제국 최후의 황제, 거만하고 존대한 빌 헬름 2세 밑에서 수상을 지낸 폰 브로 공은 이 방법의 필요함을 뼈저리게 느꼈다. 당시의 빌 헬름 황제는 방대한 육·해군을 갖고, 천하무적을 자랑하고 있었다.

그러는 동안에 대단한 소동이 일어났다. 영국을 방문 중인 황제가 대단한 폭언을 하여, 그것이 〈데일리 텔레그라프〉 지에 공표된 것이다.

당장 영국 조야(朝野)의 분격을 사서, 독일 본국의 정치가들도 황제의 독선에는 아연해지고 말았다. 예를 들면, 그는 영국에 호의를 갖는 유일한 독일인이라든가, 일본의 위협에 대항하여 대해군을 건설했다든가, 영국이 러시아와 프랑스로부터 보아 전쟁 때 영국의 로바츠 경이 승리를 얻을 수 있었던 것도 자기 덕분이라고 했다.

너무나 문제가 커졌으므로 황제 자신마저도 놀랐다. 그래서 폰 브로에게 책임을 전가코자 계략을 꾸몄다. 즉, 황제는 폰 브로가 말하는 대로 했으니 책임은 폰 브로에게 있다고 선언하라는 것이다.

"폐하, 나에게 폐하를 움직여서 그와 같은 말을 시킬 수 있는 힘이 있다고 믿는 인간은, 영국에도 독일에도 한 사람도 없다고 생각됩니다만…….'

폰 브로는 그렇게 대답했으나, 그 순간 '아차'하고 생각했다. 황제가 열화같이 화를 낸 것이다.

"너는 나를 바보 취급하는 거냐! 그럼, 너 같으면 절대로 저지르지 않는 실수를 내가 저질렀다고 하란 말인가!"

폰 브로는 책망을 하기 전에 칭찬을 해야만 된다는 것을 깨달았지만, 이미 지난 일이다. 그는 곧 다음의 방법을 강구했다. 책망을 한 후에 칭찬을 한 것이다. 이것이 보기좋게 기적을 이룩했다.

그는 공손하게 이와 같이 말을 했다.

"저는 결코 그런 뜻에서 말씀드린 것이 아닙니다. 폐하는 현명하셔서 저 같은 것이 어디 따를 수 있겠습니까? 육·해군에 대해서는 말할 것도 없고, 자연 과학에 대해서도 조예가 깊으신 것은 놀라울 따름입니다. 폐하는 가끔 청우계(晴雨計)나 무선 전신, X선 등의 설명을 해주시지만, 나는 그때마다 찬탄할 뿐이었습니다. 나는 그런 방면에 대한 것은 부끄러울 정도로 아무것도 모릅니다. 단순한 자연 현상조차도 설명을 못 합니다. 그저 역사 지식의 일부, 또는 정치, 특히 외교에 관한 지식을 다소 가지고 있을 따름입니다."

황제의 얼굴이 그제서야 밝아졌다. 폰 브로가 칭찬을 했기 때문이다. 폰 브로는 폐하를 떠받들고는 자기를 낮추었다. 이렇게 되면 폐하는 어떤 것이라도 허락해줄 것이다.

"언제나 내가 말하듯이 서로서로 도우며 잘 해나가자꾸나. 손을 꽉 잡고 말야."

황제의 기분은 완전히 좋아졌다.

황제는 폰 브로의 손을 몇 번이나 잡았다. 나중에는 열을 올려서 "폰 브로에게 욕설을 하는 자는 내가 허락하지 않을 것이다."라고까지 했다.

폰 브로는 위험한 고비를 넘겼다. 그러나 그와 같은 빈틈없는 외교가도 역시 실수한 것이다. 처음에 자기의 단점과 황제의 장점을 말해야 되는 것을 거꾸로 황제를 바보 취급한 것이다.

이와 같은 예를 보더라도 분명하지만, 겸손과 상찬(賞讚)은 우리들 일상 생활에 있어서의 교제에도 큰 효과를 발휘할 수 있는 것이다. 올바르게 응용하면 인간 관계에 기적을 낳게도 될 것이다.

자신의 잘못을 인정하는 것은 —— 가령 그 잘못을 바로 잡지 않고 그냥 두어도——사람을 바꾸는 데 쓸모가 있다. 메릴랜드 주 디모니암의 크라렌스 제루센이란 사람이 이것을 증명했다. 15세 되는 아들 데이비드가 담배를 피우려는 것을 발견한 때의 일이다. 제루센은 이렇게 털어놓았다.

——물론 데이비드가 담배 피우는 것을 바라지 않는다. 그러나 그의 어머니도, 아버지인 나도 담배를 피우고 있다. 즉, 양친 모두가 나쁜 본보기를 보여온 것이다. 나는 그와 같은 연령 때 담배를 피우기 시작해 니코틴의 포로가 되어, 지금에 와서는 끊을 수 없게 된 것을 설명했다. 내가 얼마나 기침에 시달리고 있는지 데이비드도 알고 있을 것이다. 그래서 나에게 담배를 끊게 하려고 여러 모로 신경을 써준 것도 불과 몇 년 전이 아니냐고 그에게 말을 했다.

“나는 담배를 피우지 못하게 하기 위해서 겁을 준다든가, 담배의 해독을 설명하지는 않았다. 담배의 유혹에 못이겨 그 때문에 많은 손해를 보았다고, 자기의 잘못을 인정할 뿐이었다.”

데이비드는 한참 생각하더니, 드디어 고등학교를 졸업할 때까지는 담배를 피우지 않겠다고 결심했다. 그 후 몇 년이 지나도 담배를 피우려 하지 않고 앞으로도 피울 생각은 없다는 것이다.

데이비드와 대화한 결과 나 자신도 담배를 끊을 결심이 서고 또 가족의 협력도 있어서 나는 금연에 성공했다.

사람을 바꾸는 원칙 ③
자기의 잘못을 먼저 말한 후에 상대에게 주의를 환기시킨다.

제4장
명령하지 않는다

나는 언젠가 미국 일류의 전기 작가 아이더 타벨 여사와 식사를 같이 한 일이 있다. 내가 《사람을 움직인다》라는 책을 집필중이라고 했더니 마침내 화제는 인간관계의 여러 문제로 번져 활발한 의견이 교환되었다. 그녀는 오엔 영의 전기를 쓰고 있을 때, 영과 3년 간이나 함께 근무했다는 남자를 만나, 영에 대하여 여러 가지를 물었다고 한다. 그의 말에 의하면 영은 누구에게도 결코 명령적인 것은 말하지 않았다고 했다. 그러니까 명령이 아니라, 암시를 주는 것이다. "저것을 하라." "그러면 못써."라고는 결코 말하지 않았다. "이렇게 생각해보면 어떨까?" "이것으로 잘 될까." 등으로 상대의 의견을 구한 것이다. 편지를 구술하여 받아 쓰게 하고 난 후에 그는 "이것으로 어떻게 생각할까요?"라고 묻는 것이다. 그의 직원이 그 편지를 보고 "여기는 이와 같은 말로 하면 좀더 좋아질지 모르겠습니다만 어떻습니까?"라고 할 때도 자주 있었다. 그는 언제나 자주적으로 일을 할 수 있는 기회를 준 것이다. 결코 명령은 하지 않고 자주적으로 시켰다. 그리고 실패에 의해 배우게 했다.

이와 같은 방법을 하면 상대는 자기의 잘못을 고치기 쉬워진다. 또 상대의 자존심을 상하게 하지 않고 중요감을 주게도 되어, 반감 대신 협력의 기분을 일으키게 한다.

억압하는 듯한 명령은 후에 불쾌한 기분을 남긴다. 설사 그것이 명확한 잘못을 바르게 하기 위한 것이라 할지라도 그렇다. 펜실베이니아 주 와이오밍의 직업 학교에서 교사로 근무하는 산테렐리의 학생의 불법 주차로 말미암아 학교 작업장의 출입구가 막혀버린 때의 상황을 들어본다.

동료 교사가 산테렐리 선생의 교실에 소리를 지르며 들어왔다.

"입구에 세워 둔 차가 누구 것이냐?"

학생 한 사람이 자기 것이라고 대답을 하자, 선생이 버럭 소리를 질렀다.

"차를 치워! 지금 곧! 꾸물거리면 자동차에 쇠사슬을 감아서 끌어낼 테다!"

확실히 잘못한 것은 학생이다. 세워서는 안 될 곳에 차를 세운 것이다. 그러나 이날부터 그 학생은 반발을 했다. 뿐만 아니라 같은 클래스의 학생 전원이 사사건건 그 선생을 골탕먹여, 학교 전부가 말할 수 없이 불유쾌하게 되어버렸다.

이 선생의 경우, 따로 대처할 방법이 없었을까? 좀더 온당하게 차의 주인을 만나서,

"저 차를 치워야 다른 차들의 출입이 편하게 되는데, 어때?"라고 말을 걸었으면, 그 학생은 즐겁게 차를 다른 곳으로 옮겼을 것이고, 다른 전체의 학생들까지도 화나지 않게 잘 해결할 수 있었을 텐데.

명령을 질문의 형태로 바꾸면 기분좋게 받아들이는 것은 물론, 상대에게 창조성을 발휘하게도 된다. 명령이 내려지는 과정에 어떤 형태로든 참여하면 누구나 그 명령을 지키려는 마음이 난다.

남아프리카의 요하네스버그에 사는 이안 마그도널드는 정밀 기계 부품을 전문으로 제작하는 작은 공장의 지배인이지만, 어느 때 굉장히 큰 주문을 받을 기회가 올 것 같았다. 그러나 지정한 기일 내에 납품할 자신이 없었다. 공장은 벌써 예정이 꽉 차 있었

다. 지정된 납기는 지켜질 것 같지 않았다. 그런 주문을 맡는다는 것 자체가 무리일 것이라고 생각되었다.

마그도널드는 종업원에게 명령하여 돌관 작업(突貫作業)을 강행하지 않고, 먼저 종업원 전원에게 경위를 설명하는 방법을 태교했다. 이 주문이 무사히 납품만 되면 종업원에게도, 회사에도 헤아릴 수 없을 정도의 의미가 있다는 것을 알도록 설명한 것이다. 그리고 말이 끝나자 다음과 같은 질문 시간을 가졌다.

"이 주문을 어김없이 처리하는 방법이 있을까?"

"이 주문을 맡고 납기 내에 납품하려면 어떤 방법이 있겠나?"

"작업 시간이나 인원 배치를 어떻게 조종하면 될까?"

그러자 종업원들은 계속해서 아이디어를 제공하여 결국 회사는 이 주문을 받아들여야 된다고 주장했다. 그래서 종업원들은 자신 있게 적극적인 자세로 이 문제에 임하고, 회사는 주문을 받아들여 기한 내에 일을 마치는 좋은 결실을 맺었다.

사람을 바꾸는 원칙 ④
명령하지 말고 의견을 구한다.

제5장
얼굴을 손상시키지 않는다

어느 때 제너럴 일렉트릭 회사에서는 찰스 스테인메츠 부장의 인사 이동이라는 미묘한 문제에 부딪쳤다. 스테인메츠는 전기에 대해서는 일류의 인물이지만, 기획부장으로서는 부적임자였다. 회사로서는 그의 감정을 상하게 하고 싶지 않았다. 사실 그는 필요 불가결한 인물이지만, 일면 굉장히 신경질적인 사람이었다. 그래서 회사는 새로운 직명을 설정해서 그를 그 자리에 임명했다.

'제너럴 일렉트릭 회사 고문 기사'라고 하는 것이 그 직명이다. 그러나 하는 일은 별로 다르지 않았다. 그리고 부장 자리에는 다른 사람을 앉게 했다.

중역들도 좋아했다. 그렇게도 까다로운 사람을 체면을 세워줌으로써 무사히 인사 이동을 처리할 수 있었다.

상대의 얼굴을 세운다! 이것은 중요한 일이다. 그리고 그 중요함을 이해하고 있는 사람은 과연 몇 명이나 될까? 흔히 자기 기분을 내기 위하여 남의 감정은 짓밟는다. 상대의 자존심 따위는 전혀 생각하지 않는다. 여러 사람 앞에서 사용인이나 아이들을 야단친다. 좀더 생각하여 한두 마디의 위로하는 말을 하고, 상대의 심정을 이해해주면 훨씬 더 원만해질 텐데…….

더욱이 종업원들을 꼭 해고시키지 않으면 안 될 불유쾌한 경우에는 이 일을 잘 생각해주기 바란다.

마샬 그랜저라고 하는 공인 회계사가 보내온 편지에서 한 구절을 소개해보자.

——종업원의 해고는 아무리 생각해봐도 유쾌한 일은 아니다. 해고당하는 입장이 되면 더욱 그럴 것이다. 우리들의 일은 계절에 따라 좌우될 때가 많고, 매년 3월이 되면 많은 해고자를 내게 된다.

해고 담당자는 결코 유쾌하지 못하다. 따라서 될 수 있는 대로 일을 간단히 처리하는 습관이 되어 있다. 통례로 이렇게 처리한다——"스미스 씨, 앉으세요. 아시다시피 계절도 끝나 당신의 할 일이 없어졌습니다. 처음부터 바쁠 때만 일을 부탁하겠다는 약속이었지요?"

상대는 이것으로 상당한 타격을 받는다. 갑자기 밀려 버림을 당한 기분이 되는 것이다. 그들의 대부분은 회계의 일로 일생을 넘기는 사람들이지만, 이렇게 산뜻하게 해고를 시키는 회사에는 한 조각의 애정도 느껴지지 않는다.

그래서 나는 임시 고용인을 해고할 때는 좀더 동정적인 방법을 택할 생각을 했다. 각자의 근무 성적을 조사하고 나서 본인을 불러 이렇게 말했다——"스미스 씨, 당신의 일솜씨에는 참으로 탄복했습니다. (실제 그가 일을 잘했다고 치고.) 특히, 뉴욕에 출장갔을 때는 대단히 어려웠지요. 그러나 훌륭하게 처리해주셨기 때문에 회사도 이미지가 높아진 셈입니다. 당신에게는 그런 실력이 있으니 어디에 간들 걱정이 없을 것입니다. 우리는 당신을 믿고 있고, 또 될 수 있는 대로 도와 드릴까 합니다. 부디 이 점을 잊지 마세요."

그 결과 상대는 해고당한 것을 별로 근심하지 않고 밝은 마음으로 떠난다. 밀려 버림을 당한 기분이 아닌 것이다. 회사에 일거리만 있으면 계속해서 고용해주리라고 생각하게끔 말했기 때문이다. 그러면 회사가 또다시 그들을 필요로 할 경우에는 기꺼이 와주는 것이다.

펜실베이니아 주 허리스버그의 프레드 클라크는 자기 회사에서 일어난 사건에 대해 다음과 같이 말했다.

"생산 회의 석상에서 부사장 한 사람이 어떤 제조 공정에 대해 공장 주임에게 심술궂은 질문을 하고 있었다. 그 말투는 공격적이고, 솜씨가 나쁘다는 것을 비난의 대상으로 삼았다. 동료들의 눈총을 의식한 주임의 응답은 분명하지 않았다. 부사장은 더욱 격노하여 주임을 호통치며, 거짓말쟁이라고 욕을 퍼부었다.

이 충돌로 지금까지 지탱하여 온 양자의 협력 관계는 일순간 무너져버렸다. 이 주임은 원래 우수한 사원이었으나, 이때부터 회사에는 무용지물이 되어버렸다. 수개월 후, 그는 회사를 그만두고, 경쟁 상대의 회사에 들어가 큰 활약을 하고 있는 모양이다."

또 안나 마존이란 여성은 이와 비슷한 사건이 자기 회사에서도 일어났다고 했다. 그러나 그녀의 회사의 경우는 다루는 방법이나 결과는 전연 다르다. 안나는 판매 부문을 담당하고 있었으나 어느 때, 입사 이후 처음으로 큰 일을 명령받았다. 신제품의 시험 판매를 담당하게 된 것이다. 그녀의 말을 직접 들어보자.

──"시험 판매의 결과가 나와 그것을 본 나는 깜짝 놀랐습니다. 기획 단계에서 큰 실수가 있었고, 시험 판매 전부를 다시 해야 할 필요가 있었습니다. 더욱이 이 기획에 대해 보고하게 될 회의 때까지 부장과 타합할 시간적 여유마저 없었습니다.

회의가 시작되어, 마침내 내가 보고할 차례가 되었을 때 나는 떨리는 몸을 어떻게 할 수가 없었습니다. 울며 쓰러질 것 같은 감정을 참는 것이 고작이었습니다. 만일 잘못해서 눈물이라도 흘리면 동료 남성들로부터 '역시 여자에게는 감독의 일은 무리야. 이

내 감정적이 되니까…….'라고 말할 것이 틀림 없었습니다. 그것만은 피해야 된다고 결심했습니다. 나는 짤막하게 보고하고, 자기에게 실수가 있어서 다음 회의 때까지 한 번 더 조사하겠다고 취지를 설명했습니다. 그리고 자리에 앉으며 부장의 화난 말을 기다렸습니다.

그러나 부장은 나의 노력을 위로하고 새로운 기획에는 실수가 따라 다닌다며 재조사가 정확하고 뜻있는 것이 될 것을 확신한다고 말했습니다. 부장은 나를 믿고 있으며, 내가 최선을 다했어도 실패한 것은 능력 부족이 아니라 경험 부족이라고 전체 사람들 앞에서 말해주었습니다.

회의가 끝나자 나는 두 번 다시 부장의 기대에 어긋나지 않으리라고 마음속으로 맹세하면서 가슴을 펴고 회의장을 나왔습니다.”

설사 자기가 옳고, 상대가 잘못되었더라도 그 얼굴을 손상시키는 것은 상대의 자존심을 상하게 할 뿐이다. 전기적 인물, 항공계의 개척자요, 또한 작가인 생 텍쥐페리는 그의 저서에서 다음과 같이 쓰고 있다.

——상대의 자기 평가를 손상시키고, 자기 혐오에 빠지도록 하는 말이나 행동을 할 수 있는 권리는 나에게 없다. 중요한 것은 상대를 나는 어떻게 평가하느냐가 아니고, 상대가 자기 자신을 어떻게 평가하느냐는 것이다. 상대의 인간으로서의 존엄성을 손상시키는 것은 범죄이다.

사람을 바꾸는 원칙 ⑤
체면을 세워준다.

제6장
사소한 일도 칭찬한다

서커스의 우두머리인 피트 바로와 나는 옛날부터 친하게 지냈다. 그는 개나 망아지를 데리고 각지를 순회한다. 나는 피트가 개한테 재주를 가르치는 것을 보고 대단히 재미있다고 생각했다. 개가 조금이라도 잘하면 쓰다듬고, 고기를 주며, 크게 칭찬을 한다.

이 방법은 결코 새로운 것은 아니다. 동물의 훈련에는 옛날부터 이 방법을 써왔다.

누구나 알고 있는 이 방법을, 어째서 인간에게는 응용하지 않을까? 왜 매 대신 고기를, 비평 대신 칭찬을 하지 않을까? 가령 조금이라도 상대가 진보를 나타내면 칭찬을 해주자. 상대는 거기에 힘을 얻어 더욱 진보하고 향상될 것이다.

심리학자 주스 레어는 다음과 같이 기술하고 있다.

——사람에게 칭찬의 말은 내리쬐는 햇빛과 같다. 그것 없이는 꽃을 피우기도, 성장도 할 수 없다. 우리들은 일이 있을 때마다 비판의 차가운 바람을 사람들에게 불어대지만, 칭찬의 말인 따뜻한 햇빛을 남에게 쬐게 하는 일은 좀처럼 하지 않는다.

과거에 나도, 약간의 칭찬의 말에 내 인생이 완전히 바뀐 경험이 있다. 누구에게나 이와 같은 경험이 있을 것이다. 인간의 역사는 칭찬의 말이 가져온 마법의 예로 가득 차 있다.

지금부터 약 50년 전, 10세 정도의 소년이 나폴리의 어느 공장에서 일을 하고 있었다. 그는 성악가가 되고 싶었다. 그러나 그의 교사는 "너에게 노래는 맞지 않는다. 꼭 덧문에 바람이 불어대는 것 같은 목소리야."라고 말해 그를 낙심시켰다.

그러나 그의 어머니는 가난한 농부였지만 그를 안고 부드럽게 격려를 해주었다.

"너는 틀림없이 훌륭한 성악가가 될 수 있어. 엄마는 그것을 잘 알고 있단다.

그 증거로 너의 목소리는 점점 좋아져가고 있고 따라서 노래도 잘 부르게 될 거야."

그녀는 모질게 일을 하여 아들에게 음악 공부를 시켜주었다. 이 어머니의 칭찬과 격려가 소년의 일생을 일변시킨 것이다. 그의 이름은 독자들 중에서도 아는 바가 있겠지만, '칼소'가 바로 그 소년이었다.

19세기 초, 런던에 작가 지망의 한 젊은이가 있었다. 그에게 유리하다고 생각되는 조건이라고는 하나도 없었다. 학교는 4년밖에 다니지 않았고, 아버지는 빚 때문에 형무소를 드나들었다. 세 끼 밥을 먹기도 힘든 형편이었다. 그러는 동안 그는 일을 하게 되었다. 쥐들의 소굴 같은 창고 속에서 구두약 그릇에 레테르를 붙이는 일이었다. 밤에는 음침한 다락방에서 두 사람의 소년과 같이 잤다. 그 둘 다 빈민가의 부랑아들이다. 그는 자신이 없어서 누구에게도 비웃음을 받지 않으려고 사람들이 잠들고 난 다음에 잠자리에서 빠져나와 쓴 소설의 처음 작품을 우송했다. 연달아 작품을 보내봤지만, 전부 반송되곤 했다. 그러나 결국 그에게 기념이 될 만한 날이 다가왔다. 그의 작품 중의 하나가 채택된 것이다. 원고료는 한 푼도 받지 못했지만 편집자로부터 칭찬을 받았다. 그는 인정을 받은 것이다. 그는 감격하여 흐르는 눈물을 닦지도 않고 거리를 거닐었다. 자기의 작품이 활자가 되어 세상에 나왔다는 것이 그의 생애에 일대 변혁을 가져온 것이다. 만일 그 일이 없었으면 그는 일생을 어두운 창고 속에서 지냈을지도 모른다. 이 소년의 이름은 바로 찰스 디킨즈였다.

5, 60년 전, 또 한 사람의 소년이 런던의 어느 직물 상점에서 일을 하고 있었다. 아침 5시에 일어나서, 청소와 심부름으로 하루 14시간이나 혹사당했다. 그는 이 중노동에 견디지 못할 것 같았다. 그래도 2년간 참았으나 그 이상은 도저히 견딜 수가 없어, 어느 날 아침 밥도 먹지 않고 그 상점을 빠져나와 가정부로 일하고 있는 어머니 곁으로 15마일의 길을 걸어서 갔다.

그는 미친 듯이 울면서 지금의 점포에서 일할 바에는 차라리 죽는 것이 낫다고 어머니에게 하소연했다. 그리하여 그는 모교의 교장 선생에게 곤란한 환경을 알리는 장문의 편지를 띄웠다. 교장선생한테 곧 답장이 왔다. 너는 대단히 두뇌가 명석하여 그와 같은 중노동에는 적합하지 않다. 좀더 지적인 일을 해야 한다고, 그를 위해서 학교 교사직을 제공해왔다.

이 칭찬은 바로 소년의 장래를 일변시켜, 영문학 사상에 불멸의 공적을 남겼다. 77권의 서적을 저작하고, 100만 달러 이상의 부를 낳게 한 그는 H·G 웰즈다.

비판을 삼가하고, 칭찬의 말을 활용한다는 것은 B·F 스키너의 교육의 기본적인 사고 방식이다. 이 위대한 심리학자는 인간이나 동물의 실험에 의해서 비판을 삼가하고, 칭찬하는 데 역점을 두면 착한 행동이 정착되고, 나쁜 행동은 억제된다는 것을 입증하고 있다.

노드 캐롤라이나 주 록키 마운틴의 존 링겔스포는 이것을 어린이들에게 응용했다. 세상에는 부모가 아이들에게 호통치는 것을 주된 대화로 삼고 있는 가정이 많다. 링겔스포의 가정도 그랬다.

부모 자식간의 말이 오갈 때마다 아이들은 좋아지기는커녕 오히려 더 나빠져 한도가 없었다.

링겔스포는 강습회에서 배운 원칙을 응용하고자 결심했다. 그의 이야기는 이러했다.

——아내와 나는 아이들의 나쁜 곳을 따지지 않고 좋은 점은 칭찬해주기로 했다. 그런데 눈에 띄는 것은 나쁜 것뿐이라서 칭찬할 건덕지를 찾는 일이 큰일이었다. 그러나 고생 끝에 겨우 칭찬해줄 수 있는 점을 발견했다. 그랬더니 하루 이틀 사이에 도저히 손을 쓸 수 없을 만큼 나쁜 짓은 하지 않았다. 그럭저럭 다른 문제점도 점점 없어져갔다. 아이들은 칭찬의 말을 받아들여서 장점을 기르도록 노력을 하기 시작했다. 아내와 나는 우리의 눈을 의심했다. 물론 그와 같은 향상이 어디까지나 계속되는 것은 아니지만, 좌우간 그 전에 비하면 상당히 좋은 데까지 도달한 것이다. 이렇게 되니 의식적으로 호통칠 필요가 없어졌다. 아이들은 잘못된 경우보다도 올바른 경우 쪽이 많아진 까닭이다.

이 원칙은 일에도 응용된다. 캘리포니아 주 위드랜드 힐즈의 키스 로파는 이것을 자기의 인쇄 회사에 응용했다. 어느 때 로파에게 완성된 인쇄물이 돌아와서, 그것을 보니 특히 잘된 것이었다. 이것을 마무리한 것은 새로 입사한 공원으로, 직장에 낮이 설어 고생하고 있는 남자였다. 주임도 이 사나이가 마음에 들지 않아서 해고시킬까 하는 생각을 하고 있었던 터다.

로파는 공장에 가서 이 청년과 직접 대화를 했다. 자기에게 보내온 제품의 솜씨는 근래에 없는 제품이라고 칭찬하고, 그 좋은 점을 구체적으로 지적했다. 그리고 덧붙여서, 이와 같이 훌륭한 것을 만들어내는 청년은 이 회사의 큰 자랑이라고 했다.

로파의 칭찬은 이 청년이 회사에 대한 태도를 완전히 바꾸게 했다. 사장과의 대화를 동료들에게 말하고, 좋은 일을 할 수 있는 사람이 이 회사에도 있다고 여러 공원들에게 설명했다. 그로부터 이 청년은 충실하고 헌신적인 종업원이 되었다.

이 경우 로파는 겉치레로 청년을 칭찬한 것이 아니었다. 제품의 어디가 뛰어났느냐를 확실하게 설명해주었다. 그 때문에 칭찬의 말은 뜻 있게 상대의 마음에 전해진 것이다. 누구나 칭찬 듣는다는 것은 반갑다. 그러나 그 말이 구체성을 가지고 있고, 성의가 깃든 말, 즉 단지 상대를 기쁘게 해주기 위한 혀 끝의 말이 아닌 말로 상대의 기분을 직접 바꿔주는 것이다.

우리들은 남에게 평가되고 인정받고자 하는 욕망이 있어, 그것을 위해서는 어떤 행동이라도 한다. 그러나 마음에 없는, 입에 발린 칭찬에는 반발을 느낀다.

거듭 말하지만, 본서의 원칙은 그것이 마음속에서 우러나는 경우에 한해서 효과를 내는 것이다. 잔재주의 사교술을 설명하는 것이 결코 아니다. 새로운 인생이 있는 길을 기술하고 있는 것이다.

상대의 마음속에 숨겨져 있는 보물의 존재를 상대에게 알릴 수 있다면, 단지 그 사람을 바꾸게 하는 것에 그치지 않고 별도의 인물을 탄생시킬 수도 있는 것이다.

이것이 과장이라고 생각하면 미국이 낳은 가장 뛰어난 심리학자요 철학자이기도 한 윌리엄 제임스의 다음의 말에 귀를 기울이는 것이 좋다.

—— 우리들이 갖고 있는 가능성에 비하면, 현실의 우리는 아직 그 절반의 완성도에도 도달하지 않고 있다. 우리는 육체적, 정신적 자질의 극히 적은 일부분만 활용하고 있는 것이다. 대체적으로 말하면 인간은 자기 한계보다 훨씬 좁은 범위 내에서 살고 있을 따름이며, 여러 가지의 능력을 활용하고 방치하고 있는 것이다.

이것을 읽는 당신도, 쓰지도 못하고 보물을 활용하지 않아 썩고 있는 능력을 여러 가지 구비하고 있을 것이다.

비판에 의해서 인간의 능력은 움츠러들고, 격려에 의하여 꽃이 핀다.

사람을 바꾸는 원칙 ⑥
사소한 일이라도 모두 아낌없이 진심으로 칭찬한다.

제7장
기대를 건다

최근까지 훌륭한 일을 하고 있던 종업원의 일하는 태도가 조잡해졌을 경우 어떻게 하면 좋을까? 인디애나 주 로웰에 있는 트럭 판매점의 서비스 부장 레리 헹케 밑에서 일하고 있는 기계공의 일하는 태도가 눈에 띄게 나빠졌다. 헹케는 이 남자에게 고성으로 윽박지르는 대신 조용히 자기 사무실에 불러서 속을 털어 놓고 대화를 했다.

"빌, 너는 우수한 기계공이야. 경험도 풍부하다. 너의 훌륭한 일 솜씨를 많은 손님들이 칭찬하고 있다. 그러나 최근에는 일의 능률이 떨어지고, 제품도 지금까지에 비하면 많이 뒤지고 있다. 지금까지 너는 보통 이상의 뛰어난 손재주가 있는 사람이었다. 그러기에 요즘의 일하는 태도가 나에게는 불만이야. 그래서 직접 너와 이야기를 하고, 그 해결책을 함께 생각해보고 싶다."

빌은 자기의 작업 능률이 저하되고 있는 것을 모르고 있었던 것 같았다. 그리하여 지금까지 해온 일이 자신의 능력에 미치지 못하는 것은 결코 아니므로 앞으로 더욱 노력하겠다고 약속해주었다.

그리고 빌은 이 약속을 지켰다. 그는 또다시 전과 다름없이 빠르고 성의 있게 일하는 기계공이 되었다. 헹케가 한 것같이 이미 확립되어 있는 정평(定評)을 노력의 목표로 제시하는 경우, 부하로서 과거의 일에 필적(匹敵)하는 일을 해보이자는 노력을 할 것은 당연한 것이다.

볼드 윈 기차 제조회사의 사뮤엘 보크렌 사장은 이렇게 말한다.

"어딘가 좋은 점을 발견하고 거기에 경의를 표하면, 대개의 사람은 이쪽의 생각대로 따르게 된다."

요는 상대의 어느 점에 대하여 교정(矯正)시키고자 생각하면, 그 점에 있어서 그는 벌써 다른 사람보다 앞서 있다고 말해주는 것이다. '덕이 없어도 덕이 있는 것처럼 행동하라'—— 이것은 세익스피어의 말이다. 상대의 아름다운 점을 발휘시키고자 한다면, 그가 그와 같은 아름다운 점을 갖추고 있음을 공공연하게 취급해주는 것이 좋다. 좋은 평판을 나게 해주면 그 사람은 반드시 당신의 기대에 배신하지 않으려고 노력할 것이다.

조르제트 루브랑 여사는 그의 저서 《나의 추억 —— 메텔링크와 함께》라는 책에서 신데렐라와 같은 운명을 걸어간, 가난한 벨기에 아가씨의 이야기를 쓰고 있다.

—— 근처의 호텔에서 나의 식사를 날라 온 메이드는 모든 사람들에게 '접시 씻는 마리'라고 불리우는 아가씨입니다. 처음에 조리대의 접시를 씻고 있었기 때문입니다. 이 아가씨는 대단히 얼굴이 못생겼고, 더군다나 사팔뜨기에다 악어발(걸을 때 안이나 바깥 쪽으로 발이 굽는 것)로, 심신이 함께 빈약한 소녀였습니다.

어느 날 이 아가씨가 마카로니 한 접시를 붉게 부푼 손으로 날라왔을 때 나는 급소를 찔러서 말했습니다. "마리, 당신은 속에 굉장한 보물을 갖고 있는 것을 알지 못하고 있어."라고.

그러자 자기의 감정을 억누르는 데 습관이 된 이 아가씨는 한참 아무 말이 없었습니다. 자기 감정을 밖으로 발산시킬 용기가 없었던 것입니다. 그리고 마카로니 접시를 테이블 위에 놓고 한숨

을 돌리고 나서야 순진한 말씨로 말을 했습니다. "마님, 그런 것
은 생각해보지도 않았습니다." 아가씨는 나의 말을 그냥 받아들
인 모양입니다. 그대로 조리대 쪽으로 가더니 내가 한 말을 여러
사람에게 말하는 것이었습니다. 너무나 진지하게 나의 말을 믿고
있는 그 모습에 누구 하나 조롱하는 사람도 없었습니다. 그날부
터 이 아가씨는 여러 사람으로부터 따뜻한 눈으로 보이게 되었습
니다.

그러나 무엇보다 불가사의한 변화는 마리 자신에게 일어난 것
입니다. 자기가, 기적을 자기 속에 지니고 있다고 굳게 믿고 자기
얼굴이나 모양의 손질에 신경을 쓰고, 그 결과 지금까지 억압당
하고 있던 젊음이 꽃을 피워 추함이 감추어지게 된 것입니다.

그로부터 2개월 후에 그녀는 쿡크장의 조카와 곧 결혼하게 된
다고 나에게 알려왔습니다. "나는 부인이 됩니다."라고 나에게
인사를 온 것입니다. 나의 한 마디가 결국 이 아가씨의 인생관을
바꾸어버린 것입니다.

루브랑 여사는 '접시 씻는 마리'에게 기대를 주고, 그것을 목표
로 향상을 꾀한 것이다. 즉, 주어진 평가가 이 아가씨를 변신시킨
것이다.

또 플로리다 주 데이드나 비치에 있는 식품회사의 세일즈맨 파
커는 최근 회사에서 개발한 제품의 판매에 의욕을 불태우고 있었
으나, 단골의 큰 식품 마켓의 점포주가 이 신제품을 거절하여 점
포에 넣지 않겠다고 했다. 낙심한 빌은 하루종일 그것만 생각하
고 있다가, 퇴근 전에 또 한 번 그 점포에 가서 말해보기로 결심
했다.

"그 후 여러 가지 생각해보았지만, 아무래도 나의 설명이 충분
하지 못한 것 같았습니다. 오늘 아침 설명에서 빠진 점을 설명할
시간을 좀 내줄 수 없습니까? 당신은 언제나 나의 말에는 귀를
기울여주시고 납득이 되시면 솔직하게 처음의 결정을 바꾸어주시

는 넓은 마음의 소유자였기 때문에 오래 전부터 존경하고 있었습니다.”

이로써 점포주는 빌의 말을 듣게 되었다. 자기에 대하여 좋은 평가가 주어진 이상 그 평가에 어긋나지 않도록 노력하는 것이 인정이다.

그리고 어느 날 아침 아일랜드의 더블린에서 치과 병원을 개업하고 있는 머틴 피츠휴 박사는 환자로부터 입을 헹구는 종이컵의 금속제 손잡이가 불결하다는 소리를 듣고 크게 놀랐다. 환자는 종이컵을 쓰기 때문에 그 손잡이가 직접 입에 닿는 건 아니지만, 기재가 불결한 것은 병원으로서 달갑지 않은 일임에 틀림없다.

환자가 가고 난 후, 피츠휴 박사는 자기 사무실에서 브리짓드에게 메모를 썼다. 브리짓드는 주 1회 진료실의 청소를 맡고 있는 가정부다.

브리짓드 여사에게

당신에게 직접 만나서 이야기할 시간이 좀처럼 없군요, 진료실을 언제나 깨끗이 청소해주셔서 고맙다는 인사를 겸해서 몇 자 적습니다. 그리고 주 1회 하루 2시간으로는 시간이 너무 짧지 않습니까?

종이컵의 손잡이같이 가끔 손질을 해도 되는 일에 때로는 30분 정도 더 시간을 소비하고 싶은 생각이 있으면 아무쪼록 자유로 시간을 연장하셔도 좋습니다. 물론 거기에 대한 급료는 가산하겠습니다.

그 다음날, 사무실에 들어서니 책상은 거울처럼 빛나고, 더욱 의자까지도 닦여져 하마터면 미끄러질 뻔하였다. 그리고 진료실에 들어서자 눈에 띄는 것은 멋있게 닦여진 종이컵 손잡이였다. 나는 이 가정부의 평소 일 솜씨가 훌륭하다고 칭찬하고, 그 평가에 어긋나지 않으려는 기분을 내게함으로써 일에 대해 힘을 기울이게 한 것이다. 그러면 그녀는 어느 정도 시간을 연장했을까? 시간의 연장은 전혀 없었다.

옛 속담에 "개를 죽이려면 미친개라고 하면 된다."는 말이 있다. 한번 악평이 나면 벗어나기 어렵다는 뜻이지만, 반대로 호평이 나면 어떻게 될까?

뉴욕 주 브룩클린에서 국민학교 4학년의 담임 루즈 폽킨즈 여사는 학년 초에 담당 학급의 출석부를 한번 보고 나자 신학년의 기대가 불안해지는 것을 느꼈다. 학교에서 제일 평판이 나쁜 '악동' 토미가 학급에 들어 있었다. 3학년 때의 담당 교사는 동료나 교장을 비롯하여 상대자만 보면 토미 이야기로 불평을 하고 있었다. 그냥 장난을 하는 것만이 아니라, 수업 중에 규율을 문란케 하여 남자 아이에게는 싸움을 걸고, 여자 아이는 놀려주고, 선생에 대해서는 건방진 행동이 날이 갈수록 더욱 심해질 뿐이었다. 그러나 그 반면, 기억력이 좋은 데다 수업 내용을 쉽게 소화시키는 장점도 있었다.

폽킨즈 선생은 급히 토미의 문제를 처리할 결의를 굳게 했다. 신학년 첫날 교단에 선 선생은 학생 한 사람 한 사람에게 한 마디씩 말을 해주었다.

"로즈, 멋진 드레스야."

"알리사, 너는 참으로 그림을 잘 그린다더구나."

이윽고 토미의 차례가 되자, 선생은 토미의 눈을 정면으로 바라보며 말했다.

"토미, 너는 타고날 때부터 지휘자였어. 선생님은 우리 학급을 올해 4학년 중 제일 좋은 학급으로 만들려 하고 있거든. 그러려면 난 너를 믿을 수밖에 없구나. 부탁이야."

그 후 폽킨즈 선생은 역시 생각대로 토미의 행동 하나하나에 칭찬을 하게 되었고, 확실히 토미가 좋은 아이라고 단언했다. 좋은 평가를 받은 토미는 평가대로 되자, 선생님의 기대를 저버리지 않겠다고 진정 노력했다. 그리고 그 결과로 선생님의 기대에 보답한 것이다.

____

사람을 바꾸는 원칙 ⑦
기대를 건다.

제8장
격려해준다

내 친구 중에 40대의 독신자가 있었다. 그 남자가 최근 어느 여성과 약혼을 했다. 그러나 상대의 여성은 그에게 댄스를 배우라고 한다. 거기에 대해서 그는 이렇게 말했다.

——"나는 젊었을 때 댄스를 배워서, 그냥 20년간 같은 방법으로만 추고 있었으므로, 다시 한 번 배워둘 필요가 있었다. 처음에 찾아간 선생은 나의 댄스가 전연 돼먹지 않았다고 했다. 아마도 진심으로 말했을 것이다. 처음부터 다시 하지 않으면 안 된다고 했으나, 나는 완전히 싫어져서 그 교사에게 다니는 것을 그만두고 말았다.

그런데 다음 교사는 바른 말을 하지 않은 것 같았으나, 그쪽이 마음에 들었다. 나의 댄스는 좀 시대에 뒤떨어졌지만, 기본이 잘 되어 있으므로 새로운 스텝도 문제없이 알게 된다고 했다. 첫 번째 교사는 결점을 강조하여 낙심케 했으나, 이 교사는 정반대였다. 장점을 칭찬하고 결점에 대해서는 별 말이 없었다. 리듬도 잘 이해하고, 소질도 대단하다고 말해주었다. 그 말을 듣고 보니 자신은 서투르다고 알고 있으면서, 금새 그렇지 않은 기분이 된다. 물론 수업료를 지불하고 있으니 겉치레의 인사말쯤 하는 것은 이상할 것이 없지만, 그런 것을 생각할 필요가 나에게는 없었다.

좌우지간, 칭찬 덕택으로 나의 댄스는 확실히 향상되었다. 교사의 말에 용기가 나고, 희망이 생겼다. 향상심이 일어난 것이다.”

아이들이나 종업원에게 바보 같다든가 무능력하다고 윽박지르는 것은, 향상심을 자르는 것과 같으므로 오히려 더 역효과를 가져오게 된다. 만약 하기만 한다면 쉽게 할 수 있다고 용기를 북돋워주고 이쪽에서 상대의 능력을 믿는다는 것을 알려준다면 결국 그들은 자기의 우수함을 과시하고자 열심히 노력하게 된다.

로웰 토마스는 이 방법을 쓰고 있다. 그는 이 방법의 달인(達人)이다. 사람을 분기(奮起)시키고, 자신을 주며, 용기와 신념을 심어주는 것을 참으로 잘 해낸다.

예를 들면, 이런 일이 있었다. 얼마 전, 나는 토마스 부부와 같이 주말을 보내게 되었는데 그날 저녁에 따뜻한 난로 곁에서 트럼프 놀이를 권유받았다. 트럼프——당치도 않다. 트럼프는 나에게는 영원한 수수께끼 같은 거나 다름없다. 전혀 할 줄 모른다.

“데일, 트럼프 같은 건 문제없어. 비결이고 뭐고 없어. 그냥 기억력과 판단력으로 해내는 거야. 너는 기억력에 대해서 서적을 저술한 적이 있지 않나? 오히려 너에게는 안성맞춤의 놀이야.”

정신을 차리고 보니 나는 난생 처음으로 트럼프 놀이의 테이블에 앉아 있었다. 상대의 멋진 선동에 그만 넘어가서 문제없이 할 수 있을 것 같은 기분이 들었고 이와 같은 결과가 된 것이다.

트럼프라면 엘리 칼버드송이 생각난다. 트럼프를 하는 사람이면 누구나 그의 이름을 알고 있을 것이다. 그가 쓴 트럼프에 관한 책은 각국 말로 번역이 되어, 벌써 100만부가 넘게 팔렸다고 한다. 그도 어떤 젊은 여성으로부터 “당신에게는 굉장한 트럼프 놀이의 소질이 있다.”라는 말을 듣지 않았으면, 이것으로 밥을 먹게 되지는 않았을 것이다.

칼버드송이 미국에 온 것은 1922년으로, 처음에는 철학과 사회학의 교사가 되려 했는데 적당한 자리가 없었다. 그래서 그는 석탄 판매를 했으나 실패했다. 다음에는 퍼키 판매를 해봤지만 그 역시 잘 되지 않았다.

그 당시의 그에게는 트럼프 경기의 강사가 되자는 생각은 더욱 없었다. 트럼프 경기는 서투르기만 하고, 옆 사람들에게 괴로움만 끼치게 된다. 처음부터 끝까지 내내 묻기만 해야 된다. 그리고 승부가 끝나면 경기의 경과를 귀찮게 검토하기 때문에 누구나 그와 경기하기를 싫어했다.

그러던 어느 날, 그는 조세핀 데이론이란 미모의 트럼프 강사와 알게 되어, 그것이 연애로 발전해서 마침내 결혼했다. 그녀는 그가 면밀히 카드를 분석하고 생각하는 모습을 보고 "당신에게는 트럼프 경기에 대한 천부적인 소질이 있다."고 칭찬했다. 칼버드 송을 트럼프 경기의 대 권위자로 만든 것은 바로 그녀의 이 같은 격려의 말이었다.

오하이오 주 신시내티의 클라렌스 존스는, '결점은 어렵잖게 극복할 수 있다.'는 격려로 아들의 인생을 바꾸어놓았다. 그 체험을 그는 다음과 같이 말한다.

"1970년에 아들 데이비드는 15세였으나, 신시내티에 사는 나와 같이 생활하게 되었다. 이 아이는 1958년에 자동차 사고로 머리에 큰 부상을 입었는데, 심한 상처가 이마에 남아 있었다. 1960년에 나는 이혼을 했으므로, 데이비드는 텍사스 주의 달라스에서 할머니와 같이 살고 있었던 것이다. 15세가 될 때까지 데이비드는 달라스의 학교에서 지진아(遲進兒)들만의 특별 학급에 들어 있었다. 아마도 이마의 상처 때문이겠지만, 학교 당국은 이 아이가 보통의 능력을 갖고 있지 않다고 판단한 모양이었다. 데이비드는 같은 연령의 아이들보다 2학년이나 늦어서 7년생임에도 구구단도 외지 못하고, 덧셈은 손가락을 사용하며, 글자도 잘 읽지 못했다.

그러나 단 한 가지 장점이 있었다. 라디오나 텔레비전을 만지는 것을 대단히 좋아하여, 텔레비전 기사가 되고 싶어했다. 나는 텔레비전 기사가 되려면 수학이 필요하다고 데이비드를 격려하고, 수학 공부를 거들어주기로 했다. 먼저 수학 카드를 4조 준비했다. 곱셈·나눗셈·덧셈 그리고 뺄셈의 카드다. 이것을 차례차례로 하고 답이 맞는 것은 '끝남' 상자에 넣고, 답이 틀리면 바른 답을 가르쳐주고, 그 카드를 '다시 한 번'의 상자에 넣었다. 이리하여 카드 전부가 '끝남' 상자 속에 들어갈 때까지 계속했다. 바른 답이 나올 때마다 크게 칭찬해주었다. 특히 처음에는 답을 하지 못한 문제를 바르게 답했을 때는 크게 추켜세웠다. 이것을 매일 저녁 반복해서 '다시 한 번'의 상자가 빌 때까지 계속하고, 스톱 워치로 소요 시간을 재었다. 나는 카드 전부를 8분 이내에 정답을 내면 매일 밤 하지 않아도 된다고 약속했다. 데이비드는 도저히 무리라고 생각한 모양이었지만, 첫날 밤은 52분, 다음날 밤은 48분, 그 후 45분, 44분, 41분, 그러더니 결국 40분대를 깨뜨렸다. 기록이 갱신될 때마다 데이비드도 나도 대단히 기뻤다. 아내도 부르고 데이비드를 끌어안기도 하고 춤도 추곤 했다. 그러자 1개월이 지날 무렵에 데이비드는 8분 이내에 카드 전부에 정답을 낼 수 있게 되었다. 기록이 조금이라도 갱신되면 그는 또 한 번 하고 싶어했다. 이 아이는 학습이란 쉽고 재미있다는 굉장한 발견을 한 것이다.

당연히 데이비드의 대수(代數) 성적은 비약적으로 향상되었다. 대수는 곱셈이 가능해지면 놀랍게 성적이 좋아진다. 수학에 B성적을 받아왔을 때는 데이비드 자신도 크게 놀랐었다. 그 외에도 그에게는 여러 가지의 변화가 차례차례로 일어난 것이다. '읽기'도 급속도로 진보하고, 그림의 재능도 발휘하기 시작했다. 이과 선생으로부터 전람회에 출품하라는 말도 있었다. 그래서 그는 지렛대의 원리를 설명하는 아주 복잡한 모형을 만들기로 했다. 거기에는 도면을 그리고 모형을 만드는 기술 외에 응용 수학의 지식이 필요했다. 그의 작품은 교내의 이과제(理科祭)에서 1등상을 탔고, 그것이 신시내티 주최의 콘테스트에 출품되어 3등상의 영광을 안았다.

이것이 동기가 되었다. 2학년이나 늦어지고, 뇌가 손상됐다고 남에게 비웃음을 당하고, 급우들로부터는 '후랑켄슈타인'이라고 놀림을 받고, 부상으로 머릿속이 비었다고 업신여김을 당한 소년에게, 갑자기 사물을 생각하고 수행할 수 있는 자신이 생긴 것이다. 그 결과 8학년의 최종 학기에서 고등학교까지 우등 성적을 계속 올리고, 고등학교에서는 전국 우등생 협회의 멤버로 선정되었다. 학습은 쉽고 재미있다고 알게 된 순간부터 데이비드의 생활 전체가 완전히 뒤바뀐 것이다.

사람을 바꾸는 원칙 ⑧
격려하여 능력에 자신을 갖게 한다.

제9장
즐겁게 협력시킨다

1915년 유럽에서 제1차 세계 대전이 한창일 때, 미국도 가만히 보고만 있을 수는 없게 되었다. 과연 평화를 회복할 수 있나 없나 하는 것은 아무도 몰랐지만, 우드로우 윌슨 대통령은 좌우간 노력을 해보자고 결심, 전쟁 당사국의 지도자들과 협의하기 위한 평화 사절을 파견하기로 했다.

평화주의를 표방하는 국무장관 윌리엄 브라이언은 그 임무를 맡고자 했다. 자기의 이름을 영원히 남길 수 있는 절호의 기회라고 본 것이다. 그러나 윌슨은 브라이언이 아니라, 친구 하우스 대령을 임명했다. 이것을 맡은 하우스 대령에게는 중대한 문제가 남게 되었다. 브라이언의 감정을 상하지 않도록 주위해서 그에게 이 일을 털어놓아야 하는 것이었다.

당시의 상황을 하우스 대령은 일기에 이렇게 적었다.

——'브라이언은 나에게서 그 말을 듣고 자기가 갈 작정이었다고 말했다. 그리고 그는 명확하게 실망의 빛을 나타내었다.

그래서 나는 대통령은 금번의 사절 파견을 공식적으로 하는 것은 현명한 정책이 되지 못한다고 여기고 있어서, 만약 브라이언이 가게 되면 세상의 주목을 받아 오히려 형편이 나쁠 것이라고 했다.'

이렇게 말하는 방법도 있다. 즉 "브라이언은 너무나 거물이어서 이 임무에는 적합하지 않다." 이것으로도 그는 대 만족이었다.

월슨 대통령은 윌리엄 멕카도를 장관으로 앉힐 때에도 이 방법을 썼다. 장관이라면 누구에게도 명예가 있는 지위인 것이다. 그것을 주는 데 월슨은 상대의 중요감을 배가(倍加)시키는 방식을 취했다. 멕카도 자신의 말을 빌리기로 하자.

——"월슨은 지금 조각(組閣)중인데, 재무장관 자리를 당신이 맡아주면 참으로 고맙게 생각한다고 나에게 말했다. 참으로 즐거운 말솜씨다. 이와 같은 명예있는 지위를 맡아주면 그것으로 내가 되려 은혜를 시주하는 것 같은 감이 들 것이다."

그러나 불행하게도 월슨은 언제나 이와 같은 방식을 취하고만 있지는 않았다. 그가 이 방법을 끝까지 사용했으면 아마 역사도 달라졌을 것이다. 예를 들면, 국제 연맹 가입 문제로 그는 상원(上院)을 화나게 하고, 공화당을 무시했다. 인간 관계를 생각하지 않은 이 방법은 그 자신의 실각을 가져오게 되고, 건강을 해쳐 수명을 단축시켰으며, 미국을 국제 연맹 불참가국으로 만들어 세계 역사의 진로를 바꾸어버린 것이다.

'즐겁게 협력시킨다'의 원칙이 쓸모가 있는 것은 정치가나 외교관에 한정된 것은 아니다. 인디애나 주 포드웨인의 데르페레는 자기의 작은 아들에게 시킨 일을 앞장 서서 처리하게 된 경위를 다음과 같이 지적했다.

——아들 제프에게 주어진 일은 배〔梨〕밭의 낙과를 주워모으는 일이었다. 이렇게 하면 밑풀을 벨 때 손을 멈춰, 낙과를 줍는 수고를 덜어주게 되는 것이다. 제프는 이 일을 하기 싫어했다. 하지 않거나, 한다 해도 아무렇게나 해치워서 후에 몇 개의 낙과가 남는 일이 많았다. 그래도 나는 제프를 정면으로 나무라지 않고, 다음과 같이 말을 했다. "제프, 너와 협정하고 싶은데, 어때? 네가 주운 배를 한 상자에 1달러로 사주겠다. 그러나 다음에 아버지가 돌아보고 배가 남아 있으면 1개에 대해서 1달러씩 빼기로 한다.

어떠냐?” 그러자 제프는 낙과를 한 개도 남기지 않고 주위모았으며, 잠깐 한눈을 팔면 나무에 달려 있는 것도 따서 상자에 넣을 정도로 배줍기에 열을 올렸다.

내가 아는 사람 중에, 의리를 저버릴 수 없는 쪽에서 강연을 의뢰받고도 늘 그것을 거절하는 사람이 있다. 그러나 그의 거절하는 방법이 교묘하여, 거절당한 쪽도 그다지 기분을 나쁘게 하지 않는다. 그 거절하는 방식은 바쁘다든가 하는 이쪽의 형편을 말하지 않고 먼저 의뢰해준 데 대하여 마음속으로 감사의 뜻을 표하고, 마음에는 있지만 아무래도 형편이 안 된다며 그 대신 다른 강연자를 추천한다. 즉, 상대가 실망을 느낄 여유를 주지 않고 다른 강연자를 생각하게 하는 것이다.

서독에서 강습회에 참가한 귄터 슈미트는 자기가 경영하는 식료품점에서, 진열장의 상품에는 반드시 정찰표를 붙이는 방침을 철저히 시켰다. 정찰표가 붙어 있지 않아서 혼란이 일어나고, 손님으로부터 불평이 있었다. 몇 번이나 이 일을 담당 여점원에게 지적하여 주의를 주었지만 큰 효과가 없었다. 최후에 슈미트는 그녀를 자기 사무실로 불러서 말했다.

“오늘부터 당신은 이 점포 전체의 정찰계의 주임이 되어주셔야겠습니다. 단단히 부탁합니다.”

그러자 새로운 책임과 직위가 주어진 이 여점원의 일하는 태도는 확실하게 달라지고, 자기 임무를 완전히 수행하게 되었다.

이것은 어린이 속임수 같은 기분이 될지 모르지만, 나폴레옹 1세도 같은 방법을 썼었다. 그는 자기가 제정한 레종 드누르 훈장을 1,500개나 남발하고, 18명의 대장에게 ‘원수’의 칭호를 주었으며, 자기 군대를 ‘대육군(大陸軍)’이라고 부르기도 했다. 그래서 역전의 용사들을 ‘장난감’으로 속였다고 비난을 받자, 그는 이렇게 대답했다.

"인간은 장난감에게 지배당한다."

이 나폴레옹의 방식, 즉 직위나 권위를 주는 방법은 우리들이 사용해도 효과가 있다. 그 예로, 나의 친구 뉴욕 주 스카즈델의 젠트 부인의 경우를 소개해보자.

부인은 근처의 악동들에게 호되게 곤욕을 치른 적이 있었다. 정원에 침입하여 잔디를 못쓰게 만드는 것이다. 겁도 주고 달래도 보고 했으나, 아무런 효과도 없었다. 그래서 그녀는 악동의 대장에게 직위를 주어, 권위를 갖게 해주었다. 그것은 '탐정'이라는 직위였다. 그리고 잔디밭에 불법 침입자를 취채(取締)하는 역할을 맡겼다. 그러자 이 방식은 보기좋게 성공을 거두었다. '탐정'은 뒤뜰에서 모닥불을 피우고, 쇠막대를 벌겋게 달궈, 그것을 쳐들고는 불법 침입자를 쫓아버렸던 것이다.

사람을 바꾸게 할 필요가 생겼을 경우, 다음 사항을 생각해보면 좋다.

1. 성실하라. 지키지 못할 약속은 하지 말라. 자기의 이익은 잊고, 상대의 이익만을 생각하라.

2. 상대에 기대하는 협력은 무엇인가, 명확하게 파악하라.

3. 상대의 진실한 바람은 무엇인가, 상대의 입장이 되라.

4. 당신에게 협력하면 상대는 어떤 이익이 있나?

5. 바라는 대로 이익을 상대에게 주어라.

6. 남에게 일을 의뢰할 경우, 그 의뢰가 상대의 이익도 된다는 것을 알 수 있도록 말을 하라.

물론 이것으로, 반드시 상대로부터 좋은 반응이 기대된다고 생각하는 것은 약간 단순한 것이다. 그러나 이 원칙을 응용하지 않는 경우에 비하면 상대를 바꿀 수 있는 가능성은 훨씬 높아진다.

이것은 많은 사람이 경험하고 있다. 만일, 겨우 10프로라도 성공의 확률을 높였다면, 10프로만큼 사람을 바꿀 수 있는 능력을 높인 것이 된다. 이것이야말로 그 노력이 가져오는 '이익'인 것이다.

사람을 바꾸는 원칙 ⑨
즐겁게 협력시킨다.

행복한 가정을 꾸미는 7원칙

1 잔소리를 하지 않는다
2 장점을 인정한다
3 결점을 들추지 않는다
4 칭찬한다
5 사소한 성의도 게을리하지 않는다
6 예의를 지킨다
7 올바른 성 지식을 갖는다

제1장
잔소리를 하지 않는다

나폴레옹 3세의 비(妃) 마리 유제니는 절세의 미인으로, 바로 그는 그녀의 미모에 매혹되어 아내로 맞이한 것이다. 주위에서는 기껏해야 스페인의 가난뱅이 귀족의 딸이라고 반대했으나, 그녀가 가진 우아함·젊음·매력, 그리고 아름다움에 완전히 마음을 빼앗겨서 누구의 반대의 소리에도 귀를 기울이지 않았다.

나폴레옹 3세 부부는 건강·부·권력·명예·미·애정의 로맨스로써 필요한 모든 조건을 겸비하고 있었다. 이처럼 열렬한 애정에 혜택을 준 결혼은 지금까지 거의 예를 볼 수 없을 정도였다.

그런데 슬프게도 얼마 되지 않아 작열(灼熱)의 애정도 빛을 잃고, 뒤에는 쓰디쓴 여진(餘震)만 남았다. 나폴레옹은 유제니를 맞이할 수는 있었으나, 전 프랑스의 무엇을 가지고도, 예를 들어, 그의 애정과 황제로서의 권력을 가지고서도 그녀의 잔소리를 막지는 못했다.

질투와 시기에 사로잡힌 그녀는 그의 말 같은 것은 전적으로 듣지도 않았다. 국정(國政)의 중요 회의 석상에 뛰어들어 곧잘 방해를 했다. 그에게 친절한 여성이 생기는 것을 두려워하여 잠시도 감시의 눈을 돌리지 않는 것이었다. 언니에게 달려가서 남편의 험담을 울며 불며 할 때도 가끔 있었다. 그의 서재에 노크도 없이 들어와서 천한 말버릇으로 욕설을 퍼붓는 것이 보통이었다.

호화스런 궁정을 몇 개나 가지고서도 그에게는 따뜻한 마음의 휴식처는 아무 곳에도 없었던 것이다.

유제니는 이와 같이 남편에게 말썽 많게 책망을 하고, 그것으로 대체 무엇을 얻었을까? 세상에서도 보기 드물게 열렬한 애정을 질식시켜, 스스로 불행을 초래한 것뿐이다.

레오 톨스토이 부인은 임종의 자리에서 딸들을 불러 다음과 같이 고백했다.

"너희들의 아버지가 세상을 떠나게 된 것은 모두 나 때문이었다."

딸들은 아무말도 하지 않았다. 어머니의 고백과 같다고 생각한 것이다. 평소 어머니의 그칠 줄 모르는 불평·비난·잔소리가 끝내는 아버지를 죽게 했다는 것을 딸들은 잘 알고 있었다.

톨스토이 부부는 어떻게 생각해도 행복하지 않으면 안 되었다. 남편은 세계적 문호로서, 《전쟁과 평화》《안나 카레리나》 등은 불후(不朽)의 걸작이다.

톨스토이의 명성을 그리워하여 모여든 숭배자들은 낮과 밤을 가리지 않고 그에게 매달리다시피하며, 그의 입에서 나오는 말은 길건 짧건 빠짐없이 받아썼다. 심지어 "자, 이제 갑시다."라는 시시한 말까지도 받아 쓴 형편이었다.

그러고도 톨스토이 부부는 부(富)에 있어서나 사회적 지위에 있어서나, 또는 자식복에도 혜택을 받고 있었다. 이와 같이 모든 것이 혜택받게 된 결혼은 그리 흔한 것은 아니다. 너무나 행복하여 오히려 불안해지고, 부부는 이 행복이 언제까지라도 계속되게끔 신에게 기도했다.

그러나 그 동안 뜻밖의 일이 일어났다. 톨스토이의 태도가 변하기 시작, 결국에는 다른 사람같이 되어버린 것이다. 지금까지의 저서를 부끄럽게 생각하며, 평화를 원하고 전쟁과 빈곤을 이 세상에서 추방하기 위하여 빈번하게 팜플렛을 쓰기 시작했다.

젊었을 때는 모든 죄악의 맛을 알고 살인까지도 범했다는 톨스토이가 그리스도의 가르침을 글자 그대로 지키려고 한 것이다. 갖고 있는 토지와 재산을 송두리째 남에게 주고, 자진해서 가난한 생활에 뛰어들었다. 하루종일 들에서 일을 하며, 나무를 베고 풀을 베고 했다. 구두도 손수 만든 것을 신고, 자기 방은 자기가 청소했다. 나무 그릇으로 식사를 하며, 그리스도가 가르친 대로 적을 사랑하려고 노력했다.

톨스토이의 생애는 비극이었다. 그 원인은 결혼이라고 말할 수 있다. 그의 아내는 화려한 것을 좋아하고, 그는 그것을 경멸했다. 그녀는 사회적인 명성이나 칭찬을 갈망하고 있었으나, 그에게는 그런 것은 아무런 의미도 없었다. 부인은 부(富)를 동경하고 있었다. 그러나 그는 부(富)를 죄악시하고 있었다.

그는 저서의 인지세도 받지 않으려고 했다. 그 일로 부인은 화를 내어 울고 불고 하며 몇 년간이나 끈질기게 그를 책망했다. 마음에 들지 않는 일이 있으면 히스테리 발작을 일으켜 죽어버린다고 위협까지 했다.

1910년 10월의 어느 눈 내리는 밤, 82세의 톨스토이는 가정 불화에 견디다 못해 정처없이 집을 나와버렸다——11일 후, 그는 어느 정거장에서 마침내 숨을 거두었다. 죽을 때의 소원인즉, 부인을 절대 가까이 못 오도록 하는 것이었다.

이것이 톨스토이 부인의 불평·비난·잔소리로 인해 발생한 세기적인 비참한 결말이었다.

그녀로서는 불평을 할 만한 이유가 충분히 있었을 것이다. 그러나 문제는 불평을 털어놓음으로써 그녀가 얼마나 이익을 얻었느냐다. 사태는 그것 때문에 더욱더 악화되지 않았을까?

에이브라함 링컨의 생애를 비극적으로 만든 것도 역시 결혼이었다. 그가 암살당한 것은 그의 결혼에 비하면 오히려 비극이라고 할 수 없다. 링컨의 부인은 세상에서 보기 드물게 잔소리가 심한 여자로, 4분의 1세기 동안 줄곧 링컨을 엄하게 책망하며 살았다.

그녀는 1년 내내 남편에게 불평 또는 비난을 퍼부었다. 그녀의 말에 의하면, 링컨은 좋은점이라고는 하나도 없다. 등은 굽고, 걸음걸이도 돼먹지 않았다. 마치 인디언과 흡사하다. 귀의 생김새나 얼굴의 모양도 마음에 들지 않는다.

링컨과 부인은 모든 점에서 대조적이었다. 성장환경·기질·취미·사고 방식 등 어느 한 가지도 공통된 점이 없었다.

링컨 연구의 권위자인 상원 의원 알버트 비바리치는 다음과 같이 말했다.

——"부인의 소란을 피우는 소리는 길 저쪽까지도 들려, 언제나 근방에 울려퍼졌다. 난폭한 행동도 가끔 있었다."

링컨 부부는 신혼 초, 제코브 아리 부인의 집에 하숙을 하고 있었다. 아리 부인은 스프링필드의 의사의 미망인으로, 주인이 죽은 후 하숙집을 경영하고 있었다.

어느 날 아침, 링컨 부부는 식당에서 아침 식사를 하고 있었는데, 링컨 부인이 갑자기 화를 냈다. 원인은 지금까지 아무도 모르지만, 좌우간 그녀는 화가 난 나머지 마시고 있던 뜨거운 커피를 남편의 얼굴에 끼얹었다. 그것도 다른 하숙인들 면전에서.

아리 부인이 달려와서 물수건으로 그의 얼굴과 양복을 닦고 있는 동안, 링컨은 아무 말 없이 창피함을 참고 있었다.

링컨 부인의 질투심 만큼 바보 같고 어리석은 예도 드물 것이다. 그리고 그녀는 마지막에는 발광해버렸다. "발광할 정도니까, 타고난 성격에 병적인 데가 있었을 것이다."라고 말하는 것이 그녀에게 동정하는 유일의 근거인 것이다.

그러나 이와 같은 잔소리나 노여움이 링컨을 변하게 했을까?

변한 것은 사실이다. 그러나 다만 그녀에 대한 태도가 변한 것이다. 그는 불행한 결혼을 후회하고, 될 수 있는 한 그녀와 얼굴을 맞대지 않으려고 노력했다.

스프링필드에는 링컨을 포함해서 11명의 변호사가 있었다. 그들은 스프링필드에 그냥 머물고 있어서는 장사가 되지 않기 때문에. 데이비드 데이비스 판사를 따라 각 지방의 순회 재판소를 돌며 제8재판구의 각 군청 소재지를 차례로 방문했다.

그런데 다른 변호사들은 토요일이 되면 언제나 스프링필드에 돌아와서 가족과 즐거운 주말을 보내고 있었으나, 링컨은 달랐다. 집에 오는 것이 두려웠던 것이다. 봄의 3개월과 가을 3개월은 순회 재판에 따라다닐 뿐, 스프링필드에는 결코 오지 않았다.

이와 같은 상태가 몇 년이나 계속되었다. 링컨의 시골의 싸구려 하숙 생활은 비참했다. 그러나 그것이 아무리 비참해도 가정에서 부인의 잔소리를 듣거나, 신경질을 내고 있는 것을 보는 것보다는 덜했다.

유제니 황후, 톨스토이 부인, 링컨 부인 들의 말썽 많은 잔소리의 결과는 그녀들의 생애에 비극을 가져오게 한 것 외에도 가장 중요한 것을 전부 파괴하고 말았다.

뉴욕의 가정 재판소에 11년 근무한 베씨 헌버거는 수천 건의 이혼 소송을 조사한 결과 '남편이 집을 나간 주된 원인은 아내가 잔소리가 심하니까'라고 했다. 그리고 〈보스톤 포스트〉 지(紙)는 이렇게 지적했다.

——'세상 아내들은 많은 잔소리로 결혼의 무덤을 파고 있다.'

행복한 가정을 꾸미는 원칙 ①
잔소리를 하지 않는다.

제2장
장점을 인정한다

"나는 일생 동안 바보스런 짓을 많이 저지를지 모르지만, 연애
결혼만은 하지 않을 것이다."

이것은 디즈렐리의 말이다.

그는 그것을 실행했다. 35세까지 독신으로 살다가 어느 부잣집
미망인에게 구혼했다. 15년이나 연상의 부인으로 50년의 세월을
겪고 머리에는 서리가 어려 있었다. 물론 연애는 아니다. 그가 돈
을 목적으로 구혼했다는 것을 한 가지 들고 나왔다. 그의 성격을
알기 위해 1년간만 기다려 달라는 것이다. 그리고 기한이 지나니
그녀는 승낙했다.

마치 산문적이면서도 계산속 빠른 말이지만, 그 결과는 대단한
성공으로 이 두 사람처럼 행복한 결혼 생활을 즐긴 부부도 드물
것이다.

디즈렐리가 택한 부잣집 미망인은 젊지도 않고, 미인도 아니
며, 또한 머리가 좋은 것도 아니었다.

문학이나 역사의 지식도 없고, 웃음이 나올 정도의 잘못을 예
사로 말했다. 예를 들면, 희랍 시대와 로마 시대는 어느 쪽이 먼
저인지도 모른다. 복장이나 가구의 취향도 전연 돼먹지 않았다.
그러나 결혼 생활에 있어서 가장 중요한 것을 갖고 있었다——
남성의 조종술을·터득하고 있었던 것이다.

그녀에게 남편의 지능에 대항한다는 생각은 조금도 없었다. 재주있는 여자들 상대의 재치있는 변통의 응답에 피로해서 돌아온 디즈렐리에게 아내의 요점을 잡을 수 없는 말들은 더할 수 없는 위로가 된 것이다. 부드러운 아내의 보살핌에 쌓인 가정은 그에게는 무엇과도 바꿀 수 없는 마음의 휴식처였다. 그가 인생의 행복을 느낀 것은 아내와 함께 살고 있을 때였다. 그녀는 그의 좋은 협력자요, 마음의 벗이며, 또한 조언자도 되었다. 그날의 일들을 빨리 그녀에게 들려주고 싶어서, 그는 언제나 회의가 끝나면 곧바로 집에 돌아왔다. 그녀는(이것이 중요한 일이지만) 남편이 하는 일에 절대적인 신뢰를 하고 있었다.

그녀는 30년간 오직 디즈렐리를 위해서만 살았다. 그녀의 부(富)도 그를 위해서 쓰기 때문에 가치가 있다고 생각했다. 그 대신 그녀는 디즈렐리에게 없어서는 안 될 여성이 되었다. 그녀의 사후 디즈렐리는 백작이 되었다. 그러나 그 이전에 자기가 아직 평민이었을 때 그는 빅토리아 여왕에게 아내를 귀족의 자리에 오를 수 있도록 상신하여, 1858년에 그녀를 귀족의 자리에 올린 것이다.

그녀가 사람들 앞에서 어떤 실수를 저질러도 그는 결코 그녀를 책망하거나 따지지 않았다. 만일 누군가가 그녀를 놀리려 들면 그는 애써 그녀를 옹호했다.

그녀는 결코 완전한 아내는 아니었으나, 어쨌든 30년간 꾸준히 남편 말만하고, 남편을 칭찬했다. 그 결과 "결혼해서 30년이 되지만, 나는 아직도 권태기라는 것을 모른다."라고 디즈렐리로 하여금 말하게 했다.

디즈렐리도 사람들 앞에서 분명하게 "아내는 자신의 생명보다 중하다."라고 했다. 그 결과 "남편이 잘해주기 때문에 나의 일생은 행복의 연속입니다."라고 언제나 친구들에게 얘기하곤 했다.

두 사람 사이에는 다음과 같은 농담이 자주 오갔다.

"내가 당신과 함께 된 것은 결국 재산이 목적이었다."

“그래요. 그러나 다시 한 번 결혼한다고 하면 이번에는 사랑을 목표로 역시 나하고 할 것이오.”

디즈렐리는 그것을 인정했다.

확실히 그녀는 완전한 아내는 아니었다. 그러나 디즈렐리는 그녀의 장점을 충분히 길러줄 만한 현명함을 갖고 있었던 것이다.

행복한 가정을 꾸미는 원칙 ②
장점을 인정한다.

제3장
결점을 들추지 않는다

디즈렐리에게 가장 두려운 정적은 그래스톤이었다. 이 두 사람은 사사건건 대립해서 심하게 충돌했다. 그러나 그들에게는 단 한 가지 공통점이 있었다. 원만한 가정 생활에 젖어 있었던 것이다.

윌리엄 그래스톤과 그의 아내 카스린은 59년간 변함없는 애정을 서로가 바치며 살았다.

엄숙한 얼굴을 한 영국의 대재상 그래스톤이 아내의 손을 잡고는,

건달패 남편에 떠들썩한 마누라
손에 손을 잡고
뜬 세상 파도쯤은 아무것도 아니야

라고 노래하면서, 난로 주위에서 춤추고 있는 모습을 나는 가끔 생각해볼 때가 있다.

정적(政敵)에게는 귀신처럼 두려움을 준 그래스톤도 가정에 들어오면 절대로 비난 같은 것은 하지 않았다. 아침 식사를 위해서 아래층으로 내려갔을 때 집 식구들이 아직 자고 있으면, 그는 대단히 부드러운 항의를 하는 방식을 쓴다. 큰소리로 기묘한 노래

를 부르는 것이다. 그것으로 영국에서 가장 바쁜 남자가 아래층
에서 식사를 기다리고 있는 것이 집안 식구들에게 알려진다. 가
정에서 그는 일체 책망과 따지는 것을 하지 않기로 결심하였던 것
이다. 러시아의 카자린 대왕도 역시 그랬다. 그녀는 세계 최대의
제국을 지배한 여왕으로 수백만 국민들의 생살 여탈권(生殺與奪
權)을 갖고 있었다. 정치적으로 상당히 참혹한 짓도 하고, 전쟁을
일으켜서 무수한 적을 살륙했다. 그러나 요리사가 고기를 너무
구었을 경우, 한 마디의 잔소리도 없이 웃으면서 그것을 먹었다.
이 점은 세상의 남편들도 잘 배워두기 바란다.

　소위 이혼 문제의 권위자인 도로시 디스크의 말에 의하면 세상
의 결혼 중 50프로 이상은 실패하고 있다고 한다. 신혼의 꿈이 깨
지고, 이혼의 괴로움을 당하는 원인의 하나로는 결점을 찾는 데
있다는 것이다.

행복한 가정을 꾸미는 원칙 ③
결점을 들추지 않는다.

제4장
칭찬한다

로스앤젤레스에서 가정 연구소의 소장을 지내고 있는 폴 포피노 박사는 이렇게 말한다.

——"남성이 아내를 택할 경우, 대개 정답고 부드러운 여성을 택한다. 너무 위대한 여성은 경원한다. 유능한 여성 중역들도 한 번쯤은 점심 식사에 초대받을지는 모르지만, 대학에서 배운 '현대 철학의 주조(主潮)'의 강의를 화제로 한다든가, 자기의 계산은 자기가 지불한다고 우기기 쉽다. 그 결과 그녀는 두 번 다시 초대받지 못한다. 대학을 나오지 못한 타이피스트가 점심식사에 초대받으면 상대의 남성에게 열성있는 눈짓을 하며 '좀더, 당신의 이야기를 들려 주세요.'라고 재촉받을 것이다. 그 결과 그는 그녀를 동료들에게 '별로 미인이라고는 할 수 없지만, 대단히 대화를 잘 하는 여성'이라고 할 것이다."

남성은 아름답게 보이려고 하는 여성의 노력을 칭찬해야 된다. 여성은 복장에 대해서 놀랄 정도의 관심을 갖고 있다. 여기에 대해서 남성은 지나치게 무관심하다. 예를 들면, 한 조의 남녀가 길거리에서 다른 한 조의 남녀를 만났다고 하자. 여성들은 좀처럼 남성을 보지 않는다. 상대방 여성의 복장을 보는 것이다.

나의 할머니는 지난 해 98세로 돌아가셨다. 죽기 얼마 전 삼십 수년 전에 찍은 그녀 자신의 사진을 보였으나, 그녀는 눈이 몽롱해져서 잘 보이지 않았다. 그리고 그녀는 "내가 어떤 옷을 입고 있느냐?"라고 물었다. 연세가 100세에 이르려고 하는 늙은 여성이 30년 전의 자기 복장에 관심을 갖고 있는 것이다. 나는 깊은 감명을 받고 그녀의 말을 들었다.

남성은 5년 전에 자기가 입고 있던 옷이나 속옷 같은 것을 기억할 수 없으며, 생각하려고도 않는다. 그러나 여성은 다르다. 남성들은 이 점을 잘 이해해야 될 것이다. 프랑스 상류 사회에서는 남성은 부인의 복장에 대해서 하룻밤에 몇 번이나 칭찬하는 것이라고 어릴 적부터 가르치고 있다. 대단히 현명한 일이다.

지난 날 어느 잡지에 에디 칸더의 말이 실려 있었다.

——'내게 오늘이 있는 것은, 전적으로 아내의 덕이다. 우리들은 소꿉친구로, 그녀는 내가 옆길로 빠지지 않게 늘 마음을 써주었다. 결혼 후는 저축에 마음을 기울여, 교묘하게 투자를 하여 나를 위해 재산을 장만해주었다. 귀여운 자식들도 다섯이나 혜택받고, 그녀의 성심성의로 집안은 언제나 온화하였다. 내가 앞으로도 무엇인가 성공하게 된다면 그것은 모두 그녀의 덕분이다.'

헐리웃에서는 결혼이란 도박과 같다고 하고, 그 위험률은 보험 회사라도 주저할 정도라는 것이다. 그 중에서 워너 박스터의 결혼만은 드물게 성공을 거두고 있다. 부인은 전의 여배우 위니프레드 브라이손이지만, 그녀는 화려한 무대 생활에 고별을 하고는 그와 결혼했다. 그녀의 희생은 큰 것이었다. 그러나 그 희생은 충분히 보답되었다. 박스터는 이렇게 말했다.

——"그녀는 무대에서 갈채를 받을 기회를 잃었다. 그러나 그녀는 언제나 나의 갈채를 받고 있다. 여성이 남편으로부터 행복을 바란다면 그 행복은 남편의 칭찬과 애정 이 외에는 아무것에도 없는 것이다. 그리하여 그 칭찬과 애정이 진실하면 그것으로 남편의 행복도 보충되는 것이다."

행복한 가정을 꾸미는 원칙 ④

칭찬한다.

제5장
사소한 성의도 게을리하지 않는다

아주 옛날부터 꽃은 '사랑의 말'이라고 생각해왔으나, 그렇게 비싼 것은 아니다. 특히 계절의 꽃은 싸다. 거리에서 얼마든지 팔고 있다. 그러나 세상의 남편들은 한 다발의 수선화도 집에 들고 오지 않는다. 그들은 꽃이라고 하면 난초와 같이 값비싼 것뿐이라고 생각하든가, 아니면 알프스의 고령(高嶺)의 꽃, 에델바이스와 같이 쉽게는 손에 넣을 수 없는 것이라고 생각하고 있다.

기껏 몇 송이의 꽃을 아내에게 선물하는 데 그녀가 입원할 때까지 기다릴 것까지는 없을 것이다. 내일은 퇴근길에 장미 두세 송이를 사보면 어떨까? 시험삼아 해보길 바란다.

조지 코앙은 브로드웨이의 인기 있는 사람이었으나, 어머니가 세상을 떠날 때까지 매일 두 번씩 전화를 걸었다. 이야깃거리가 잘도 이어질 수 있었구나, 하고 생각할 사람도 있을지 모르지만, 별로 대단한 일을 말한 것은 아니다. 요는 상대에게 이쪽의 성의를 알리면 그것으로 족한 것이다.

여성은 생일이나 기념일을 중요시한다. 그 이유는──이것을 남성은 모른다. 보통 남자는 너무 많은 날짜를 외지 않고 생활하고 있는 것이다. 그러나 잊어서는 안 되는 날도 더러는 있다. 예를 들면, 1492년(콜럼버스의 미대륙 발견)과 1776년 (미국의 독립선언), 그리고 아내의 생일과 자기들의 결혼 기념일이다. 처음의 두 개는 경우에 따라서 잊어도 괜찮다. 그러나 나중의 두 개는 절대로 잊어서는 안 된다.

4만 건의 이혼 소송을 취급하고 2천 쌍의 조정(調停)에 성공한 시카고의 조셉 사바스 판사는 이렇게 말하고 있다.

——"가정 불화의 원인의 대부분은 극히 사소한 일이다. 남편이 출근할 때 아내가 손을 흔들어 전송만 해주면, 이혼을 피할 수 있은 경우가 얼마든지 있다."

로버트 브라우닝(영국의 시인)과 엘리자베스 브라우닝의 결혼 생활에는 목가적(牧歌的)인 아름다움이 있었다고 말하고 있으나, 남편은 사소한 찬사와 성의로써 언제나 애정을 북돋우고 있었다. 병약한 아내가 그 자매에게 보낸 편지에 이런 구절이 있다.

——'요즘 나는 남편의 말처럼 참으로 천사가 된 것 같은 기분입니다.'

그렇듯 아내에 대한 사소한 성의의 가치를 가볍게 보아넘기는 남성이 이 세상에는 너무 많은 것 같다. 결혼의 행복은 사소한 성의가 쌓이고 쌓여서 얻을 수 있는 것이다. 이 사실을 알지 못하는 부부는 불행한 결혼 생활을 보내지 않으면 안 될 것이다.

유명한 리노거리의 이혼 법정은 1주일에 6일간 개정되며, 여기서 인정된 이혼의 수는 전 미국의 부부들 이혼의 10프로를 넘어서고 있다. 그 중 절대 이혼의 필요가 있다고 인정되는 것은 극히 소수이고, 대개는 사소한 애정을 표시해주지 않는 것이 주된 원인이라고 할 수 있다.

———————————

행복한 가정을 꾸미는 원칙 ⑤
사소한 성의도 게을리하지 않는다.

제6장
예의를 지킨다

월터 다무로지는 전에 대통령에 출마한 경력이 있는 웅변가 제임스 브렌의 딸과 결혼했다. 몇십 년 전, 둘은 스코틀랜드의 앤드류 카네기의 집에서 알게 되었으나, 그 후 남이 부러워하는 원만한 가정을 이룩했다. 부인으로부터 그 비결을 들어보자.

──"배우자의 선택은 물론 중요합니다만, 그 다음으로 중요한 것은 결혼 후의 예의입니다. 젊은 아내는 낯선 사람에 대하여 예의 바르게 하는 것과 같이, 남편에 대해서도 예의를 지키는 일입니다. 잔소리 많은 여자는 어떤 남자라도 싫어하며 끝내는 달아납니다."

버릇이 없는 것은 애정을 파괴하는 암(癌)이다. 그 정도의 것은 누구나가 다 알고 있지만, 자칫하면 집안사람에 대해서 낯선 사람에 대하는 경우보다 버릇없이 행동한다.

"아이구, 또 언제나 하는 그 말이야!"

설마 낯선 사람에게 이런 말은 아무도 하지 않을 것이다. 친구의 편지를 함부로 개봉한다든가, 그들의 비밀을 탐색하지는 않을 것이다. 그러나 가장 가까운, 그리고 중요한 가족에 대해서는 사소한 결점을 들춰내며 실례된 말을 예사로 한다.

도로시 디크스 여사는 "우리들에게 심술궂은 독설을 퍼붓는 사람이 가족 중에 꼭 있다는 것은 참 놀라운 일이다."라고 말한다.

예의란 말하자면 결혼 생활의 윤활유이다.

《아침 식탁의 독재자》의 저자 오릴버 홈즈는 가정에서는 결코 독재자가 아니었다. 그는 아무리 불쾌한 기분이 되어도 결코 그 것을 가족에게 보이지 않는다. 불쾌한 기분은 나 자신으로 족하다——다른 가족까지 불쾌해져서는 견딜 수 없다는 것이다.

이것이 오릴버 홈즈의 주의였다. 우리들은 어떨까? 회사에서 일이 잘 되지 않았다든가, 상사에게 주의를 받았다든가, 좌우간 이와 같은 불쾌한 일이 있으면 집에 와서 가족들에게 화풀이를 하기 일쑤다.

화란에서는 집에 들어가기 전에 입구에서 신을 벗어버리는 습관이 있다. 그날의 일에 대한 고민도 집에 들어가기 전에 털어 버린다는 뜻이다.

윌리암 제임스의 논문 〈인간의 맹목성에 대하여〉에 이와 같이 씌어 있다.

——'여기에서 말하는 인간의 맹목성이란, 자기 이외의 동물이나 인간의 감정에 대한 무감각을 말하며, 우리들은 모두가 이와 같은 경향을 구비하고 있다.'

고객이나 동료에게 결코 난폭한 말을 하지 않는 사람도 아내에게는 곧잘 야단을 친다. 그러나 진실의 행복을 얻기 위해서는 사업보다도 결혼 생활을 더욱더 중요시할 필요가 있다.

예를 들어, 평범하지만 행복한 가정 생활을 맛보고 있는 사람쪽이 독신의 천재보다 훨씬 행복한 것이다. 러시아의 문호 투르게네프는 말했다.

"나를 위하여 저녁 식사를 준비하고 기다려줄 여성이 어딘가에 있다면, 나는 나의 모든 재능을 던져버려도 후회하지 않는다."

원만한 가정이란 것은 이 세상 모든 가정의 몇 프로 정도 있을 것인가? 도로시 디크스 여사는 결혼의 50프로 이상은 실패라고 말하고 있으나, 폴 포피노 박사의 주장은 다르다. 그에 의하면

'사업에 성공하는 확률은 결혼의 성공률보다 낮다. 사업에서는 70프로가 실패하지만, 결혼에서는 70프로가 성공한다.'는 것이다. 디크스 여사는 결혼에 대해 다음과 같이 결론을 내리고 있다.

——결혼이라는 것에 비하면 출생은 단순한 에피소드에 지나지 않으며, 죽음 또한 시시한 사건에 불과하다. 남자가 일에 쏟는 만큼의 열의를 왜 가정에도 쏟지 못하나, 그 이유를 여성은 모른다.

백만의 부(富)를 이룩하기보다는 우아한 아내와 평화롭고 행복한 가정을 꾸미는 것이 남자에게 훨씬 뜻 있는 일이지만, 가정의 원만을 위해 진실한 노력을 기울이는 남자는 100명에 한 사람도 없다. 인생에 있어서 최대로 중요한 일을, 될 대로 되라는 식으로 처리하고 있다. 아내에 대해서는 강압적인 태도를 취하기보다 부드러운 태도를 보이는 것이 훨씬 유효한데 남성은 어째서 후자를 택하지 않는지 여성은 이해하지 못한다.

아내를 마음대로 움직이는 수〔術〕를 남편들은 다 알고 있을 것이다. 조금만 칭찬을 해주면 아내는 만족한다는 것을 남편은 알고 있다. 낡은 옷이라도 그것이 잘 어울린다고 말해주면 아내는 최신 유행의 옷을 바라지 않는 것도 알고 있다. '아내의 눈에 키스를 주면 그녀의 눈은 보이지 않게 되고, 입에 다 키스를 해 주면 말을 못하게 되는 것'도 남편은 충분히 알고 있다.

'남편이 그 정도의 것은 충분히 알고 있을 것이다.'라고 아내는 생각하고 있다. 그녀는 자기를 즐겁게 해주는 방법을 남편에게 가르쳐줬을 것이다. 그런데도 남편은 그 방법을 쓰려고 하지 않고, 그녀와 다투어 큰 손해를 입어도 겉치레의 말을 하는 것보다는 낫다고 생각하고 있는 듯하다. 이래서야 아내가 화를 내는 것이 당연하지 않을까!

행복한 가정을 꾸미는 원칙 ⑥

예의를 지킨다.

제7장
올바른 성(性) 지식을 갖는다

사회 위생국장 카사린 데이비스 여사는, 어느 때 1천 명의 기혼 여성에게 결혼 생활에 대하여 앙케이트를 구했다. 그 결과 성생활(性生活)에 불만을 가진 자가 의외로 많은 것을 알았다. 이 조사를 토대로, 그녀는 미국의 이혼의 주원인으로 성 생활의 부조화(不調化)를 들 수 있다고 발표했다.

G·V·해밀튼 박사의 조사도 이것을 입증하고 있다. 그는 남녀 각 100명의 결혼 생활에 대하여 4년간 연구를 계속했다. 박사는 이와 같은 사람들과 개별적으로 면접하고, 약 400개의 항목에 달하는 질문을 하여 그들의 결혼 생활을 철저히 검토했다. 이 조사는 사회학적으로 중요한 의의를 갖고 있으므로, 유명한 자선가의 경제적 원조를 받았다. G·V·해밀튼 박사와 케네스 막간 박사의 공저(共著)《결혼에 있어서의 장해》가 그 조사의 결과이다.

결혼에 있어서의 장해에 대하여 해밀튼 박사는 이렇게 주장하고 있다.

——'성적 부조화는 가정 불화의 주된 원인은 되지 않는다고 일부의 정신 의학자들이 주장하고 있으나, 이것은 걸맞잖은 이론이다. 대개의 경우 성생활만 순조로우면 기타의 작은 마찰 같은 것은 문제가 되지 않는다.'

폴 포피노 박사는 가정 생활에 대하여 권위자인데, 그의 설에 따르면, 결혼의 실패는 보통 4개의 원인으로부터 발생한다고 한다. 그는 그것을 다음의 순으로 지적하고 있다.

① 성생활의 부조화
② 여가 이용법에 대한 의견의 불일치
③ 경제적 곤란
④ 심신의 이상

그렇듯 성(性)의 문제가 제1위를 차지하고 있는 것에 유의해 주기 바란다. 금전 문제가 3위란 것은 약간 의외의 감이 든다.

이혼 문제의 권위자들은 입을 모아, 성생활의 균형을 유지하는 것은 결혼 생활에 절대로 필요하다고 한다. 신시내티 가정 재판소의 호프만 판사는 수천 건의 이혼 소송을 처리한 사람인데 그는 '이혼의 원인은 10명 중 8,9명까지가 성적 불만이다.'라고 지적하고 있다.

심리학자로서 유명한 존 왓슨도 '섹스가 인생의 가장 중요한 문제라는 것은 명백하다. 섹스는 인생의 행복을 좌우한다.'라고 주장한다.

나의 강습회에 참가한 많은 개업 의사들도 역시 이와 같은 의견을 갖고 있었다. 교육 문화가 진보한 20세기에, 이 자연 본능에 대한 무지로 말미암아 결혼 생활이 파괴되어 인생 항로에서 파선하는 자가 속출하는 것은 참으로 미련이 남는 말이다.

올리버 버터필드 신부는 18년간의 성직 생활을 그만두고, 뉴욕 가정 상담소의 소장이 되었다.

그만큼 많은 결혼식에 입회한 사람도 드물 것이다. 그러나 그는 이렇게 주장한다.

——"나의 경험에 의하면 결혼식장의 신랑 신부들은 애정과 선

의에 불타고 있으나, 결혼의 뜻을 모르는 자가 의외로 많다.

결혼에 있어서의 성생활의 균형은 대단히 어려운 문제인데도 불구하고, 대개의 경우 세상 되어가는 형편에 맡겨져 있다. 그리고 이 나라의 이혼율이 현재의 정도에서 머무르고 있는 것도 놀라운 사실이다. 많은 부부는 참다운 결혼 생활을 하고 있는 것이 아니라, 단지 이혼하지 않고 있는 것에 불과하다. 연옥(煉獄)에 묶여 있는 것이다.

행복한 결혼은 세상 되어가는 형편에 맡겨서는 도저히 바라볼 수 없는 것이다. 현명하고 신중하게 계획해야 비로소 그것을 쌓아올릴 수 있게 된다.”

버터필드 신부 입회하에 결혼식을 올리는 신랑 신부는 그와 이 문제에 대해서 솔직하게 대화하지 않으면 안 되게 되어 있었다. 그 결과, 성적(性的)으로 무지한 사람이 대단히 많다는 것이 판명되었다고 한다.

그는 또 이렇게 말한다.

“결혼 생활을 행복하게 하는 요소는 여러 가지가 있으며, 성(性)의 문제는 그 중 하나에 불과하다. 그러나 성(性)의 균형이 깨어지면 다른 요소는 일체 소용이 없어진다.”

올바른 성 지식을 얻으려면 어떻게 하면 좋을까? 그는 이렇게 대답한다.

——“결혼 생활의 사고 방식과 실제에 대하여 숨김없는 태도로 주저하지 말고 토론을 거듭하고, 가장 좋은 성 지식을 올바르게 가르치는 적당한 서적을 읽어야 한다.”

행복한 가정을 꾸미는 원칙 ⑦
올바른 성 지식을 갖는다.

평화와 행복을 획득하는 4원칙

1 인생을 바꿔 놓은 한마디
2 원수를 사랑하라
3 받을 것을 기대하고 베풀지 말라
4 고민보다 축복을 셈하라

제1장
인생을 바꿔 놓은 한마디

나는 〈당신이 배운 귀중한 교훈은 무엇인가?〉라는 라디오 프로에 출연한 적이 있다. 그때 나는 내가 배운 가장 귀중한 교훈을 다음과 같이 말했다.

"생각한다는 것은 중요하다라는 사실이다. 만일 내가 다른 사람의 생각을 알게 되었다면 그것은 곧 그 사람을 아는 것이 된다. 말하자면 우리의 생각이 우리 자신을 만들며 우리의 운명을 결정하는 요소가 되는 것이다.

당연한 말이겠지만 에머슨도 '항상 생각하고 있는 것, 그 자체가 바로 그 사람이다'라고 말했으며, 이 말에 나도 전적으로 동감한다.

지금 여기서 다루려는 문제는 정당하게 생각하는 방법을 찾아내는 것으로, 그 방법을 찾아낼 수만 있다면 우리들의 문제점을 해결할 수 있는 길이 열리게 될 것이다.

로마 제국의 위대한 철학자인 마르쿠스 아우렐리우스는 그것을 몇 마디의 말로 간단하게 이렇게 설파했다.

'내 인생은 사고(思考)로써 만들어진다'

그렇다. 만일 우리가 즐거운 생각을 한다면 즐거울 것이고, 불행한 생각을 한다면 불행하게 될 것이며, 무섭다는 생각을 가진다면 무서울 것이고, 병에 대한 생각을 한다면 병에 걸리게 될 것이다. 만약 우리가 실패를 생각한다면 확실히 성공하지 못할 것이며, 자기 혐오에 빠지게 된다면 모든 사람들이 우리를 피하고 멀리할 것이다.

이 점에 대해 노먼 빈센트 필은 이런 말을 했다.

"당신은 당신 자신이 생각하는 당신이 아니다. 당신의 생각 그 자체가 바로 당신인 것이다."

여러분은 지금까지의 나의 말이 모든 문제를 지나치게 낙천적으로 보고 있다고 생각하는가?

불행하게도 인생은 그렇게 낙천적이거나 단순하지는 않다. 그러므로 나는 지금, 소극적이지 말고 적극적이어야 한다고 주장하고 있는 것이다. 다시 말하면 인생을 살아갈 때 문제점에는 유의해야 하지만, 걱정을 해서는 안 된다는 것이다.

그렇다면 유의한다는 것과 고민한다는 것은 어떻게 다른가? 이제부터 그것을 설명해 보기로 하겠다.

뉴욕에서 교통이 혼잡한 거리를 횡단할 경우는 나는 언제나 내 자신의 행동에 유의한다. 그러나 걱정은 하지 않는다. 말하자면 유의한다는 것은 문제의 본질을 파악하고 그것을 처리하는 것이다. 그러나 걱정한다는 것은 아무것도 걸려 있지 않은 물레를 빙빙 돌리고 있는 것과 같이 불유쾌하다.

인간은 자신에게 중대한 문제가 생기면 다른 것에는 신경을 쓰지 못한다. 그러나 인간은 그런 가운데서도 가슴에 카네이션을 달고 태연하게 거리를 활보할 수도 있다.

나는 로엘 토머스가 그렇게 행동하는 것을 보았다.

기록 영화의 제작자 겸 감독인 그는 제1차 세계대전이 발발하자, 그의 조수들과 함께 여러 전선을 누비면서 전쟁 기록 영화를 제작했다. 그 중에서 〈알렌비와 로렌스가 지휘한 전쟁〉이라는 놀라운 필름을 처음으로 공개했을 무렵, 나는 그와 친하게 되었다.

그런데 T·E 로렌스가 지휘한 아라비아군의 활약을 그린 영화와 알렌비가 지휘한 성지 탈환의 영화는 특히 놀라운 것이었다. 그의 〈팔레스타인에서의 알렌비와, 아리비아에서의 로렌스와 더불어〉라는 강연과 기록 영화는 런던을 비롯하여 전세계에 센세이션을 일으켰는데 런던에서는 오페라 시즌이 6주간이나 연기될 정도였다. 이처럼 런던에서 놀라운 성공을 거둔 뒤 그는 세계 각국을 순회하며 강연과 영화 상연으로 많은 사람들의 호평을 얻었다.

그리고 나서 그는 다시 인도와 아프가니스탄의 생활상을 기록 영화로 찍기 위한 준비에 착수했는데, 이때 믿기 어려울 만큼 수많은 사고가 속출하는 바람에 파산하고 말았다.

나는 그 당시 그를 런던에서 만났는데, 우리들은 라이언스의 코너 하우스 레스토랑에서 싸구려 식사를 먹어야만 했다. 그런데 그 식사조차도 토머스의 친구인 화가 제임스 맥베이로부터 돈을 꾸어야 할 판이었다.

그러나 토머스는 막대한 부채로 인해 심각한 상황에 직면해 있었음에도 불구하고 고민하지 않았다.

그는 이 역경에서 좌절한다면 채권자를 비롯한 모든 사람들에게 무가치한 인간으로 전락되고 만다는 것을 분명히 알고 있었다. 그래서 그는 매일 아침 집을 나설 때 꽃을 가슴에 꽂고는 밝은 표정으로, 발걸음도 가볍게 옥스포드 거리를 활보했던 것이다.

그는 이처럼 적극적인 생각을 지니고 있었으며 자신에게 밀어닥친 역경에도 굴복하지 않았다. 생각건대 그에게는 역경 또한 게임의 일부에 불과했다. 그것은 정상을 차지하기 위해 필요한 훈련에 지나지 않는다고 믿었던 것이다.

이처럼 인간의 정신은 그 인간의 육체에 대해서도 거의 믿을 수 없을 만큼 커다란 영향을 미치는 것이다.

영국의 유명한 정신병학 학자인 J·A 하드필드는 《힘의 심리》
라는 자신의 저서에서 이 사실을 설명하고 있다.

'나는 악력계(손아귀 힘을 재는 기구)를 이용하여 암시가 악력에
미치는 영향에 관하여 세 남자에게 실험해 보았다…….'

그는 우선 세 사람에게 힘껏 악력계를 누르게 했다. 평상시 그
들의 평균 악력은 101파운드였다. 그런 다음, 그들 모두에게 최면
을 걸어 '당신들의 손아귀 힘은 약하다'는 암시를 주었다. 그리고
다시 악력계를 누르게 했더니 그들의 평균 악력은 겨우 29파운드
로, 보통 때 힘의 3분의 1이하인 수치가 나왔다. 마지막 실험으로
하드필드는 세번째의 테스트를 했는데, 이번에는 '당신들의 손아
귀 힘은 매우 강하다'는 암시를 준 후 측정해 보았더니, 평균 악
력은 142파운드에 달했다는 것이다. 말하자면 그들의 정신력이
자신은 강하다는 적극적인 관념으로 충만되자, 그들의 육체에서
생겨난 힘이 훨씬 증가했던 것이다.

이 실험에서 알 수 있듯이 우리의 정신적인 태도는 육체에 대단
한 영향을 준다.

염력(念力)에서 비롯된 마법과도 같은 힘을 설명하기 위해 미국
역사상 가장 놀랄만한 이야기를 하나 소개하기로 하겠다. 이 이
야기는 책으로 한 권 쓸 수 있을 정도의 분량이지만 여기서는 간
단히 줄여 소개하기로 한다.

남북전쟁이 끝난 직후인 10월의 어느날 밤, 남루한 옷차림의 어
떤 여인이 매사추세츠 주 암스버리에 있는 퇴역 해군 대령의 집을
찾아왔다.

문을 열고 나온 사람은 대령의 미망인인 마더 웹스터였다. 그
녀는 문 밖의 '뼈와 가죽만 남은'한 가련한 여인을 보게 되었다.

자신의 이름을 그로버 부인이라고 소개한 이 여인은 한참을 머
뭇거리다가 하녀로 취직하고 싶다는 자신의 뜻을 밝혔다.

“그렇다면 우리집에 있도록 해요. 난 큰 집에서 혼자 살고 있기 때문에 이야기할 상대가 없어서 외로웠는데 마침 잘됐군요.”

웹스터 부인은 순순히 그녀를 받아들였다.

그날부터 그로버는 웹스터의 집에서 하녀로 지내게 되었는데, 어느 날 뉴욕으로부터 웹스터 부인의 사위인 빌 에리스가 찾아왔다. 그런데 그는 그로버를 보고는 ‘이 집에 뜨내기를 둘 수 없다.’며 이 가련한 여인을 쫓아냈다.

마침 그날은 비가 몹시 내리고 있었다. 웹스터의 집에서 쫓겨난 그로버는 갈 곳이 없었기 때문에 한참 동안 빗속에 서 있다가 천천히 발길을 돌려 사라져 갔다.

그런데 빌 에리스가 쫓아낸 그 ‘뜨내기’여인은 훗날 이 세계에 실로 커다란 영향을 끼칠 운명을 지니고 있었다. 나중에 그녀는 〈크리스천 사이언스〉의 창시자인 메리 베이커 에디가 되어 수백만 명의 신도들을 거느리게 되는데, 그 당시의 그녀는 질병과 굶주림과 절망감을 제외한다면 인생에 대해서 어떤 것도 느낄 수 없는 비참한 존재에 불과했다.

그녀의 삶은 그야말로 최악의 연속이었다. 첫번째 남편은 결혼 후 얼마 되지 않아 병으로 죽었으며, 두번째 남편은 그녀를 버리고 유부녀와 놀아나더니만 몹쓸 병에 걸려 그 역시 빈민구호소에서 숨을 거두고 말았다. 그 무렵 그녀에게는 아들이 하나 있었다. 그러나 그녀는 4세된 그 아이를 가난과 병 때문에 눈물을 머금고 버려야만 했다. 그러나 다행히도 31년이 지난 후 아들과 다시 극적으로 상봉하게 된다.

그런데 그녀의 생애에서 극적인 전기가 매사추세츠 주의 린이란 작은 말을에 마련되어 있었다.

어느 추운 날 아침, 그녀는 린의 얼어붙은 길바닥에 넘어지며 의식을 잃었다. 병원으로 옮겨져 치료를 받기는 했지만 척추를 몹시 다쳤기 때문에 그 발작으로 인하여 온몸에 경련을 일으켰다.

　의사는 그녀의 상태를 진찰하고는 다시 소생하기 힘들 것 같다고 말했다. 그리고 만약 살 수 있다고 해도 두 번 다시 걷지 못할 것이라는 충격적인 선언을 했다.

　절망의 그림자가 짙게 드리워진 침상에 누워 메리 베이커 에디는 《성서》를 펴들었고, 거룩한 손길의 인도에 따라 〈마태복음〉 1절을 읽게 되었다.

　"사람들이 반신 불수가 된 중풍 환자의 침상을 떠매고 왔다. 예수님은 반신 불수가 된 중풍 환자에게 이르시되, '아들아, 안심하라. 네 죄를 사하노라'고 하셨다……. '일어나 네 침상을 가지고 네 집으로 가라'고 하시니 그는 그 자리에서 일어나 제 집으로 갔다……."

　이 구절을 읽는 순간, 그녀는 갑자기 몸 안에 알 수 없는 무한한 힘과 위대한 신앙이 충만함을 느꼈다. 그리고는 기적적인 회복을 보여 침상을 떠나 곧 걸을 수 있게 되었다.

　메리 베이커 에디는 그때의 깨달음을 다음과 같이 말했다.

　"그때의 경험은 내 자신뿐만 아니라 다른 사람들까지도 건강하게 만드는 방법을 발견하는 기회가 되었습니다……. 나는 모든 것의 원인은 마음에 달렸으며 모든 결과는 정신적 현상에서 비롯된다는 과학적 확증을 얻을 수 있었던 것입니다."

　이리하여 메리 베이커 에디는 신흥 종교인 크리스천 사이언스의 창시자가 되어 여교주가 되었던 것이다. 그리고 그녀가 창시한 크리스천 사이언스는 여성에 의해 만들어진 유일한 기독교파로서 전세계에 걸쳐 퍼져 있다.

　나는 35년 동안 성인 강좌를 이끌어 오면서, 여러 사람들이 그들의 생각을 바꿈으로써 고민과 공포, 그 밖의 모든 종류의 질병을 몰아내고 그들의 생활을 일변시키는 것을 수없이 보아 왔다.

　여기에 인간의 사고로는 이유를 설명하기 힘든 변화가 내 강좌의 학생에게서 일어났던 실례가 있다. 그는 고민 때문에 심한 신경 쇠약에 걸려 있었다.

그 학생의 말을 들어보기로 하자.

나는 모든 일로 고민했다. 내 자신이 지나치게 말랐다는 생각 때문에 고민했고, 머리카락이 빠질 것 같고, 결혼 자금을 모으지 못할 것 같고, 실연을 당할 것 같고, 다른 사람들에게 나쁘게 인식될 것 같고, 무서운 병에 걸린 것 같다는 고민 등으로 내 자신을 끊임없이 괴롭혔다.

그러다 보니 모든 일에 자신이 없어지고 일이 전혀 손에 잡히지 않게 되었으므로 다니던 회사도 그만두게 되었다. 하루하루가 지나갈수록 긴장이 고조되었고 드디어 끊임없이 끓어오르는 보일러처럼 점점 긴장의 압력이 내 육신을 압박하여 끝내 폭발하고야 말았다.

나는 심각한 신경 쇠약증에 걸리게 된 것이다. 제 아무리 대단한 육체적 고통이라 할지라도 고민에 휩싸인 마음의 고통에 비한다면 별것 아니라는 생각이 들 정도로 정신의 고통은 대단했다. 나는 신경쇠약이 너무도 심했기 때문에 집안 식구들과도 이야기를 나눌 수 없을 지경이었다. 말하자면 사고의 조절 능력을 상실한 것이었다.

나는 근원을 알 수 없는 공포에 사로잡혀서 조금만 이상한 소리가 들려도 깜짝깜짝 놀랐고, 사람들을 마주대하기조차 무서웠으므로 그들을 피했다. 또한 아무런 이유도 없이 슬퍼져서 소리내어 울부짖는 일도 있었다. 고민은 날이 갈수록 심해졌고, 그래서 나는 하느님한테서도 버림받았다는 생각이 들었으며, 심지어는 강에 뛰어들어 죽어버리고 싶은 충동에 사로잡혔다.

그러던 어느 날, 나는 플로리다로 여행을 떠날 결심을 했다. 생활 환경이 바뀐다면 나의 마음이 달라질지도 모른다는 생각이 들었기 때문이다. 내가 플로리다 행 기차에 올랐을 때, 아버지가 나에게 한 통의 편지를 쥐어 주면서 플로리다에 도착할 때까지 펴보지 말 것을 당부했다.

플로리다에 도착했지만 때마침 관광 시즌이어서 호텔들은 모두 만원이었으므로, 나는 어떤 집의 차고를 간신히 빌려 잠자리를 해결할 수 있었다. 나는 취직할 결심을 하고 마이애미와 플로리다를 왕래하는 부정기 화물선의 선원 일자리를 알아보았다. 그러나 그것도 여의치 않아서 나는 그냥 플로리다의 해변에서 수영과 태양만 보며 소일하게 되었다. 고향에 있을 때와 조금도 나을 것이 없었다.

그러던 어느 날 나는 아버지가 나에게 준 편지가 생각났다. 거기에는 다음과 같은 말이 적혀 있었다.

'아들아, 너는 지금 집에서 1천5백 마일이나 떨어져 있지만 네 자신이 별로 달라졌다는 느낌을 얻을 수 없을 것이다. 왜냐하면 너는 네 자신의 유일한 고민의 씨앗을 몸에 지니고 갔고 그것은 바로 네 자신이기 때문이다.

내 생각이기는 하지만, 네 심신에는 아무런 이상이 없는 것 같구나. 네가 직면하고 있는 상황이 너를 괴롭히는 것이 아니라, 쓸데없는 고민들로 인하여 네 생각이 네 자신을 해친 것이다.

그 사람 생각 그 자체가 바로 그 자신이다.

네가 이 사실을 깨닫게 된다면 돌아오거라. 너의 병은 분명히 나을 것이다.'

나는 아버지의 편지를 읽고는 화가 치밀었다. 내가 구하고자 했던 것은 동정이었지 교훈은 아니었기 때문이다. 나는 몹시 흥분했으므로 두 번 다시 집으로 돌아가지 않겠다고 결심했다.

그날 밤, 내가 어느 골목길을 걷고 있을 때 마침 교회에서 예배가 진행되고 있었다. 나는 딱히 뚜렷하게 갈 곳도 없었으므로 그 교회 안으로 들어갔다. 나는 그 교회의 딱딱한 나무 의자에 앉아

‘자기 자신의 마음을 극복하는 사람은 한 도시를 지배하는 사람 보다 강하다’는 성경 구절에 대한 설교를 듣게 되었다. 신성한 하 느님의 집에 앉아 아버지의 편지와 비슷한 설교를 듣고 있자니, 나의 뇌로부터 축적된 먼지들이 쓸려 내려가는 것을 느낄 수 있었 다. 바로 그 순간 나는 생전 처음으로 사물을 분명하게 파악할 수 있게 되었으며, 내 자신이 어리석었다는 것을 느꼈다. 나는 참다 운 광명의 빛을 안은 내 자신의 모습에 놀라지 않을 수 없었다. 나는 지금까지 모든 사람들의 생각들이 바뀌어야 한다고 믿었었 다. 그러나 바뀌어야 했던 것은 바로 나의 마음이었다. 그것이 카 메라 렌즈의 초점이었다.

다음 날 아침이 밝자마자 나는 고향으로 돌아왔다. 그리고 1주 일 뒤에는 전에 다녔던 일자리에 다시 복직했으며, 그로부터 4개 월 후에는 실연으로 끝나지 않을까 염려했던 그 처녀와 결혼했 다. 그리고 지금은 슬하에 5남매의 자녀가 있으며 행복한 생활을 지내고 있다. 말하자면 물질적으로나 정신적으로 신의 은총을 입 고 있는 것이다.

지난 날 신경 쇠약으로 시달리고 있을 무렵, 나는 작은 백화점 에서 18명의 부하 직원을 거느린 야간 경비 주임이었다. 그러나 현재는 4백50명의 종업원을 거느린 합지 제조 공장의 이사로서, 나의 생활은 순조로우며 모든 사람들과의 교제도 원만한 편이다.

나는 지금은 인생의 참다운 가치를 만끽하고 있다고 믿지만 가 끔 불안한 생각이(이것은 누구도 피할 수 없는 일이다.) 피어오를 때 가 있다. 그러면 나는 마음을 카메라의 초점에 맞추라고 자신에 게 충고한다. 그러면 모든 것이 곧 해결된다. 지금 생각해 보면 내가 신경 쇠약에 걸렸던 것은 오히려 다행이었다. 그 덕분에 나 는 인간의 사고력이 인간의 마음과 육체에 얼마나 강한 힘을 미치 는지를 뚜렷하게 알 수 있게 되었기 때문이다.

모든 고민의 원인은 외부의 상황에서 오는 것이 아니라, 내가 그 상황을 어떻게 생각하고 받아들이느냐에 달려 있다는 아버지의 말씀은 진실로 옳았다.

비로소 그 사실을 알게 된 순간, 나의 마음은 홀가분해졌던 것이다.

우리들이 생활에서 얻을 수 있는 마음의 평화와 기쁨은 우리가 어디에 위치하고 있고 또 무엇을 지니고 있는가에 좌우되는 것이 아니라 우리들의 정신적인 태도에 달려 있다고 나는 확신했다. 여기에서 외부적인 조건은 거의 관계가 없다.

예컨대, 하퍼스 페리에서 군대의 병기고를 습격하고 노예들에게 반란을 교사했다는 혐의로 교수형을 당한 존 브라운의 경우가 그렇다.

그는 자신의 관과 함께 처형대로 이송되었는데, 그 곁에 있던 간수는 무서워서 어쩔줄을 몰라했지만 브라운은 끝까지 냉정한 태도를 잃지 않았다.

그는 버지니아의 블루리지 산들을 바라보면서 "얼마나 아름다운 나라인가! 이 나라를 천천히 구경할 기회가 없었던 게 유감이구나!"하고 감탄했다는 것이다.

이러한 정신적인 태도는 남극을 탐험한 영국인 로버트 펠콘스 코트와 그의 대원들의 경우에서도 찾아볼 수 있다.

남극에 도달한 그들은 되돌아오던 중 위험에 직면하게 되었다. 식량과 연료는 거의 떨어졌으며, 한치 앞도 보기 힘든 눈보라는 그들의 전진을 방해하여 그들은 한 발자국도 제대로 전진할 수 없었다.

또한 폭설이 12일 동안 밤낮 없이 극지의 벌판을 휩쓸었고, 빙판 위에는 눈보라로 인해 칼날 같은 얼음들이 날을 세우고 있었다. 더 이상 행군한다는 것은 누가 봐도 무리였다. 식량과 연료마저 모두 떨어져 버렸기 때문에 스코트와 그의 대원들은 이제 죽음에 직면하게 되었다는 것을 깨달았다.

그들은 만일의 사태에 대비하여 상당량의 아편을 휴대하고 있었다. 그것을 복용만 하면 두 번 다시 눈을 뜨지 않는 편안한 꿈길로 들어설 수 있었다. 그렇지만 그들은 아편의 힘을 빌리지 않았다. 그들은 텐트에 누워서 '유쾌한 노래들을 부르며' 죽어갔던 것이다.

이 사실은 8개월 후, 수색대가 그들의 동사체에서 발견한 유서에 의해 밝혀졌다.

이것만 보더라도 인간이 용기와 평정의 창조적 사고력을 지닐 수 있다면 교수대로 끌려가면서도 경치를 즐길 수 있으며, 기아와 혹한에 시달려 죽어가면서도 '유쾌한 노래'로 텐트를 가득 채울 수 있는 것이다.

눈이 먼 밀턴은 이미 3백 년 전에 이러한 진리를 발견했다.

마음은
그 자신의 터전이다.
마음 안에
지옥의 천국도
천국의 지옥도 만들 수 있다.

나폴레옹과 헬렌 켈러를 살펴보면 밀턴의 이 말이 더욱 실감난다.

나폴레옹은 일반적으로 인간들이 열망하는 영예와 권력과 부귀를 누릴 수 있었다. 그러나 세인트 헬레나에서 유배 생활을 하면서 "나의 일생에서 행복했던 날은 6일에 불과했다."고 회고했다.

그런가 하면 장님이면서도 벙어리인 헬렌 켈러는 "난 인생을 참으로 아름답다고 생각한다."라고 말했던 것이다.

그렇다. 내가 지난 반세기를 살아오는 동안에 배운 것이 있다

면, 그것은 '인간에게 행복을 주는 것은 그 자신밖에 없다.'는 것
이다.

  내가 알고 있는 캘리포니아의 어떤 부인도 일찍이 이러한 비결
을 알고 있었더라면 하룻만에 그녀의 고민을 제거할 수 있었을 것
이다.

  그녀는 늙은 미망인이었다. 미망인이란 확실히 고통스러운 삶
을 살고 있다.

  그녀는 내가 안부를 물으면 언제나 이렇게 대답한다.

  "뭐, 언제나 그렇죠."

  그렇지만 그녀의 얼굴 표정과 울먹이는 어조는 '아 아, 제가 얼
마나 불행하게 사는지 아세요?'라고 호소하고 있는 것이다.

  이 세상에는 그녀보다 여자가 얼마든지 있겠지만 그녀 앞에서
는 오히려 무안할 지경이다.

  죽은 그녀의 남편은 평생을 풍족하게 지낼 수 있도록 많은 재산
을 남겨 주었고 딸들은 모두 결혼하여 그녀를 잘 모시고 있었다.
그럼에도 불구하고 나는 그녀의 웃는 얼굴을 보지 못했다.

  그녀는 나를 만날 때마다, 3명의 사위들은 모두가 구두쇠이며
지독한 이기주의자들이라고 험담을 하며 못마땅해 했다. 또한 그
녀는 딸들집을 몇 달씩이나 돌아다니며 신세를 지면서도 딸들이
자기를 돌봐 주지 않는다며 야속해 했다. 그런 반면에 자신은 '말
년을 대비한다.'는 구실로 악착같이 돈을 모으며 구두쇠짓을 하
는 것이다.

  이런 점에서 본다면 그녀는 자기 자신뿐만 아니라 딸들의 가정
에도 어두운 그림자를 드리우는 존재인 것이다.

  그녀의 행복은 그녀가 마음 먹기에 달려 있는 것이다. 자신의
선택에 따라서 자신을 가엾고도 불행한 처지에서 가족들의 존경
과 사랑을 받게 되는 인간으로 변화시킬 수가 있는 것이다. 그러

기 위해서는 우선 몸가짐을 쾌활하게 하고, 그녀가 지금까지 자신에만 기울였던 애정을 남들에게도 나누어 준다면 그녀는 자신의 행복을 가볍게 획득할 수 있고 밝은 생활을 영위할 수 있을 것이다.

내 친구 중에 인디애나 주의 텔 시티에 사는 H·J 잉글러트라는 사람이 있는데, 그 역시 어떻게 보면 간단한 이런 비결 덕분에 지금도 행복하게 지내고 있다.

그는 10년 전에 성홍열에 걸렸었다. 그런데 그 병이 낫게 되자, 이번에는 신장염에 걸리게 되었다. 그는 자신의 병을 치료하기 위하여 의사라는 의사는 모조리 찾아다녔고 심지어는 '돌팔이의사'를 찾아가 치료를 받은 적도 있었다. 그러나 병세는 전혀 차도가 없었다. 더군다나 합병증으로 고혈압까지 곁들이게 되어 몸은 말이 아니었다.

어느 날 그를 진찰한 의사는 한참을 머뭇거리다가 최고 혈압이 214나 된다면서, 아주 치명적인 상태이니 더 악화되기 전에 신변을 정리해 두는 것이 좋겠다고 충고했다.

그는 그때의 심정을 이렇게 말하고 있다.

"나는 집으로 돌아와서 신변 정리를 끝내고 유서도 써 놓았다. 그리고 암담한 마음으로 신에게 내 죄를 참회했다. 집안 식구들은 모두 슬픔에 잠겼다. 아내와 자식들은 울음을 터뜨렸고 나 역시 처참한 상태로 눈물을 흘렸다.

그렇게 1주일 가량 자기 연민에 시달린 끝에 나는 문득 이런 생각을 했다.

'난 참 못난 놈이다. 아직도 1년쯤은 더 살지도 모르는데 어쩌자고 이렇게 비참한 생각만 하는가!'

나는 살아 있는 동안만이라도 즐겁게 지내고 싶었다. 그래서 어깨를 펴고 얼굴에 애써 미소를 지으면서 만사가 즐겁다는 듯이 행동했다. 처음에는 어쩐지 어색했지만 차츰 즐겁게 행동할 수 있었으며 처음에 생각했던 것 이상으로 기분이 좋아진 것을 느낄 수 있었다. 가족들의 기분도 차츰 나의 감정을 따라서 밝아져 갔다.

나는 항상 기분 좋은 상태를 유지하려고 힘썼다. 그런데 그 덕분인지 병세는 나날이 차도를 보였고 수개월 뒤에는 완전히 건강을 되찾았으며 혈압도 정상으로 내려갔다.

나는 이 시련을 극복하면서 뚜렷하게 깨달은 사실이 있다.

만약 내가 병으로 고민하던 끝에 '빌어먹을 세상, 모든 게 마지막이구나!'라고 모든 것을 포기했다면 그 의사의 말대로 나는 얼마 못 가서 죽었을 것이다. 그러나 나는 내 정신의 태도를 바꿈으로써 스스로에게 기회를 주어 살 수 있었던 것이다."

오래 전에 나는 어떤 작은 책을 구해 읽은 적이 있었는데, 감명을 받은 바가 크다. 제임스 앨런의 《생각나는 대로》라는 그 책에 다음과 같은 구절이 있었다.

'사람들이 다른 사람과 사물에 대한 자신의 생각을 바꾸게 되면, 자기 아닌 다른 사람과 사물들도 그에 대한 생각을 바꾸게 된다는 것을 깨닫게 된다. 그가 갑자기 생각을 바꾸게 되면 그는 자신의 생활 외적 조건들이 급속도로 변화하는 것을 발견하고 놀랄 것이다.

인간은 스스로가 원하는 것을 유인하는 것이 아니다. 인간은 있는 그대로의 현상만을 받아들인다. 우리의 목적을 형성하는 신적인 존재는 우리의 내부에 존재한다. 그러므로 인간이 이룩하는 모든 것들은 그들의 사고에서 나타난 직접적인 결과인 것이다.

인간은 자신들의 사고를 앙양시킴으로써 존립하는 것이며, 무엇인가를 정복하고 성취할 수 있는 것이다. 그러나 만일 우리가 우리 자신의 사고력의 배양을 거부한다면 약하고 비열한 상태에

서 벗어나지 못하게 된다.'

구약성서의 창세기 편을 보면, 신이 인간에게 전세계의 지배권을 주었다. 이것은 실로 엄청난 선물이다. 그러나 나는 그와 같은 초월적인 특권에는 흥미가 없다. 내가 바라는 것은 내 자신을 지배하는 것뿐이다. 내 자신의 사고에 대한 지배, 내 자신의 공포에 대한 지배, 내 자신의 마음에 대한 지배, 내 자신의 영혼에 대한 지배를 원한다.

그런데 놀랍게도 인간은 자신의 행동을 적당히 조절하기만 한다면, 언제라도 자신의 반응을 억제할 수도 있다. 그러므로 자신의 마음이 내키게 되면 언제든지 이러한 지배를 놀랄 정도로 달성할 수 있게 된다.

그러므로 윌리엄 제임스가 했던 다음의 말을 기억하기 바란다. '악이라는 것은 고민하는 사람의 내면적인 태도이며 공포이다. 그러므로 그것을 투지로 변화시킴으로써 축복받을 만한 선으로 대치시킬 수가 있는 것이다.'

평화와 행복을 획득하는 원칙 ①
당신이 배운 귀중한 교훈은 무엇인가?

제2장
원수를 사랑하라

여러 해 전, 옐로우 스톤 국립공원 안에 있는 '곰의 집'이라는 호텔에서 하룻밤 묵은 적이 있다.

그날 밤 나는 다른 관광객들 틈에 끼여 호텔의 쓰레기장이 한눈에 내려다 보이는 전망대에 앉아 있었다. 쓰레기장은 곳곳에 설치된 조명으로 인하여 대낮같이 밝았으며 우리는 숨을 죽인 채 숲 속의 무법자를 기다리고 있었다.

잠시 후 거대한 몸집의 회색곰이 느릿한 걸음걸이로 나타나자, 호텔에서 내버린 음식 찌꺼기를 주워먹던 다른 짐승들이 황급히 도망치기 시작했다. 회색곰은 텅 빈 쓰레기장을 독차지한 채 야식을 즐기기 시작했다.

산림감독관인 마틴 소령이 이러한 광경을 흥미로운 눈으로 지켜보던 관광객들에게 회색곰에 대한 설명을 해주었다. 그의 말에 의하면 회색곰은 서부의 어떤 동물들보다도 강하며, 이 곰과 대적할 수 있는 상대로는 기껏해야 야생 들소와 코디악 곰 정도라는 것이었다.

그런데 그날 밤, 이 거대한 회색곰이 숲 속에서 나온 한 마리의 작은 짐승에게 잠자코 먹이를 양보하는 광경을 목격할 수 있었다. 그것은 스컹크였다. 그 작은 짐승은 회색곰 따위는 안중에도 없다는 태도로 태연하게 꼬리를 하늘로 추켜세운 채 쓰레기장을 헤집고 다니는 것이었다.

어째서 이 거대한 회색곰은 가만히 참고만 있는 것일까? 스컹크 따위는 그 커다란 앞발을 한 번만 휘두르면 금방 결단을 낼 수 있을 텐데 스컹크가 가까이 다가와도 회색곰은 피하는 것일까?

아마도 회색곰은 경험을 통해서 스컹크를 건드리면 안 된다는 것을 깨우친 것이 분명하다.

그것을 보니 나도 생각나는 일이 있었다.

어려서 농장에 살 때, 나는 스컹크를 잡으려고 시도한 적이 있었다. 그러나 단 한 번의 스컹크의 공격으로 나는 쓰라린 패배를 맛볼 수밖에 없었다. 며칠 동안 내 몸에서 풍기는 지독한 냄새로 인하여 모든 사람들에게 철저하게 외면당했던 지독한 나의 경험에 의하면, 스컹크를 건드리는 순간부터 손해라는 사실이다.

그러므로 회색곰도 스컹크를 애써 무시하며 관심을 두지 않았던 것이다.

사실 우리들이 적을 증오하게 되면, 그 순간부터 적에게 힘을 주는 결과가 된다. 왜냐하면 우리의 수면·식욕·혈압·건강·행복 등이 적을 증오하게 됨으로써 조금씩 파괴되기 때문이다. 그러므로 우리의 적들은 우리가 그들을 증오하고 있다는 사실을 알면 대단히 기뻐할 것이다. 우리의 증오는 적들을 조금도 손상시키지 못한 채 우리 자신에게 지옥과 같은 고통을 맛보게 할 뿐이기 때문이다.

"만약 어떤 이기적인 사람이 당신을 이용하려 든다면, 그 사람과 상대하지 않으면 그만이다. 그러나 자신을 이용하려 했다고 해서 보복하려 들면 안 된다. 가령 보복을 하려 든다면 상대방보다도 오히려 자기 자신이 손해를 입게 되는 경우가 대부분이다."

이 말은 몽상적인 이상주의자의 헛소리로 들릴지 모르겠지만, 이것은 밀워키의 경찰 본부에서 발간하는 〈경찰 홍보〉 지에 게재

된 내용이다.

그렇다면 보복 행위가 어떻게 자신을 해치는 것일까?

그것은 여러 가지 방법으로 이루어지는데, 〈라이프〉 지에 게재된 내용에 의하면 자신의 건강에 영향을 미치는 수가 있다고 한다. 고혈압으로 고민하는 사람들의 개인적인 특성을 살펴보면, 원한 관계에 사로잡힌 사람들이 대부분이란 사실을 발견할 수 있게 된다. 일단 원한을 품게 되면 그 원한이 만성화되어 혈압뿐만 아니라 심장에까지 영향을 미치게 된다는 것이다.

그러므로 그리스도께서 '너희 원수를 사랑하라.'고 하신 말씀은 단순하게 올바른 도덕률만을 강론하신 것이 아니다. 그분은 20세기의 의학에 대해서도 설교했던 것이다. 그분이 '일곱 번의 칠십 배까지 용서하라.'고 말씀하셨는데, 그것은 바로 우리들에게 고혈압·심장병·위암 등의 예방법에 관하여 강론하셨던 것이다.

최근 내 친구 중 한 명이 심장병에 걸렸는데, 주치의는 그 친구에게 안정을 취해야 한다며 어떠한 일이 있어도 화를 내지 말라고 경고했다. 의사는 심장이 약한 사람이 화를 내면 심장 발작을 일으켜서 죽을 수도 있다는 것을 경험으로 알고 있기 때문이다.

나는 지금 '죽을 수도 있다.'고 말하고 있지만, 실제로 몇 년 전 워싱턴의 어떤 레스토랑 주인은 화를 내다가 그 자리에서 심장 발작으로 죽은 일이 있다.

여기에 그 실증으로서, 워싱턴 경찰서의 제리 스워타운 서장의 편지가 있는데, 그 내용을 소개하겠다.

'얼마 전 우리 관내에서 카페를 경영하던 윌리엄 페케버(68세)라는 사람은, 주방장이 접시로 커피를 마시겠다고 끝까지 우겨대는 바람에 화가 치밀어 올랐다. 그는 너무나 화가 치밀어서 권총을 빼들고는 주방장을 위협했는데, 그 순간 총을 손에 쥔 채 심장마비로 쓰러지고 말았다. 검시관의 검시 결과에 의하면, 극심한 분노에 의한 심장마비사라는 것이었다.'

일찍이 그리스도께서는 '너희 원수를 사랑하라.'고 말씀하셨다. 그런데 그 분은 그것과 더불어 어떻게 하면 우리들의 마음가짐을 좋게 지닐 수 있는가에 대해서도 동시에 설파하셨던 것이다.

여러분들은 증오와 원한 때문에 거미줄 같은 주름살로 구겨진 얼굴을 한 부인들을 보았을 것이다. 그것을 보면 아무리 뛰어난 미용술이라고 하더라도 관용과 친절과 애정의 정신이 없이는 그들의 용모를 아름답게 만들지 못할 것이라는 사실을 알 수 있다.

심지어 증오는 음식의 맛까지도 느끼지 못하게 만든다. 그래서 성서에는 이렇게 적혀 있다.

'사랑이 담긴 빈약한 채소 요리가 증오에 가득 찬 기름진 고기 음식보다 낫다.'

우리의 적들이, 우리가 그들을 증오하여 피로해지고 신경 쇠약에 걸리게 되며, 얼굴에 주름이 생기고 심장병에 걸려 생명까지도 위태롭게 된다는 사실을 알게 된다면 얼마나 기뻐할 것인가. 다시 한 번 생각해보자. 우리가 원수를 사랑할 수는 없더라도 우리 자신을 사랑할 수는 있지 않은가. 우리의 적에게 우리의 행복과 건강과 용모의 지배권을 내주지 않을 만큼 자기 자신을 사랑할 수야 있지 않겠는가.

셰익스피어는 다음과 같은 시를 읊었다.

너의 원수로 인해서
난로의 불을 뜨겁게 지피지 말라.
오히려 그 불이
네 자신을 불태울 것이다.

그리스도께서 우리들의 원수를 '일곱 번의 칠십 배까지 용서하라.'고 말씀하셨는데, 그 분의 말씀은 실질적인 인간 경영 면에서도 대단히 효과적이다. 그 실례로 스웨덴의 웁살라에 사는 게오르규 로나의 경우를 들어보기로 하겠다.

그는 비엔나에서 변호사를 개업했는데, 제2차 세계대전이 발발하자 스웨덴으로 피난을 갔다. 그러나 수중에 지닌 돈이 별로 없었기 때문에 일자리를 구하지 않으면 굶어야 할 형편이었다.

다행히 그는 몇 개 국어에 능통했으므로 무역 회사의 통역원으로 취직할 생각을 했다. 그래서 여러 무역 회사에 편지를 띄웠다.

여러 날이 지났지만 회신은 전혀 없었다. 그래서 실망하고 있었는데, 딱 한 회사에서 다음과 같은 회신을 보내 왔다.

'저희 회사의 일자리에 대한 당신의 생각은 잘못된 것 같습니다. 저희 회사는 지금 현재 통역원이 필요없습니다만, 만일 필요하게 된다고 하더라도 당신을 채용할 생각은 조금도 없습니다. 당신의 스웨덴 말은 능숙하지 못하며 편지는 오자가 너무 많습니다.'

로나는 그 편지를 읽고는 화가 치밀어 올랐다.

'오자투성이라니, 말도 안 되는 소리를 지껄이고 있군 ! 이런 무식한 것들 ! 자기들이야말로 오자투성이가 아닌가 ! '

로나는 본때를 보여 줄 결심을 하고 펜을 들었다. 그리고 편지의 임자를 비방하는 글을 쓰기 시작했다. 그러다가 문득 이런 생각이 들었다. 쓰기를 멈췄다.

'……그래, 좀 참자.'

그는 반성했다.

'어쩌면 이 사람의 말이 맞을지도 모른다. 내 딴에는 스웨덴 어를 공부하느라고 했지만, 그 말이 내 모국어는 아니니까 미처 몰랐던 것들이 있었을지도 모른다. 그렇다면 취직하기 위해서는 좀 더 스웨덴 어를 배워야 하지 않겠는가. 그리고 그것을 지적해 준 그의 호의에 감사해야 할 것이 아닌가. 그에게 인사 편지를 보내는 것이 나의 도리이다.'

그래서 게오르규 로나는 지금까지 썼던 것을 찢어버리고 다음과 같은 감사 편지를 썼다.

'귀사에서 통역원을 필요로 하지 않음에도 불구하고 수고스럽게 회답까지 보내 주셔서 감사합니다. 특히 저의 잘못을 지적해 주신 점에 대해서는 더욱 고맙게 생각합니다.

제가 그런 편지를 띄웠던 것은 다름이 아니라, 귀사는 무역업계에서도 손꼽히는 회사라는 것을 알았기 때문에 혹시 사람을 필요로 하지 않을까 하는 생각에서 비롯된 것이었습니다. 그러나 저의 편지에 문법상의 잘못이 있었던 점에 대해서는 심히 부끄럽게 생각합니다. 앞으로는 더욱 열심히 스웨덴 어를 공부하여 두 번 다시 잘못이 없도록 노력하겠습니다. 저에게 친절히 지도를 베풀어 주셔서 깊이 감사드립니다.'

며칠 뒤, 게오르규 로나는 한번 회사로 들려달라는 회신을 받았다. 그리고 원하던 일자리를 구하게 되었다. 말하자면 게오르규 로나는 '부드러운 대답이 노여움을 푼다.'는 사실을 알았던 갓이다.

우리는 원수를 사랑할 정도로 성자가 될 수는 없다. 그러나 우리 자신의 건강과 행복을 위하여 원수를 용서하고 잊어버릴 수는 있을 것이다. 그리고 이것을 실행하는 것이 바로 현명함이다.

공자는 이런 말을 했다.

"도둑을 맞거나 모욕을 당하더라도 그 사실을 잊을 수만 있다면 아무것도 아닌 일이다."

언젠가 한 번 나는 아이젠하워 장군의 아들인 존에게, 아버님께서 다른 사람을 원망한 적이 있었느냐고 물어볼 기회가 있었다.

"아닙니다. 저희 아버지께서는 자기를 싫어하는 사람들에 관해서는 1분도 생각할 시간이 없다고 말씀하셨습니다."

화를 낼 줄 모르는 사람은 바보이며, 화를 내지 않는 사람은 현자라는 말이 있다.

뉴욕 시장을 지낸 적이 있었던 윌리엄 잭 게이너가 바로 그런 현자라고 말할 수 있다.

그는 신문으로부터 혹평을 받아야만 했었고 광인에게 저격을 당하여 목숨이 위독한 지경에 이르렀지만 병상에 누워 이렇게 말했다.

"나는 매일 밤, 이 세상의 모든 것과 모든 사람들을 용서한다."

이 말은 한낱 이상주의자의 철학에 불과한 것일까? 그것이 아니라면 용서하고 화합하려는 감정이 너무 지나치게 많은 탓일까?

그렇다면 여기서 《염세주의의 연구》라는 책을 쓴 독일의 철학자 쇼펜하워의 의견을 들어보기로 하자.

그는 인생을 가리켜 무익한 것이며 끝없는 괴로움의 연속이라고 주장했다. 그래서인지 그가 길을 걸을 때면 그의 우울함이 그의 발자국마다 배어날 정도였다. 그런데 이처럼 절망을 바탕으로 한 쇼펜하워도 "되도록이면 누구에게라도 원한을 품을 필요는 없다."라고 말했다.

버나드 바루치는 윌슨, 하딩, 쿨리지, 후버, 루즈벨트, 트루먼 등 6명의 대통령으로부터 두터운 신임을 받아 계속 이어서 대통령 고문직을 맡았던 사람이다. 나는 그에게 정적의 비난으로 고민한 적이 있었느냐고 물어보았다.

그러자 그는 빙긋이 웃으며 다음과 같이 대답했다.

"그 누구도 나에게 무안을 주거나 골탕을 먹일 수는 없습니다. 나는 처음부터 그럴 일은 만들지 않으니까요."

우리들도 처음부터 그럴 일을 만들지 않으면 다른 사람에게 무안을 당하거나 난처한 처지에 빠질 이유가 없을 것이다.

나는 캐나다에 있는 제스퍼 국립공원을 즐겨 찾는다. 그 이유

는 서양에서 가장 아름답다는 카벨 산의 경치를 즐기기 위해서
다. 이 산은 1915년 10월 12일, 독일군에게 총살당한 영국의 간호
사 에디스 카벨의 업적을 기리기 위하여 카벨 산으로 명명된 것이
다.

그녀는 제2차 세계대전이 터졌을 때 벨기에에서 살고 있었다.
독일군이 벨기에를 점령했을 때, 그녀는 포로 수용소에서 탈출하
거나 격추당한 비행기의 연합군 전투기 조종사들을 숨겨 주고 그
들을 도와 폴란드로 탈출시켰다.

그러던 중 독일군에게 잡히게 되었고 간첩 혐의로 총살형에 처
해지게 되었다. 운명의 10월 12일 아침, 브뤼셀의 포로 수용소의
그녀의 감방으로 영국 고문이 찾아와서 그녀에게 마지막 미사를
집전할 때, 에디스 카벨은 다음과 같은 유언을 남겼다고 한다.

"나는 애국심을 바치는 것만으로는 충분하지 않다는 사실을 절
실히 느꼈습니다. 나는 그 누구도 증오하지 않습니다."

4년이 지난 후, 그녀의 유해는 영국으로 이송되어 웨스트민스
터 사원에서 추도식이 거행되었다.

나는 런던에서 1년 동안을 지낸 적이 있었는데, 그때 나는 국립
초상화미술관을 향해 서 있는 그녀의 동상 앞에서 화강암에 새겨
져 있는 그녀의 불후의 명언을 읽었다.

'나는 애국심을 바치는 것만으로는 충분하지 않다는 사실을 절
실히 느꼈습니다. 나는 그 누구도 증오하지 않습니다.'

우리가 우리의 원수를 용서하고 그것을 잊는 가장 확실한 방법
은 자신의 확실한 주장과 방침이 정해져 있어야 한다. 그렇게 된
다면 우리가 당한 모욕이나 상대방에게서 느끼게 되는 적의(敵意)
따위는 아무런 문제가 되지 않는다. 왜냐하면 우리들은 이미 자
신의 확실한 주장과 방침이 세워져 있으므로 모든 것에 대해서도
개의치 않게 되기 때문이다.

1918년 미시시피의 산 속에서 벌어진 극적인 사건이 있었다. 그것은 린치 사건으로서, 흑인 목사 겸 교사인 로렌스 존스가 백인들에게 처참할 정도로 린치를 당한 사건이었다.

로렌스 존스는 배우지 못한 흑인들을 깨우치기 위해 파이니우즈 컨트리 학교를 창립한 사람이었다. 이 학교는 오늘날 전국적으로 잘 알려져 있지만, 그 당시만 하더라도 초창기였으므로 작은 마을의 흑인 학교에 지나지 않았다.

그런데 이 린치 사건은 모든 미국 사람의 신경이 날카로워지게 했던 제1차 세계대전 중, 미시시피 중부 지방에서 독일 사람들이 흑인을 선동하여 반란을 일으키려 한다는 유언비어가 떠돌고 있을 무렵에 발생한 일이었다.

백인들은 이 유언비어로 인하여 은근히 겁을 먹고 긴장하고 있었다.

어느 날, 흑인 교회에서 존스 목사가 신도들을 모아놓고 설교를 했다.

"……인생은 투쟁입니다. 그러므로 그것을 무찌르고 이겨내려면 우리 흑인들은 모두 주님의 갑옷을 입고 용감하게 싸워야만 합니다……."

그런데 우연하게도 한 무리의 백인 청년들이 그 교회 앞을 지나가다 '싸우자' '갑옷' '투쟁'이란 단어들을 듣게 되었다. 이들은 목사가 흑인들을 선동하고 있다고 단정하고는 백인 마을로 달려가 이 사실을 알렸다.

그러자 흥분한 백인들이 어둠을 뚫고 달려와 교회를 포위하고는 존스 목사를 끌어내어 그의 목에 밧줄을 감고 끌고 다니며 때렸다. 그리고는 산 속의 공터로 데리고 들어갔다.

그곳에는 이미 화형시킬 만반의 준비가 되어 있었다. 사람들은 그를 장작더미에 둘러쌓인 한 가운데의 기둥에 묶어놓고 불을 붙이려 했다.

그런데 이때 누군가가 소리쳤다.

"태워 죽이기 전에 그 빌어먹을 설교나 한번 들어보자구! 어디 마음껏 지껄여 보게 해봐."

로렌스 존스에게 마지막 기회가 주어졌다. 그는 장작더미 위에 서서 자신의 확실한 주장과 방침을 말하기 시작했다.

1907년, 그는 아이오와 대학을 졸업했다. 착실하고 신중한 성격을 지니고 있었으며 학업 성적과 음악적 재능이 뛰어난 그는 학우들과 교수들에게 인기가 있었다. 그가 졸업했을 때 어떤 호텔 사장이 그에게 일자리를 제공해 주겠다고 했으나 거절했으며, 어떤 부호는 음악 수업을 계속 받을 수 있도록 학비를 제공하겠다고 제안했지만 그는 이것 역시 단호하게 거절했다.

왜냐하면 그는 자기 나름대로의 '꿈'을 지니고 있었기 때문이다. 그는 부커·T 워싱턴의 전기를 읽고 감명을 받아 자신도 가난과 문맹에 시달리고 있는 흑인들의 교육을 위해 일생을 바치기로 결심했던 것이다.'

그래서 대학을 졸업한 그는 남부의 가장 벽지인 미시시피 주의 잭슨 마을에서도 남쪽으로 25마일 정도 더 내려갔다. 그리고 자신이 지니고 있던 회중시계를 1달러 65센트에 팔아서 비품을 마련하고 산속 빈터에 학교를 세운 다음, 통나무를 잘라 책상 대신으로 사용하여 아이들을 가르치기에 이르렀던 것이다.

로렌스 존스는 장작더미 위에서 포박당한 채 자신을 화형시키려는 군중들을 내려다보았다. 흥분한 군중들은 횃불을 손에 쥐고 눈을 번뜩이고 있었다. 그는 목을 가다듬고 차분히 이야기하기 시작했다.

배우지 못한 흑인과 그들의 자녀들을 깨우쳐 사회와 국가를 위해 필요한 존재로 만들려는 자신의 뜻을 조용하게, 그러나 뚜렷한 어조로 밝혔다. 그리고 파이니 우즈 컨트리 학교를 창립할 때 토지·목재·현금 등을 기부하며 그의 교육 사업에 참여한 사람들의 정성과 그 사람들이 얼마나 자기에게 힘이 되었는가에 대해서 차분하게 이야기했다.

흥분했던 백인들은 로렌스 존스가 자기 자신의 목숨을 구걸하지 않고 자신의 확실한 주장과 방침을 차분하게 이야기하는 것을 듣고는 점차 화가 누그러지기 시작했다. 그의 이야기가 끝나자 낡아빠진 남군 모자를 쓴 어떤 사람이 불쑥 나서서 소리쳤다.

"저 사람 말이 옳은 것 같소. 우리가 지금까지 오해를 한 거요. 훌륭한 일을 하는 사람을 우리가 도와 주지는 못할망정 죽여서야 되겠소. 우리도 그를 도와 줍시다."

그러더니 그는 자신의 모자를 벗어 파이니 우즈 컨트리 학교의 창립자를 불태워 죽이겠다고 모인 사람들에게 돌렸다.

그날 로렌스 존스는 52달러의 기부금을 거둘 수 있었다.

세월이 흐른 후 그는 어떤 사람으로부터 그날 폭행하고 불태워 죽이려던 사람들을 미워하지 않았느냐는 질문을 받았다. 그러자 그는 잠시 생각에 잠긴 뒤 다음과 같이 말했다.

"만약 제가 누군가를 극도로 미워했다면 그 당시 그 누구도 설득시키지 못했을 것입니다. 미움과 원한을 품게 되면 아무런 일도 이룰 수가 없습니다. 저는 할 일이 많습니다. 저는 다른 사람들과 다툴 만큼 시간이 많지 않습니다."

물론 로렌스 존스와 같은 관용을 지니기는 참으로 힘든 일이다. 또한 우리가 원수를 사랑할 정도로 성자가 된다는 것은 거의 불가능한 일이다. 그러나 우리 자신의 건강과 행복을 위하여 원수를 용서하고 잊어버릴 수는 있을 것이다. 아니, 우리가 원수를 미워하기보다는 우리가 바로 그들이 아닌 것을 신에게 감사해야 할 일이다. 그러므로 우리가 원수에게 비난과 원한을 퍼붓는 대신 이해와 동정, 원조와 관용을 베풀어야 하지 않겠는가.

옛날 미주리 주의 농장에서 나의 아버지는 매일 밤 잠들기 전에 《성서》의 한 구절을 암송하셨다.

 '네 원수를 사랑하고 너를 미워하는 자들에게 은혜를 베풀며 너에게 악담하는 자들의 복을 빌어주고 너를 증오하는 자들을 위해 기도하라.'

 나는 지금도 이 구절이 생생하게 기억난다. 아버지는 이러한 그리스도의 말씀을 실천하려고 애쓰셨으며, 이러한 노력이 그분에게 마음의 평화를 주었다. 그 평화는 지상의 제왕과 군주도 얻기 힘든 마음의 평화였다.

평화와 행복을 획득하는 원칙 ②
원수를 사랑하라.

제3장
받을 걸 기대하고 베풀지 말라

최근 텍사스의 사업가 한 사람을 만난 적이 있었다. 그런데 그를 만나기 전에 다른 사람들이 나에게 입을 모아 이렇게 말했다. 그와 만나서 15분쯤 지나면 그의 입에서 불평이 쏟아질 것이라는 얘기였다. 그를 만나보니 과연 사실이었다.

그는 35명의 직원을 고용하고 있는데, 그들에게 크리스마스 보너스로 3백 달러씩을 주었다고 한다. 그런데 그 보너스를 받고도 누구 하나 고맙다는 인사가 없었다는 것이다.

"그럴 줄 알았다면 한푼도 주지 않았을 것이오."

그것은 이미 11개월이나 지난 일이었지만, 그는 아직도 화가 가시지 않았던지 얼굴을 붉히면서 불평을 쏟아내는 것이었다.

그의 분노는 대단했는데, 내 생각에는 그가 화를 내기 이전에 우선 왜 그들로부터 고맙다는 인사를 받지 못했는지 그 이유를 아는 것이 무엇보다도 중요하다고 생각했다.

그는 급료도 적게 주면서 직원들을 너무 혹사시켰을지도 모르고, 또는 직원들이 그 돈을 크리스마스 보너스라고 생각하지 않고 급료의 일부로 생각했을 수도 있다. 그렇지 않으면 사장이 너무 잔소리가 심하고 까다로워서 고맙다는 인사를 생략했거나 잊었을지도 모른다. 또는 어차피 세금으로 나가게 될 것을 직원들에게 선심이나 쓰자는 심보로 사장이 내놓았을 것이라고 생각할 수도 있다. 물론 어떠한 경우라도 사장으로선 직원들이 이기적이며 버릇이 없다고 생각하게 될 것이다.

그러나 사무엘 존슨 박사는 다음과 같은 말을 했다.

"감사받기를 바라는 마음은 교양이 부족한 때문이다."

내가 말하고 싶은 것은 바로 이것이다. 앞서 말한 그 사장은 사람들의 마음에 대해서 잘 몰랐을 뿐만 아니라, 그 사람들에게 베풀면서 자신에게 돌아올 그 무엇인가를 기대하고 있었다. 그러나 그의 기대는 깨지고 말았고 그래서 분노만이 그의 마음에 자리잡게 된 것이다.

〈누가복음〉에 보면 그리스도께서 10명의 나환자를 고치셨다고 한다. 그런데 오직 한 사람만이 예수를 찾아와 감사 인사를 드렸다. 그러자 예수께서는 제자들을 돌아보며 "다른 아홉 사람은 어디 있는가?"라고 물으셨다. 그들은 자신의 병이 낫자, 한마디의 인사도 없이 자신의 집으로 가버린 것이었다.

그렇다면 예수께서는 어떻게 했을까?

'배은망덕한 놈들!'이라고 분노하며 다시는 사람들의 병을 고쳐 주지 않겠다고 마음먹었을까? 아니다. 그는 묵묵히 다른 환자들도 똑같이 치료해 주셨던 것이다.

만일 당신이 가까운 사람에게 1백만 달러를 주었다고 한다면, 그 사람이 당신의 행위에 고마워서 어쩔 줄 몰라할 것 같은가?

앤드류 카네기가 바로 그런 일을 했다. 그는 자신의 친척에게 1백만 달러를 유산으로 물려주었다. 그렇다면 그 유산을 받아든 친척은 뛸 듯이 기뻐했을까?

천만의 말씀이다. 오히려 그는 화를 냈다. 카네기가 자선 사업에는 3억 달러나 기부했으면서도 자신에게는 1백만 달러밖에는 주지 않았다는 것이 그 이유였다. 그 친척은 1백만 달러라는 거금을 얻고도 화를 낸 것이다. 만사가 이런 법이다.

고대 로마 제국을 통치했던 마르쿠스 아우렐리우스는 자신의 일기장에 이렇게 썼다.

'오늘 나는 지나칠 정도로 말이 많고 이기적이며 자기중심적이고 은혜를 모르는 사람들과 만나기로 되어 있다. 그러나 나는 걱정되거나 불안하지 않다. 왜냐하면 이러한 사람들이 존재하지 않는 세계는 상상할 수 없기 때문이다.'

위것이 우리의 인간성인 것이다. 그러므로 우리들이 다른 사람으로부터 도움을 받게 되었을 때, 그 고마움을 잊게 되는 것은 지극히 자연스럽고 당연한 이야기라는 사실이다. 그렇기 때문에 이처럼 다른 사람에게 도움을 주고 그 사람에게 참으로 어리석은 일이 아닐 수 없다.

이처럼 우리가 무엇인가를 베풀려 한다면 그 사람으로부터 무엇인가 보답이 돌아오기를 기대해서는 안 된다. 그럼으로써 뜻밖의 감사를 받게 될 때 그것은 놀라운 기쁨이 될 것이며, 설령 감사를 받지 못한다 하더라도 화낼 까닭이 없게 되는 것이다. 그러므로 순수한 마음으로 아낌없이 베풀 자신이 없다면 차라리 포기하는 것이 정신 건강에 도움이 된다는 것을 분명히 말할 수 있다.

뉴욕에 사는 어떤 부인은 언제나 불만에 가득 차 있었다.

그녀의 불만은 사람들이 자신을 멀리하기 때문에 자신은 외로움을 느낀다는 것이었다. 그녀는 일찍이 남편과 사별하였기 때문에 조카들을 자신의 손으로 키우다시피 했는데, 그녀를 찾아오는 손님은 으레 몇 시간 동안 붙잡혀서 어린 조카들을 키울 때의 고생담을 들어야만 했다. 조카들이 홍역과 백일해에 걸렸을 때 밤을 세워 간호했던 일부터 시작하여 조카들이 결혼할 때까지 자신이 쏟은 정성에 대하여 장황하게 늘어놓으니 그 말을 듣기 좋아할 사람이 어디 있겠는가. 그러니 자연히 사람들의 발길이 뜸해지는 것은 당연한 일이었다.

그렇다면 조카들은 그렇게 외로운 그녀를 자주 찾아오는 것일까?

　물론 찾아오기는 하지만 의례적인 방문에 지나지 않았다. 왜냐하면 그들도 장시간 동안 그녀의 넋두리를 듣기에 진력이 났기 때문이다. 그러다 보니 조카들은 그녀를 찾아오기를 꺼려하고, 그녀는 자신이 정성들여 키운 조카들이 배은망덕하다며 들볶고 호통치니 더욱 찾아오기가 망설여지는 것이다. 이렇게 조카들의 발걸음이 끊어지게 되면 으레 문제가 발생하게 되는데, 그 문제란 다름 아닌 심장 발작이다.

　그렇다면 이 심장 발작은 사실일까?

　물론 그렇다. 의사의 말에 의하면 그녀의 심장 발작은 신경성 부정맥으로 그녀가 사고방식을 달리하기 전에는 별다른 치료 방법이 없다는 것이다.

　그렇다. 그녀가 바라는 것은 조카들의 그녀에 대한 애정과 끊임없는 관심이다. 그리고 그녀는 조카들에게 그만큼의 도움을 주었기 때문에 그들의 보살핌을 받는 것이 당연한 권리라고 생각하고 있었던 것이다.

　그러나 그녀가 당연한 권리라고 생각하고 요구하는 한, 조카들에게서 결코 애정과 끊임없는 관심을 얻지 못할 것이다. 왜냐하면 보답을 바라는 마음으로는 그러한 것을 얻을 수가 없기 때문이다. 그것은 스스로가 그들에게 보답을 기대하지 않는 순수한 애정을 베풀 수 있을 때에야 비로소 가능해지는 것이다.

　나는 그것이 이루어지는 것을 보았다.

　우리 부모님께서는 남들을 돕는 일을 기쁨으로 여기셨다. 그래서 우리집은 가난했지만 부모님께서는 매년 아이오와 주의 브람스에 있는 작은 고아원에 돈을 기부하셨다. 그러나 부모님들은 그 고아원에 가본 일도 없었으며 1년에 한 번씩 감사 편지를 받는 것이 고작이었지만, 그것으로도 두 분은 충분히 보답을 받았다. 왜냐하면 아무런 보상을 기대하지 않았기 때문에 그분들은 어린 아이들을 돕고 있다는 기쁨을 누릴 수가 있었던 것이다.

내가 자라서 집을 떠나온 후부터는 나는 매년 크리스마스가 되면 약간의 돈을 부모님께 보내드린다. 그런데 내가 크리스마스를 며칠 앞두고 귀향하여 그 돈을 쓴 용도를 물어보면, 아버님은 그 돈으로 식량과 연료 때문에 고생하는 마을의 미망인들에게 석탄과 식료품을 사 주었다고 뿌듯한 표정으로 말씀하시곤 했다. 그리고 그것은 아무런 보답을 바라지 않고 남에게 은혜를 베푼 것이기 때문에 선물을 보내는 것만으로도 기뻐하신 것이었다.

내가 이렇게 이야기하면, 어떤 이들은 내가 부모님을 너무 추켜세우는 게 아니냐며 은근히 비아냥거리겠지만, 나는 떳떳하게 말할 수 있다.. 우리 아버지는 아리스토텔레스가 말했던 이상적인 인간이 될 자격을 갖추었다고 본다. 바꾸어 말한다면, 행복의 가치를 아는 사람이었다.

아리스토텔레스는 다음과 같이 말했다.

"이상적인 인간은 다른 이들에게 도움을 베푸는 것에 무한한 기쁨을 느끼지만, 다른 이들에게 도움을 받는 것은 부끄럽게 여긴다. 왜냐하면 도움을 베푼다는 것은 우월함의 상징이지만, 그것을 받는다는 것은 열등함의 표시가 되기 때문이다."

그렇다. 우리가 만일 행복을 찾고자 한다면 무엇인가를 보답받겠다는 마음을 버려야만 한다. 그리고 단순히 자신의 기쁨을 위해서 도움을 베푸는 것이라고 생각해야 한다.

예로부터 사람들은 자기 자식의 배은망덕함에는 끊임없이 분노를 나타냈다.

셰익스피어의 《리어왕》을 보면 '은혜를 모르는 자식은 부모의 마음을 독사에 물린 것보다도 고통스럽게 한다.'고 절규한다.

그러나 곰곰이 생각해 보자. 은혜를 모른다는 행위는 마치 잡초처럼 자연스럽게 생겨나는 것이다. 그러나 은혜를 깨닫는 것은 마치 잡초 속에서 장미를 키우는 것과 같다. 그 싹에 비료를 주고 풀을 뽑아 주며 물을 공급해야지만 무럭무럭 자라나는 것이다.

만약 자식들이 부모의 은혜를 모른다고 하자. 그렇다면 그것은 과연 누구의 책임인가? 그 책임은 바로 부모에게 있는 것이다. 부모가 그 방법을 자식들에게 가르쳐주지 않았기 때문에 자식도 은혜를 모르는 것이다.

따라서 우리 자식들의 장래가 가정 교육에 달려 있다는 사실을 절대로 잊어서는 안 된다.

예를 들자면, 미네아폴리스에 사는 나의 이모인 바이올라 알렉산더는 자식들에 대해 아무런 불평이 없으셨던 분이다. 그렇지만 이모님이 그렇게 되기까지는 그 나름대로의 사정이 있었다. 이모님은 친정 어머니와 시어머니를 함께 모셨었다. 그래서 어린 나의 기억으로도, 두 사돈 마나님이 이모네 집 거실의 난롯가에 사이좋게 앉아 계시던 모습이 종종 떠오른다.

그렇지만 그 두 분은 이모님에게 '귀찮은 존재'가 아니었을까?

때로는 그랬을지도 모르겠지만 이모님은 그런 내색을 조금도 비치지 않으셨다. 그렇다고 이모님이 풍족한 생활을 하셨던 것도 아니었다. 6명의 개구쟁이들을 키워야 했고 까탈스런 노인들을 모셨으니 생활을 꾸려나가기에도 힘에 겨웠을 것이다. 그러나 이모님은 자신이 그 두 분을 모시는 것이 당연한 일이며 올바른 처사였다고 믿고 계셨다.

그런데 지금 이모님께서는 어떻게 지내고 계신가.

그분은 20년 전에 이모부를 여의었으며 지금은 슬하의 자녀들을 모두 떠나보낸 후 홀로 생활하고 계신다. 그렇다면 그 분이 외로운 생활을 하고 계실 거라고 생각하겠지만 천만의 말씀이다. 자녀들이 서로 모시겠다고 다투는 형편이어서 이모님께서는 선뜻 결정을 내리지 못하고 있는 것이다.

그러면 이 자녀들이 어머니에게 은혜를 입었다고 생각했기 때문에 그런 것일까? 물론 그렇지는 않다. 그것은 순수한 사랑에서 비롯된 것이다. 그들은 어렸을 때부터 따스한 정과 인간애가 넘치는 분위기 속에서 자랐기 때문이다. 그래서 지금 자연스럽게 그 정에 보답하려 하는 것이다.

그러므로 자신의 아이들을 감사할 줄 아는 인간으로 기르기 위해서는 자기 자신이 먼저 베풀고 감사하는 마음을 지녀야만 하는 것이다.

'아이들은 귀가 밝다.'고 한다. 그래서 옛 어른들은 아이들 앞에서는 되도록 말조심을 했다. 이 말은 아이들 앞에서는 다른 사람의 친절이나 성의를 무시하는 행위를 더욱 더 자제해야 된다는 뜻이다.

"크리스마스 선물로 보낸 이 냅킨 좀 봐요. 그 사람이 직접 짰다고 하는데 돈 한푼 들인 것 같지도 않아요."

결코 이런 말을 해서는 안 된다. 이러한 말투가 어른인 우리들에게는 대수롭지 않게 들릴지는 모르나 아이들은 그렇게 받아들이지를 않는다. 그런 말을 듣고 자란 아이들은 순수한 베품에도 계산적이 되며 감사하는 마음을 잃게 되는 것이다.

그러므로 다음과 같이 말하는 것이 좋다.

"그 사람이 이걸 짜느라고 굉장히 애썼을 테니 여간 고맙지가 않군! 시간을 내서라도 감사 편지를 보내기로 합시다."

이러한 태도야말로 우리의 아이들에게 은연중에 칭찬하고 감사하는 마음을 습관화시키는 올바른 교육인 것이다.

평화와 행복을 획득하는 원칙 ③
받을 걸 기대하고 베풀지 말라.

제4장
고민보다 축복을 셈하라

　미주리 주의 웨브 시에 사는 헤럴드 아보트와 나는 오래 전부터 친한 사이로서, 그는 한동안 내 강연을 주선해 주는 사업 매니저 일도 했었다.

　그런데 어느 날 우연히 캔자스 시티에서 그를 만나게 되었다. 그는 미주리 주의 벨턴에 있는 내 농장까지 나를 태워다 주었는데, 오는 도중에 나는 그에게 감명 깊은 이야기를 듣게 되었다.

　"1934년 어느 봄에 나는 고민에 싸여 있었는데, 웨브 시내 거리를 걷다가 우연히 어떤 사람을 만나게 되었어. 그런데 그 사람이 내 고민을 몽땅 해소시켜 주었다네. 불과 10초 정도의 시간밖에는 걸리지 않았지. 그렇지만 난 그 10초 동안에 배운 것이 10년 동안 배운 것 이상으로 가치가 있었네. 앞으로 어떻게 살 것인가에 대한 방법을 알았다고나 할까……."

　나는 웨브 시에서 2년 동안 식료잡화상을 경영했었다. 그러나 처음하는 일이어서 경험 부족으로 그 동안 모아 두었던 돈을 모두 날리게 되었을 뿐만 아니라 빚까지 지게 되었다.

　더 이상 견딜 수 없게 된 나는 가게를 처분하고 캔자스 시티로 가서 일자리를 구해볼 생각이었다. 그러나 수중에는 돈이 한푼도 없었기 때문에 캔자스로 가는 여비와 취직을 할 때까지 머물 숙식

비를 융자받기 위해 은행에 들르기로 했다.

그때 내 몰골은 말할 수 없을 정도로 초췌했으며 무언가 해보겠다는 의욕을 상실했으므로 은행에서 융자를 받을 수 있으리라고는 기대하지도 못했다. 그러나 그것이 나로서는 최후의 방법이었기 때문에 어쩔 수 없이 은행 쪽으로 발길을 옮기는 것뿐이었다.

그런데 길 건너편에서 두 다리가 없는 사람이 거리를 횡단하여 내가 걸어가는 보도 쪽으로 오는 것을 발견했다. 그 사람은 롤러스케이트 바퀴를 단 작은 나무 판자 위에 앉아서 전나무 지팡이를 양손에 쥐고 그것으로 연방 땅을 찍어대며 오고 있는 것이었다. 보도 끝에 닿자 그 사람은 판자와 함께 묶은 자신의 몸을 2, 3센티미터 가량 들어올려 보도 위로 올라왔다.

그때, 그 사람과 내 눈이 동시에 마주쳤다. 그러자 그는 미소를 지으며 쾌활한 목소리로 나에게 인사를 건네는 것이었다.

“안녕하세요. 참, 좋은 날씨네요!”

그 사람이 길모퉁이로 사라질 때까지 그의 뒷모습을 물끄러미 바라보는 동안 나는 내 자신이 얼마나 다행인지를 깨닫게 되었다.

‘나는 두 다리가 멀쩡해서 자유스럽게 어디라도 걸어다닐 수가 있지 않은가.’

나는 갑자기 내 자신이 부끄러워졌다. 저 사람은 두 다리가 없는데도 행복하고 명랑한 태도로 자신을 잃지 않고 견뎌내는데, 사지 육신이 멀쩡한 내가 그것 하나 해내지 못할까 하고 생각하니 절로 용기가 생겼다.

나는 자신감을 갖고 은행을 찾아갔다.

본래는 일자리를 얻기 위해 캔자스 시티로 간다고 말할 생각이었는데, 나는 직장을 구해서 캔자스 시티로 가기 때문에 2백달러가 필요하다고 분명하게 말했다. 그러자 은행원은 자신감 넘치는 나의 태도에 선뜻 2백 달러를 빌려 주었고, 나는 그 돈으로 캔자스 시티로 가서 취직할 수 있었으며 7년간에 걸쳐 모든 빚을 청산했다.

그래서 나는 아래와 같은 말을 화장실 거울에 붙여 두고 매일 아침 면도를 할 때마다 그것을 읽는다.

‘구두가 없어서 의기소침해지면 길에서 만났던 다리 없는 사람을 생각하자.’

나는 애디 리켄베이커에게, 다른 조난자들과 함께 3주일 동안이나 뗏목을 타고 태평양을 표류할 때, 당신이 체득할 수 있었던 최대의 교훈이 무엇이었느냐는 질문을 한 적이 있었다. 그러자 그는 다음과 같이 대답했다.

“그때 체득할 수 있었던 교훈은, 마실 수 있는 깨끗한 물과 음식만 충분하다면 더 이상 아무것도 불평할 게 없다는 것입니다.”

과달카날에서 부상당한 어떤 상사에 대한 이야기가 〈타임〉 지에 실린 적이 있었다. 그는 포탄의 파편으로 인하여 목에 부상을 당했는데, 7번이나 수술을 받아야만 했다는 것이다.

그런데 여러 번의 수술을 한 어느 날, 그는 군의관에게 ‘나는 살 수 있습니까?’라고 쓴 쪽지를 보여 주었다. 그래서 군의관은 ‘네’라고 대답했다. 그러자 그는 다시 그 쪽지에 ‘나는 다시 말할 수 있게 될까요?’라고 적어서 보여 주었다. 이번에도 그 군의관은 ‘네’라고 대답했다. 그러자 그는 다음과 같이 썼다.

‘그렇다면 아무것도 걱정할 필요가 없군요!’

당신은 무엇을 걱정하는가?

어째서 당신은 ‘그렇다면 아무것도 걱정할 필요가 없다’고 생각하지 못하는가?

위의 경우와 비교해서 자신을 돌이켜보면, 자신이 걱정하는 일이 얼마나 하찮고 무의미한지 깨달을 수 있을 것이다.

대체로 우리들의 삶의 10프로 정도가 그릇되고 빗나간 것으로 우리들의 고민을 유발시킨다. 그러므로 자신의 삶이 행복해지기를 바란다면 90프로의 성공적인 일에 마음의 위안을 두고 10프로의 빗나간 일을 되도록 잊어야만 한다. 만약 10프로의 빗나간 일에 집착하게 된다면 자신의 인생을 그르치거나 마음의 병을 얻게 되는 수도 있다.

'생각하고 감사하라!'

이 금언은 영국의 크롬웰 파의 교회 현판에 붙어 있는 것으로, 마음속에도 새겨둘 만한 가치가 있는 말이다. 우리는 감사해야 할 만한 모든 일들을 생각하고, 그것이 우리에게 주는 은혜와 자비에 대해 신에게 감사드려야 할 것이다.

《걸리버 여행기》를 쓴 조나단 스위프트는 심각한 염세주의자 중 한 사람이다. 그는 이 세상에 태어난 것을 비관하였기 때문에 자신의 생일에는 상복을 입었고 단식을 했다. 이렇듯 세상을 절망적으로 본 그도, 인간에게 건강을 가져다 주는 쾌활함과 행복이라는 힘을 찬미했다.

그래서 그는 서슴없이 이런 말을 했다.

"세계에서 제일 가는 의사는 식사와 평온과 유쾌함이다."

참으로 지당한 말이다. 우리들은 알리바바가 지니고 있는 지혜에 못지않은 이러한 보물에 대해 항상 주의를 기울임으로써 평생을 '식사와 평온과 유쾌함이라는 세 의사'의 봉사를 공짜로 받을 수가 있는 것이다.

1천만 달러에 당신은 두 눈을, 당신의 두 다리를, 당신의 두 손을, 자식들을, 가족들을 팔겠는가? 곰곰이 생각해 보기 바란다. 그러면 당신은 록펠러, 포드, 모건 등의 재산 전부를 합한다 해도 당신이 가지고 있는 것과 바꿀 생각이 없다는 것을 깨닫게 될 것이다. 아니, 깨닫지 못하는 수도 있다. 왜냐하면 인간은 이러한 것들의 진가를 제대로 파악하고 있지 못하기 때문이다.

"인간은 이미 자신이 가진 것에 대해서는 만족하지 못하며 언제나 없는 것만 추구한다."

이 말은 쇼펜하워가 한 말로써, 인간에게 있어서 최대의 비극은 자신이 가지고 있는 것에 대해서 만족할 줄 모르고 갖지 못한 것만을 추구하는 경향인 것이다. 이것은 역사상으로 보더라도 전쟁과 질병 이상으로 인간을 불행하게 만든 원인이다.

다음의 이야기는 이런 것들이 원인이 되어 하찮은 일로 불평만을 늘어놓다가 모든 것을 망칠 뻔한 존 팔머의 경험담이다.

직업 군인이었던 나는 군에서 예편한 후 장사를 시작했다. 처음에는 모든 일이 순조로웠으므로 신이 났다. 그런데 뜻밖에도 골치 아픈 일이 생겼다. 불경기로 내가 취급하고 있는 부속품과 재료를 구입하기가 힘들어진 것이다.

그러자 나는 이러다가 망하는 것이 아닌가 하는 걱정을 하게 되었고, 그러다 보니 모든 일이 짜증이 나고 신경질적이 되어 불평만을 늘어놓게 되었다. 또한 하찮은 일에도 화가 났기 때문에 몇 번이나 아내와 심한 말다툼을 하게 되어 부부 사이도 악화일로였으므로 가정의 행복도 깨질 판국이었다.

그런데 어느 날 내 밑에서 일하고 있는 젊은 상이군인이 내게 이런 말을 했다.

"사장님, 부끄럽지도 않으십니까? 사장님은 혼자서만 고생을 하신다고 생각하시는 모양인데, 많은 사람들도 사장님처럼 힘들지만 참고 견디지 않습니까! 설사 가게를 닫게 된다고 해도 경기가 좋아지면 다시 할 수도 있지 않습니까? 사장님은 아직도 운이 좋은 셈인데, 그런데도 항상 불만이시니 참……. 저는 사장님이 부럽습니다. 절 좀 보세요. 손은 하나밖에 없고 얼굴은 총상으로 반이 날아갔지만, 저는 불평하지 않습니다. 그것은 어쩔 수 없는 일이라는 것을 알고 있기 때문입니다. 사장님의 경우도 마찬가지가 아닐까요? 그런데 사장님이 계속해서 투덜거리시고 불평만 하신다면 장사는 둘째치고 사장님의 건강과 가정은 물론, 친구까지도 전부 잃게 되는 수가 있습니다.”

이 한 마디로 나는 몰락을 향해 질주하던 걸음을 간신히 멈출 수 있었다. 나는 다른 사람들에 비한다면 내 처지가 얼마나 행복한가를 알게 되었다. 그리고 그것이 얼마나 소중한 보석인지를 깨달았다. 나는 과거의 명랑했던 나로 되돌아갈 결심을 했다. 그리고 그것을 실행했다.

내 아내의 친구인 루시 블레이크는 한때 절망의 늪에 빠져 몸부림쳤으나 새로운 깨달음으로 극복할 수 있었다. 그것은 자신이 가질 수 없는 것에 대해서 고민하는 것을 그치고, 자신이 가지고 있는 것에 만족함으로써 행복해지는 방법을 배웠기 때문이다. 바로 자족의 깨달음이었다.

9년 전, 애리조나 주에 살고 있다가 뜻밖의 일을 당했던 그녀는 당시의 상황을 이렇게 털어놓았다.

나는 정신없이 바쁜 일과를 보내고 있었다.

디저트 월로우 목장에서 음악감상반과 스피치 강습회를 지도하였으며 애리조나 대학에서는 피아노를 배웠다. 그리고 밤마다 파티를 열었고 야간에는 승마를 즐기기까지 했다.

그러던 어느 날 아침, 나는 그만 정신을 잃고 말았다. 심장에 이상이 생긴 것이다. 나를 진찰한 의사는 ‘1년 동안 절대로 심한 일을 해서는 안 되므로 침대에 누워 최대한의 안정을 취해야 된다.’면서 엄숙한 표정으로 경고했다.

나는 공포에 사로잡혔다. 그 의사는 나에게 그 전처럼 건강을 회복할 수 있다는 말조차 해주지 않았기 때문에 어쩌면 내 자신이 재기 불능의 상태로 빠질지도 모른다는 두려움이 엄습했다.

'어쩌다 이런 꼴이 되었단 말인가. 내가 왜 이런 벌을 받아야만 하는 것인가?'

그 의사의 지시대로 침대에 누워 있기는 했지만, 마음이 불편했으므로 상태는 점점 악화되었다. 그리고 나는 절망감으로 인하여 모든 것에 점점 반항적인 태도를 취하게 되었다.

그러던 어느 날 이웃에 사는 화가인 루돌프가 나를 찾아와 이런 말을 해 주었다.

"당신은 1년씩이나 누워서 지내는 것이 비극적이라고 생각할지 모르겠지만, 결코 그런 것만은 아닙니다. 오히려 차분하게 사색할 수 있는 시간을 갖게 되었으니 이번 기회를 통해 자기 자신을 새롭게 인식할 수 있는 좋은 계기가 될 수도 있습니다. 당신의 노력 여하에 따라 지금까지의 생활 이상으로 당신의 정신적인 성장을 느낄 수 있게 될 것이니, 어떻게 생각하면 득이 되는 일이 아닐까요?"

나는 그 말을 듣고 난 후, 마음을 가라앉히고 새로운 가치관을 정립하기로 결심했다. 그래서 나는 마음을 밝게 하는 책들을 골라 읽게 되었다.

그러다가 어느 날 라디오에서 '인간은 자신이 의식하고 있는 것만을 표현할 수 있다'는 말을 듣게 되었다. 그런 소리는 여러 번 들은 적이 있었지만, 그때만큼 내 마음을 파고든 적은 없었다. 그래서 나는 그것을 실천하기에 앞서 우선 그런 생각만이라도 가져 보려고 노력했다.

나는 매일 아침 눈을 뜨자마자 제일 먼저 감사할 일들을 머릿속에 그려보려고 노력했다. 라디오에서 흘러 나오는 아름다운 음악소리, 책을 읽는 시간, 맛있는 음식, 나를 아껴 주는 사람들, 다정한 친구들을 생각했다. 그 효과는 대단했다. 그것은 환희·행복·건강을 가져다 주는 포상이었던 것이다.

나는 하루가 다르게 쾌활해져 갔으므로 친구들은 기꺼이 나를 찾아왔다. 위문객이 차츰 늘어나게 되자, 간호사는 일정한 시간을 두고 차례로 한 사람씩 병실에 들어오도록 조치해야 할 정도였다. 그때가 벌써 9년 전인데 그때 1년간의 병상 생활을 지금도 고맙게 생각한다. 왜냐하면 그때야말로 내가 애리조나에서 보낸 가장 귀중하고 행복한 한 해였기 때문이다.

나는 매일 아침마다 내 자신의 행복을 헤아려 보는 것을 습관으로 정착시켰으며 지금까지 지속하고 있다. 나는 지금도 충실하게, 활달하고 명랑한 생활을 영위하고 있다.

인생을 어떻게 살아야 하는가.

여기에 대해 로건 피어설 스미스는 짧으면서도 함축성 있는 말을 했다.

"인생에는 그 목표로 삼아야 할 두 가지가 있다. 그 하나는 자신이 원하는 것을 소유하는 일이고, 또 하나는 그것을 즐기는 일이다. 그런데 가장 현명한 자들은 나중 것을 성취한다."

당신은 부엌에서 접시를 닦는 일도 흥미진진한 일이 될 수 있다는 사실을 아는가? 만약 그 사실을 알고 싶다면 불굴의 용기를 지닌 버그힐드 덜의 《나는 보고 싶다》라는 자서전을 읽어 주기 바란다.

이 자서전은 거의 59년 동안이나 장님에 가깝게 생활했던 그녀의 초인적인 실생활이 담담한 필체로 나타나 있다.

"나에게는 눈이 하나밖에 없다. 그러나 그 눈마저도 상처가 심해서 거의 감긴 상태여서 사물을 볼 수 없다. 그래서 책을 볼 때도 왼쪽 눈가에 바짝 갖다 대어야만 간신히 볼 수 있었다."

그러나 그녀는 남들로부터 동정받기를 거절했다. '특별 취급'을 받는 것이 싫었던 것이다. 그녀는 어렸을 때도 다른 보통 아이들과 마찬가지로 돌차기 놀이를 즐겨했다. 그러나 그녀에게 표적이 제대로 보일 리 없었다. 그래서 다른 아이들이 모두 집으로 돌아간 뒤에 땅바닥에 엎드려 표적들을 모두 외어 버렸기 때문에, 그녀는 여느 아이들과 마찬가지로 능숙하게 돌차기 놀이를 할 수 있었다. 그뿐만이 아니라 동네의 구석구석을 모두 외어두었기 때문에 뜀박질을 해도 남한테 지지 않았다고 한다.

그녀는 나이가 들면서 글을 배웠고 책을 읽을 수 있게 되었는데, 시력이 나빴기 때문에 큰 활자로 된 책을 볼 때에도 눈썹에 닿을 만큼 책을 가까이 가져가야지만 글자를 식별할 정도였다. 그러나 그녀는 좌절하지 않았다. 끊임없이 학문에 정진한 결과, 그녀는 미네소타 대학과 컬럼비아 대학의 문학 박사 학위와 문학 석사 학위를 동시에 획득할 수 있었다. 그리고 졸업한 후 미네소타 주의 트윈 벨리라는 마을에서 교사직을 맡게 되었으며, 얼마 후에 사우스다코다 주의 수 폴스에 있는 오거스티나 대학에서 신문학과 문학을 가르치는 교수가 되었다. 그녀는 13년 동안이나 그 대학에서 강의를 하면서 많은 사회 활동에 참여했다.

그러나 그녀에게도 갈등과 고민이 있었다. 그녀는 어느 라디오 프로에 출연하여 그 심정을 다음과 같이 피력했다.

"내 마음속에는 언제나 눈이 아주 멀어버리지나 않을까 하는 공포심이 잠재해 있었습니다. 그래서 나는 이러한 공포심을 극복하기 위하여 일부러 쾌활한 생활 태도를 유지하려고 노력했지요."

그런데 1943년, 그녀가 52세가 되던 해에 기적이 일어났다. 마요 진료소에서 눈 수술을 받은 결과, 그 전보다 40배 가까이 시력이 향상된 것이다. 항상 안개가 낀 듯이 희뿌옇게 보이던 사물들이 새롭고도 아름다운 세계로 전개되어 다가왔다. 모든 게 신비롭게 느껴졌는데, 심지어 부엌에서 접시를 닦는 일마저도 그녀에게는 경이로운 일이었다.

"나는 접시 위에 하얗게 엉기는 비누 거품들을 바라보았다. 그리고는 개수대 안에 손을 집어넣고 비누 거품을 가득히 담았다. 그 비누 거품들이 창가로 흘러드는 햇빛을 받자, 그 거품 하나하나는 작은 무지개의 찬란한 색채들로 영롱했다."

또 그녀는 부엌의 창문을 통해서 펄펄 내리는 눈발을 헤집고 작은 참새들이 날개를 파닥거리며 날아가는 것을 넋을 잃고 보았다고 자신의 자서전에서 밝히고 있다.

비누 거품과 참새를 보고서도 환희에 사로잡혔던 그녀는 다음과 같은 구절로 자서전을 끝맺었다.

"자비로운 신이여, 하늘에 계신 우리 아버지이신 하느님. 저는 당신께 감사드립니다. 저는 당신께 무한한 감사를 드립니다."

우리 자신을 돌이켜 생각해 본다면 부끄러운 마음이 앞선다. 우리는 태어나면서부터 이처럼 아름답고 복된 세계를 누리고 살면서도 마음의 눈을 뜰 수 없었기 때문에 그 아름다움을 즐길 수가 없었던 것이다.

평화와 행복을 획득하는 원칙 ④
고민보다 축복을 셈하라.

카네기 처세술

· 발행 1994년 12월 10일   값 10,000원

지은이 D. 카 네 기
옮긴이 박 영 민
펴낸이 남   용
펴낸데 一信書籍出版社

121-110 서울 마포구 신수동 177-3
등 록 : 1969. 9. 12. No. 10-70
전 화 : 703-3001~6
FAX : 703-3009
대체구좌 / 012245-31-2133577

ISBN 89-366-1503-3   03890